Nordeste semita

Vencedor da 3ª edição do Concurso
Nacional de Ensaios – Prêmio
Gilberto Freyre 2008/2009

Nordeste semita
Ensaio sobre um certo Nordeste que
em Gilberto Freyre também é semita

Caesar Sobreira

São Paulo
2010

© Juarez Caesar Malta Sobreira, 2009
1ª Edição, Global Editora, São Paulo 2010

Diretor-Editorial
Jefferson L. Alves

Editor-Assistente
Gustavo Henrique Tuna

Gerente de Produção
Flávio Samuel

Coordenadora-Editorial
Dida Bessana

Assistentes-Editoriais
Alessandra Biral
João Reynaldo de Paiva

Preparação de Textos
Antonio Alves

Revisão
Jane Pessoa
Tatiana Y. Tanaka

Capa
Reverson R. Diniz

Foto de Capa
Helder Ferrer

Gravura de Capa
"O dragão e a espada", de Gilvan Samico

Editoração Eletrônica
Neili Dal Rovere

Dados Internacionais de Catalogação na Publicação (CIP)
(Câmara Brasileira do Livro, SP, Brasil)

Sobreira, Caesar.
  Nordeste semita : ensaio sobre um certo Nordeste que em Gilberto Freyre também é semita / Caesar Sobreira. – 1. ed. – São Paulo : Global, 2010.

  ISBN 978-85-260-1473-2

  1. Antissemitismo. 2. Brasil, Nordeste – História. 3. Cana-de-açúcar – Brasil, Nordeste – História. 4. Freyre, Gilberto, 1900-1987. Nordeste – Crítica e interpretação. 5. Imigrantes – Judeus – Brasil – História. I. Título.

08-09647   CDD-712.0981

Índices para catálogo sistemático:

1. Imigrantes judeus no Brasil, Nordeste : Judaísmo em Gilberto Freyre e a teoria do Nordeste semita : Estudos antropológicos, históricos e sociológicos   305.80098113

Obra atualizada conforme o **Novo Acordo Ortográfico da Língua Portuguesa**

Direitos Reservados
Global Editora e Distribuidora Ltda.
Rua Pirapitingui, 111 – Liberdade
CEP 01508-020 – São Paulo – SP
Tel.: (11) 3277-7999 – Fax: (11) 3277-8141
e-mail: global@globaleditora.com.br
www.globaleditora.com.br

Colabore com a produção científica e cultural.
Proibida a reprodução total ou parcial desta obra sem a autorização do editor.

Nº de Catálogo: **3121**

Dedicado a minha abençoada prole

David Ben-Caesar
Deborah Victoria
Adelaide Ivanova

"... porque cada um segue a força da sua estrela."
Frei Caneca, *Typhis Pernambucano*, 3 de junho de 1824

Sumário

Apresentação do Prêmio 11
Epístola ao peregrino nordestino – Chaim Samuel Katz 13
Apresentação quase prefácio – Chaim Samuel Katz 15
Prefácio – Marco Maciel 18

Prelúdio: O *Nordeste* – também semita – de Gilberto Freyre 21

Capítulo 1 – A cana e o homem semita 30
    Como e por que o Nordeste é semita 32
    Comer ou não comer: eis a questão 40
    Diáspora & nomadismo: destino do nordestino 44

Capítulo 2 – A cana e o homem mais-que-semita 53
    A guerra do açúcar: aristocracia cristã *versus*
        mercantilismo judaico 60
    Amores domésticos: pacto de sangue & endogamia 64
    Presença da *Gente da nação* no Nordeste brasileiro 71

Capítulo 3 – A cana e o homem luso-semítico-tropical 83
   Diálogos das grandezas do Brasil 85
   Esperança de Israel e o mito semítico do mariri 87
   O valeroso Lucideno 95

Capítulo 4 – Evidências semitas no Nordeste brasileiro 104
   Simbologia semita na religiosidade e na cultura popular 107
   A mística messiânica 113
   As revoltas e revoluções messiânicas 116

Capítulo 5 – Sebastianismo: o messianismo redivivo 134
   A santa de pedra da serra do Rodeador 136
   O Reino da Pedra Bonita 139
   O anacoreta de Canudos 146

Capítulo 6 – O Nordeste das três religiões semitas 157
   Arquitetura psíquica judaica 158
   Cristianismo do oficial ao formal 164
   Confluências islâmicas 170

Poslúdio: O Gilberto Freyre – também semita – de *Nordeste* 187

Posfácio: Uma página esquecida da história do Brasil –
   Anita Waingort Novinsky 200

Bibliografia 207

Apresentação do Prêmio

A Global Editora tem o privilégio de publicar *Nordeste semita – Ensaio sobre um certo Nordeste que em Gilberto Freyre também é semita*, trabalho vencedor da 3ª edição do Concurso Nacional de Ensaios – Prêmio Gilberto Freyre 2008/2009. Promovido pela editora em parceria com a Fundação Gilberto Freyre, o concurso teve um bom número de trabalhos inscritos e o de Caesar Sobreira foi escolhido vencedor pela comissão julgadora.

Caesar Sobreira é professor de Antropologia na Universidade Federal Rural de Pernambuco e doutor em Filosofia e Ciências da Educação pela Universidade de Salamanca, Espanha. É autor, entre outros livros, de *De Pernambuco a Salamanca: relatos y ensaios de un viajero nordestino*, publicado em Madri, em 2009. Em *Nordeste semita*, o estudioso analisa com minúcia a formação histórico-cultural do Nordeste brasileiro, dando destaque para as marcas judaicas na cultura da região. Para tal engenho, o prof. Caesar dialoga intensamente com os escritos de Freyre, especialmente com o livro *Nordeste*. A Global Editora, com a publicação de *Nordeste semita*, renova seu propósito de contribuir para o debate em torno das ideias do mestre de Apipucos.

Epístola ao peregrino nordestino

Prezado Caesar,
recebi sua carta anunciando "excelentes novidades acadêmicas" e, ao mesmo tempo, o convite para a cerimônia da entrega do Prêmio Nacional de Ensaio, outorgado pela Fundação Gilberto Freyre e Global Editora, que implica na publicação do seu livro *Nordeste semita*.

Enfim, acho que depois de tantas peripulações (*peri*, "através de"), de tantos obstáculos interpostos por antropólogos norte-americanos e seus epígonos tupiniquins instalados em certa universidade pernambucana, de uma épica volta ao caos (que você chamaria de "volta ao mundo"), parece que vais encontrando um lugar mais certo para suas desarrumações. E, que todo mundo o saiba, bem-merecido. Não apenas porque este país custa a reconhecer certos homens que só experimentam expandi-lo, como por seu enorme e crescente esforço talentoso de criatividade.

Refleti sobre suas peregrinações ao ver que na foto que me remetias estavas diante das pirâmides do Egito, pensando comigo: "judeu errante é isso aí". Mas com esta boa marca de morte, que acho que é o que me caracteriza também, de uma busca que ultrapassa limites e para a qual pagamos o preço de nunca estarmos inteiramente satisfeitos, ao mesmo tempo que somos contentes e simultaneamente irrequietos conosco.

Segue-se a pequena apresentação do livro, que espero te satisfazer. Em nome da nossa amizade, tens (desde logo) o direito (e o dever) de reclamar mudança. Penso que assim me sentirei melhor com o texto que produzi após leitura do ensaio *Nordeste semita*.

CHAIM SAMUEL KATZ
*Psicanalista e membro da
Academia Brasileira de Filosofia*

Apresentação quase prefácio

Apresentando documentos diretos, análises comprobatórias, uma constatação com teses históricas e sociológicas, indicações bibliográficas e referências raras e precisas, este livro enuncia uma proposição bastante radical: a *Teoria do Nordeste Semita*. Partindo de uma análise da obra *Nordeste*, de Gilberto Freyre, e examinando as estruturas de parentesco, os nomes e suas origens, investigando grupos específicos de judeus, Caesar Sobreira demonstra a influência profunda que tiveram os judeus na construção do Nordeste.

Mas por que vieram para cá essas gentes? As explicações sociais, históricas e políticas ensinam que as perseguições se dariam por razões as mais diferentes. E que isso se deveu especialmente ao extermínio e à perseguição aos judeus em várias partes da Europa. Especialmente os da Espanha – de lá expulsos em 1492 pelos reis Fernando e sua (futura Santa) rainha Isabel – e os de Portugal, que terminaram aportando no Nordeste brasileiro.

Pois bem, esta seria a origem desses cristãos-novos ou dos judeus que ainda conservaram sua fé de modo secreto no Brasil, e cujos traços ainda perduram. Assim, depois de ler este livro, não se poderá evitar entender que o Brasil é ainda mais múltiplo que os "dois Brasis" de Jacques Lambert.

Contudo, o que ainda terá de se entender é também de grande importância: por que os judeus que vieram para o Nordeste conseguiram se mesclar às outras populações? Não é uma pergunta simplista, pois uma chamada "questão judaica" continua pedindo inteligência.

Tome-se apenas um exemplo. Na Polônia de antes da Segunda Guerra habitavam cerca de três milhões e trezentos mil judeus, e grassava um antissemitismo notório e popular. Finda a guerra, restam no país entre 8 e 10 mil, e o antissemitismo ainda é virulento, mesmo quando não há mais judeus para praticar agiotagem (atualmente já existem os bancos autorizados) ou atividades proibidas (segundo alguma linha sociológica ou de explicação marxista), que atrairiam o ódio dos poloneses. Como pensar um "antissemitismo sem judeus?". Como entender um ódio a um objeto que quase inexiste? Por que se elege um povo ou grupo étnico como o estrangeiro a ser eliminado?

Será preciso fazer outra investigação a respeito. Mas que não passará *unicamente* pelos quadros sócio-histórico-políticos, que, efetivamente, não possuem instrumentos para explicitar a questão.

Tenho uma hipótese forte sobre o assunto, que passa pelo campo da articulação simbólica e não social. Mas só poderei estabelecê-la melhor se tiver dados históricos concretos sobre o assunto.

Deixo-a em estado bruto de postulação hipotética, ancorado na obra de Michel Foucault: os vários grupos humanos escolheram formas diversas para se articular com a morte, com a finitude humana. Sabemos que a peste, a lepra, a sífilis, a loucura, a aids são formas significativas que os homens usam – de modo diferenciado e variando por referência aos grupos – para expressar a "passagem" da vida para a morte. A "peste" como forma histórica ou sociológica, médica ou social, pouco tem a ver com sua formação simbólica. Ela é uma ameaça à integridade daqueles a quem virtualmente atingia; assim o é ainda hoje, nos grandes centros urbanos, a figura dos loucos. Minhas investigações me levam a indagar se também os judeus são uma dessas figuras da morte.

Porém, por que não o foram em muitos lugares, como no Nordeste? Por que o são na Polônia onde nem mais existem? Daí a importância de se questionar, seguindo as trilhas percorridas por Caesar: como os judeus se integraram ao Nordeste, a ponto de o antissemitismo não ser uma questão socioeconômica ou histórico--política nessa região? O que se fez no Nordeste com essa figura da morte, que os homens perseguem incessantemente? Possivelmente tal questão ajudaria também a compreender o "fenômeno Caicó" de modo diferente.

Tal postulação que aqui indiquei se reforçou com a leitura deste livro, que, por ser generoso e plural, permite (e até mesmo obriga) novas ramificações do pensamento.

CHAIM SAMUEL KATZ
Rio de Janeiro, 15 de março de 2009

Prefácio

Caesar Sobreira é um erudito.

Doutorou-se pela Universidade de Salamanca, após estudos no Brasil. Tornou-se professor de Antropologia na Universidade Federal Rural de Pernambuco. Nunca esqueceu a sua cidade, à qual chama carinhosamente de "País de Caruaru". O lema do seu ex-libris é muito expressivo: *Sapere aude*, "saber ousar", tão característico do iluminismo de onde provém.

Seus conhecimentos de hebraico e árabe permitiram-lhe pesquisar os dois lados em confronto na Terra Santa. Daí resultou seu livro *Jerusalém pertence a quem?*, que recebeu o Prêmio de Ensaio da Academia Pernambucana de Letras (2008).

A península Ibérica recebeu considerável influência étnica e cultural dos árabes durante cerca de sete séculos de dominação muçulmana, quando os mouros faziam parte das grandes migrações do norte da África à Europa. As marcas da arquitetura e música judias e principalmente árabes continuam muito presentes em Portugal e Espanha. Os historiadores as reconhecem e louvam sua importância cada vez mais no mundo globalizado também em termos multiétnicos e multiculturais.

Na Ibero-américa a longa convivência pacífica e construtiva entre árabes e judeus demonstra como é possível viver fraternalmente.

O Brasil, nascido na Bahia, Pernambuco e São Vicente, teve muitos imigrantes cristãos-novos, judeus aparentemente convertidos para escapar à perseguição, e mulçumanos adotando idênticos disfarces pelos mesmos motivos. A partir da segunda metade do século XIX, vieram muitos judeus e árabes, em meio a outras imigrações ao Brasil.

Em sua análise do conflito israelense-palestino, o autor vale-se ecumenicamente da imparcial Resolução nº 181, de 1947, aprovada pela Assembleia Geral da Organização das Nações Unidas, então presidida pelo embaixador Oswaldo Aranha, determinando a criação de dois Estados nacionais na Palestina, um judeu e outro árabe. A solução só pode ser pacífica, como os fatos demonstram.

As viagens de Caesar Sobreira à Terra Santa deram-lhe a visão ampla da situação. Árabes e judeus pertencem originariamente à mesma etnia e matriz linguística. Os árabes reivindicam descendência histórica de Ismael, um dos filhos de Abraão, considerado o iniciador do monoteísmo presente tanto no judaísmo quanto no cristianismo e no islamismo.

Este livro de Caesar Sobreira, *Nordeste semita,* foi assim inserido num contexto de aplicação de profundas e amplas preparações intelectuais, recebendo por justos motivos o Prêmio Nacional de Ensaio, outorgado pela Fundação Gilberto Freyre e agora publicado para amplo conhecimento do grande público em todo o Brasil.

Nosso autor começa destacando a presença de um cristão-novo, Gaspar da Gama, entre os pilotos da frota de Pedro Álvares Cabral, tudo indicando ter sido o primeiro judeu em terras do Brasil. Outro cristão-novo de destaque foi o português Bento Teixeira, que escreveu em Pernambuco, no ano de 1601, o poema épico *Prosopopeia,* um marco do nascimento de nossa literatura pátria.

A contribuição específica dos judeus foi o chamado "ideal semita": "Para os portugueses o ideal [do Brasil] teria sido não uma colônia de plantação, mas outra Índia com que *israelitamente* comerciassem em especiarias e pedras preciosas", infiltrando-se tal ideal no sedentário triângulo engenho, casa-grande e senzala, propagando-se pela "natureza nômade do espírito semita, tão presente na cultura do Nordeste, sobretudo representada pela diáspora nordestina". Caesar Sobreira acrescenta a constatação desse fator psicológico às mais conhecidas causas econômicas e sociais das migrações nordestinas.

A presença e influência judaicas penetraram também nos sertões. Com ou sem secas, a civilização do couro do gado bovino e caprino "estimulou o comércio israelita de peles", diz Gilberto Freyre, que estudou tais influências em seu livro *Nordeste*. Freyre assinala que muitos cristãos-novos eram professores das primeiras faculdades brasileiras, as de Medicina em Salvador da Bahia e Rio de Janeiro, e de Direito em Olinda-Recife e São Paulo, estas criadas por lei em 1827. Também eram cristãos-novos os primeiros médicos e advogados no Brasil.

O auge da influência judaica no Brasil ocorreu durante o período da dominação holandesa no Nordeste no século XVII, no *Tempo dos Flamengos*, como José Antônio Gonsalves de Mello denominou aquela época. Testemunhas disso são os documentos da época e a restauração da sinagoga *Rochedo de Israel* do Recife, a mais antiga das Américas, de onde saíram, com o fim da dominação holandesa, os judeus que fundariam a comunidade judaica de Nova York.

De Amsterdã vieram não só comerciantes, mas também médicos, entre eles, Jacob Velosino, de fama mundial, e o rabino Isaac Aboab da Fonseca, autor do primeiro poema da literatura hebraica nas Américas.

A importância das contribuições dos árabes, mulçumanos e cristãos, ao lado dos judeus e cristãos-novos, demonstra mais uma vez a significativa importância do multiculturalismo e multietnismo entre nós. Essa miscigenação de etnias e povos é, certamente, a maior riqueza humana do Brasil e base de muitas outras.

O trabalho que Caesar Sobreira apresenta em *Nordeste semita* está destinado a ser referência para estudiosos, pesquisadores, historiadores e para as nossas futuras gerações. Assim, Caesar Sobreira, com *Jerusalém pertence a quem?* e, agora, com *Nordeste semita,* afirma-se hoje como o principal historiador social desses temas no Nordeste.

MARCO MACIEL
*Senador da República pelo estado de Pernambuco
e membro da Academia Brasileira de Letras*

Brasília, 21 de setembro de 2009

Prelúdio
O *Nordeste* – também semita – de Gilberto Freyre

O ensaio intitulado *Nordeste*, terceiro livro de Gilberto Freyre, lançado em 1937, indica no subtítulo que a perspectiva analítica do já então célebre autor do naticlássico *Casa-grande & senzala* (lançado no fim de 1933) estava focada no complexo econômico-cultural do açúcar, ao destacar que a obra trata dos *aspectos da influência da cana sobre a vida e a paisagem do Nordeste do Brasil*.

Publicado quatro anos depois da sua obra-prima e *obra magna* que foi e é *Casa-grande & senzala*, e tão somente um ano depois de *Sobrados e mucambos*, Gilberto Freyre expandiu sua visão do mundo em *Nordeste*.[1] A importância de *Nordeste* aumenta à medida que seu autor dedicou toda sua vida à elaboração de uma interpretação do Brasil, sobretudo na região Nordeste e, especialmente, naquele Nordeste litorâneo, moldado pela indústria açucareira em suas dimensões econômica, social e cultural.

Gilberto Freyre é talvez o mais perfeito e profundo intérprete desse pedaço de paraíso incrustado no Nordeste Oriental do Brasil, região que o sábio de Apipucos denomina *extremo Nordeste*, compreendendo a faixa litorânea do massapé pegajento – propício ao manuseio voluptuoso ainda que corruptor da terra e das gentes –, característica da economia e da civilização baseada na cana-de-açúcar. Seu posto de observação, como destaca Manoel Correia de

Andrade, foi o Recife, de onde perscrutava Pernambuco, o Nordeste e – em outras obras – o Brasil e o mundo luso-tropical na América, na África e na Ásia.

Como analista perspicaz, Freyre busca interpretar as manifestações culturais através das quais procurava "aprofundar as raízes africanas e indígenas do Nordeste *sem desprezar as influências ibéricas*", afirma Correia de Andrade.[2] Nesta obra, Gilberto Freyre procurou demonstrar que o Nordeste era composto por um conjunto de regiões e sub-regiões que ocupam o espaço geográfico da Bahia ao Maranhão. Espaço agriculturável, possibilitando o desenvolvimento de várias culturas, entre elas a açucareira, própria da faixa costeira, e a sertaneja, nos espaços interiores do Nordeste.

De modo análogo ao processo civilizatório do açúcar, no qual certo modo de produção (monocultural, escravocrático, patriarcal, endogâmico e poligínico) encetou uma civilização, de modo análogo, dizíamos, há outra *região-dentro-da-região*, que se expande para além dos estreitos limites da Zona da Mata e do massapé. Nas terras interiores do inóspito sertão nordestino – terras as mais ubérrimas nas invernadas –, se desenvolveu a civilização do couro, típica e específica deste outro Nordeste mais profundo, mais sertanejo, mais nômade, talvez até mais semítico ou semissemítico nas suas expressões de religiosidade messiânica ou quase.

Se o *Nordeste* é um livro geográfico, como afirma Correia de Andrade (ao passo que *Casa-grande & senzala* seria mais antropológico, e *Sobrados e mucambos* mais sociológico),[3] nosso propósito é destacar que no arcabouço da *geografia humana* há uma importante influência étnica e cultural dos judeus e dos cristãos-novos, impactando na síntese genética que produziu tanto o habitante do *extremo Nordeste* açucareiro quanto o desbravador do outro Nordeste, o *Sertanejo*.

Na concepção de Gilberto Freyre, exposta em *Casa-grande & senzala*, havia séculos que "o mercantilismo burguês e **semita**" e a "escravidão moura sucedida pela negra" transformaram o povo português de simples lavradores a comerciantes, de modo que entre os "portugueses do século XVI" a vida rural "era uma fácil horticultura e um doce pastoreio: e, *como outrora entre os israelitas*, quase só florescia entre eles a cultura da oliveira e da vinha".[4]

Segundo Gilberto Freyre, os portugueses tinham aquilo que o antropólogo de Apipucos denomina "**ideal semita**". Isto é: "Para os portugueses o ideal teria sido não uma colônia de plantação, mas outra Índia com que **israelitamente** comerciassem em especiarias e pedras preciosas".[5]

Tal ideal prolongou-se na tendência "talvez vindas de longe, do **semita**", de conquistar o território, estabelecendo populações por amplos espaços geográficos, o que seria indício forte da natureza nômade do espírito semita, tão presente na cultura do Nordeste, sobretudo representada pela *diáspora nordestina*.

Sobre tal influência semítica, judaica, cristã-nova (às vezes criptojudaica, mas não sempre), Gilberto sustenta que os marranos portugueses "eram uma **minoria imperecível em algumas de suas características**", e, em muitos aspectos, que não havia "nenhuma minoria mais acomodatícia e suave".[6]

Em *Casa-grande & senzala*, Freyre afirmara que, em comparação ao espanhol, "o português sendo mais cosmopolita" é dos dois "**o mais semita**", talvez "por ser um povo em cuja formação a **raça semita** entrou com forte contingente".[7] Por conseguinte, impõe-se esta questão: *a cultura – para não dizer a etnia – luso-nordestina seria a mais semita, em comparação com outras regiões dos vários Brasis?*

Tal questão não é de somenos importância nem exercício de retórica literária ou pseudoliterária. Muito pelo contrário: a importância antropológica, sociológica e simbólica é imensa. Trata-se de uma questão para cuja elucidação se faz mister desvendar mistérios e superar dificuldades. Entretanto, algumas das dificuldades podem ser, na verdade, um programa de pesquisa, como está colocado em primeiro plano por Anita Novinsky: **Como reconhecer e identificar o elemento de origem judaica na população brasileira**.[8]

Trata-se, pois, de uma questão axial na formação do que Freud denominou *seelischen Konstruktion* ou arquitetura psíquica.[9] Trata-se, enfim, da arquitetura psíquica dos naturais do Nordeste agrário, o da civilização da cana-de-açúcar. Nordeste este "que foi, por algum tempo, o centro da civilização brasileira", como afirma Gilberto Freyre no Prefácio à primeira edição de *Nordeste*.[10]

Tal civilização estava baseada numa "raça" interessada na cultura de uma planta única. Sua exploração fez surgir a "civilização do açúcar" no Nordeste, cuja primeira descrição técnica foi realizada por João Antônio Andreoni – nosso André João Antonil –, identificado como "O Anônimo Toscano" que firmou o proêmio de *Cultura e opulência do Brasil*.[11] Civilização fundada na monocultura latifundiária, escravocrata, patriarcal, matrimonialmente monogâmica, porém multicultural e multigeneticamente poligínica.

Em *Casa-grande & senzala*, diz Freyre, a "ação procriadora e sifilizadora" dos grandes patriarcas brancos parece ter sido muito importante, sobretudo na primeira fase do povoamento, pois sob a perspectiva da miscigenação, aqueles patriarcas foram "povoadores à toa que prepararam o campo para o único processo de colonização que teria sido possível no Brasil: o da formação, pela **poligamia** (...) de uma sociedade híbrida".[12]

Estranha sociedade: híbrida, monogâmica e poligínica ao mesmo tempo e não contraditoriamente: casado com uma só esposa, porém usufruindo os benefícios da multiplicidade de mulheres em um quase harém compreendido no espaço erótico do complexo formado pela casa-grande, capela e senzala.[13] Nesse complexo triangular pontificava (sobre a capela e a senzala) a casa-grande, esta que "foi até hoje onde melhor se exprimiu o caráter brasileiro", ensina Gilberto Freyre.[14]

Tendências poligâmicas "desenvolvidas ao contato quente e voluptuoso com os mouros", assevera Freyre, verdadeiro *expert* em antropologia da vida sexual e da família patriarcal e polígama.[15] Reconhece, o quase sexólogo de Apipucos, que os portugueses eram mui afeiçoados à poligamia graças aos contatos interculturais, inclusive ou sobretudo eróticos, com os mouros.[16] Mas não só com os mouros, como adiante veremos.

A questão da poligamia já estava presente nos *Diálogos das grandezas do Brasil*, que antepõe *Alviano*, um reinol recém-chegado, e *Brandônio*, lusitano há muito tempo tropicalizado e apaixonado pela nova terra. Brandônio informa que existem muitos índios por toda costa do Brasil "que têm mais de cem anos" e que "gozam ainda de suas perfeitas forças, com terem três e quatro mulheres, as quais conhecem carnalmente", afirma nesse elogio à virilidade multigínica como responsável pela longevidade.[17] Isso porque os indígenas brasileiros podem "tomar três e quatro, e ainda sete ou oito [mulheres]" segundo sua valentia e esforço "e a ser homem que possa bem sustentar as mulheres que toma à sua conta", esclarece Brandônio.[18]

Trata-se de uma etnogeografia do delírio quinhentista, consequência das expectativas messiânicas daquela população de cristãos-novos espremidos entre a fé de seus ancestrais e a pressão da cruz e da espada cristãs. Assim, carente de significação no mundo, os judeus-velhos então transformados em cristãos-novos, passando da velha lei à nova lei, procuraram extrair do mundo os sinais secretos de sua redenção.

O Brasil, o Nordeste de modo particular, por ser na Zona da Mata dessa região onde se localizaram os primeiros núcleos colonizadores, sempre aparece como a terra da promissão, nessa interpretação escatológica criptojudaica, como a que proclama o cristão-novo Diogo Lopes, para quem "a terra da promissão que Deus nosso Senhor prometera a seus avôs, era o Brasil".[19]

É desse Nordeste, cristão-velho e cristão-novo ao mesmo tempo, ariano-visigótico, mas também hebraizado, com uma pitada de africano mouro-berbere e também subsaariano, é desse Nordeste etnicamente múltiplo de que trata *Nordeste*, de Gilberto Freyre.

Por ser mais um estudo de geografia ecológica, Freyre não pode mergulhar nas intricadas questões relativas à polietnicidade do *homem nordestino*. Pode, entretanto, e fá-lo-á com maestria, apontar as linhas de investigações para novas excursões dele e de outros pesquisadores.

Na qualidade de geografia ecológica, o ensaio gilberteano é quase perfeito na forma que concilia o gozo estético da palavra escrita com o rigor do pensamento científico. Poderia até surpreender por sua reflexão mesológica: pensamento inaugural de uma preocupação com a ecologia e, ao mesmo tempo, denúncia veemente do ecocídio perpetrado pela monocultura latifundiária vinculada à produção do açúcar, sobretudo a desumanização da terra e das pessoas resultante do surgimento das usinas, concomitante à expansão das propriedades que, emendando umas às outras, modifica a paisagem humana que confere sentido *cultural* à economia do canavial.

O Nordeste ao qual Gilberto Freyre se refere é o "Nordeste da terra gorda e de ar oleoso", o Nordeste da cana-de-açúcar, "que vai do Recôncavo ao Maranhão, tendo o seu centro em Pernambuco".[20]

Nesse Nordeste – que "contrasta com o ranger da raiva terrível das areias secas dos sertões" –, foi fundada a civilização moderna "mais cheia de qualidades, de permanência e ao mesmo tempo de plasticidade que já se fundou nos trópicos", afirma Gilberto Freyre.[21]

Diz ainda que o triunfo do açúcar no Nordeste teve como uma das causas, entre várias circunstâncias, a qualidade do colonizador europeu habituado à vida rural e ao trabalho agrícola, proveniente do norte de Portugal, cujo núcleo era a parentela de Duarte Coelho e de dona Beatriz, "gente boa e sã", geneticamente superiores aos artesãos (alguns talvez mouriscos) e aos burgueses, "tantos deles cristãos-novos", afirma o mestre de Apipucos.[22] Eis a primeira evocação, nesta obra, da presença semítica – sobretudo mediante os cristãos-novos – no Nordeste brasileiro.

Gilberto Freyre, nas duas obras anteriores, já havia atestado a presença de judeus e pós-judeus (cristãos-novos, criptojudeus, reconversos) na formação étnica e cultural do Nordeste açucareiro. Na peculiar *geometria da colonização agrária* havia um triângulo perfeito não só entre o engenho, a casa-grande e a capela (como ensinava Freyre), mas também havia outro triângulo, de natureza etnocultural, formado pelo elemento cristão, pelo judeu e pelo mouro – mas no caso do Recôncavo, pelo muçulmano africano, escravizado, mas letrado, como os malês que sonharam (e tentaram) implantar na Bahia um califado islâmico, na primeira metade do século XIX, sobre os quais Gilberto Freyre faz longas referências em *Casa-grande & senzala*, remetendo o leitor ao abade Ignace Brazil Étienne, autor de "La secte musulmane des Malés du Brasil est leur revolte en 1835", publicado na revista *Anthropos*, em 1909.[23]

Neste ensaio pretendemos discutir a contribuição dos povos semitas para a formação etnocultural do Nordeste brasileiro, partindo do *Nordeste*, de Gilberto Freyre, no qual a questão vem por vezes à tona, até chegar aos mais recentes estudos, produzidos por algumas das mais destacadas inteligências brasileiras e não brasileiras, sobre a presença dos judeus e cristãos-novos no Nordeste, ou nos Nordestes, para incorporar a concepção freyreana de multiculturalidades convivendo nesse mesmo espaço geográfico. Pretendemos, também, aprofundar as indicações de Gilberto Freyre, formuladas tanto no seu *Nordeste* quanto nos dois clássicos que o antecederam, *Casa-grande & senzala* e *Sobrados e mucambos*.

O próprio mestre reconhece a imensidade de seu objeto de estudo, pois a civilização do açúcar exige análise demorada para a qual é necessária a contribuição de diversos especialistas das áreas de antropologia, história, sociologia, psicologia, geologia, botânica e muito mais. Nesse sentido, uma forma de honrar o legado freyreano é dar continuidade às suas indicações teóricas, derivadas de uma poderosa intuição sociológica e refinado senso crítico-analítico, para assim realizar o projeto civilizatório do homem nos trópicos nordestinos. Assim, a leitura de *Nordeste* serve de itinerário para perscrutar essa influência inegável, ainda que quase desconhecida da própria população beneficiada pela dotação genética e cultural dos povos semitas que aqui aportaram, tangidos pela intransigência teologal da Inquisição implantada nas terras das coroas portuguesa e espanhola.

Inspirados, pois, pela leitura *geográfica* e *ecológica* dessa obra gilberteana, pretendemos identificar e analisar referências aos judeus, aos criptojudeus, aos cristãos-novos e, tangencialmente, aos mouros e aos amouriscados artesãos que colonizaram o *extremo Nordeste* açucareiro (objeto de estudo do livro), expandindo tal perspectiva com o objetivo de abranger também o *Nordeste* da civilização do couro.

Considerando que *Nordeste* trata, no mais das vezes, essa questão de maneira apenas tangencial – para cuja compreensão profunda exige leitura atenta das duas obras anteriores, *Casa-grande & senzala* e *Sobrados e mucambos* –, elaboramos este ensaio que procura reconstituir o itinerário da diáspora *sefardi* que aportou no solo sagrado do Nordeste brasileiro, para aqui contribuir com o desenvolvimento da civilização do açúcar, que floresceu nessa região brasileira. Nesse sentido, fica claro que desejamos continuar o labor gilberteano e expandir as reflexões contidas sobretudo em *Nordeste*, e cotejá-las com a produção anterior e posterior de Gilberto Freyre, porque não se pode esquecer as duas obras clássicas que sustentam a arquitetura interpretativa do antropólogo, do sociólogo, do escritor, do pensador de Apipucos.

Continuemos a trilhar os caminhos abertos por Gilberto Freyre, na construção de uma talvez ibero-tropicologia na qual estejam inseridas as diversas etnias que, como camadas superpostas, compõem o mosaico étnico e cultural da Espanha, de Portugal e do Nordeste brasileiro.

Notas ao Prelúdio

1 FREYRE, Gilberto. *Nordeste*. São Paulo: Global, 2004.
2 ANDRADE, Manoel C. de. "Uma visão autêntica do Nordeste". In: FREYRE, op. cit., p. 15.
3 Ibidem, p. 32.
4 FREYRE. *Casa-grande & senzala*. Rio de Janeiro: Record, 1990. p. 23.
5 Ibidem.
6 Cf. Ibidem, p. 29.
7 Ibidem, p. 55-56 (notas 13, 15 e 16). Sobre a presença judaica no Brasil, Freyre acredita que São Paulo foi "o núcleo brasileiro de população mais colorida pelo sangue semita". Cf. Ibidem, p. 71 (nota 79).
8 NOVINSKY, Anita. *Cristãos-novos na Bahia*. 2. ed. São Paulo: Perspectiva, 1992. p. 15.
9 A formulação deste conceito de *arquitetura psíquica* foi expresso por Freud em carta à organização judaica B'nai B'rit e evocado por BAKAN, David. *Freud et la tradition mystique juive*. Paris: Payot, 1977. p. 237.
10 FREYRE. *Nordeste*, op. cit., p. 37.
11 Ler ANTONIL, A. J. *Cultura e opulência do Brasil*. Belo Horizonte: Itatiaia; São Paulo: Edusp, 1982.
12 FREYRE. *Casa-grande & senzala*, op. cit., p. 48.
13 Diz Freyre: "Mas a casa-grande patriarcal não foi apenas [entre outras coisas] *harém*..." em "Prefácio à 1ª edição". In: Ibidem, p. lix (grifo nosso).
14 Cf. Ibidem, p. lxv.
15 Cf. Ibidem, p. liii.
16 Cf. Ibidem, p. 100, p. 250, passim.
17 BRANDÃO, Ambrósio Fernandes. *Diálogos das grandezas do Brasil*. Recife: Imprensa Universitária/UFPE, 1966. p. 58.
18 Cf. Ibidem, p. 197.
19 Apud MOTT, Luiz. *A Inquisição em Sergipe:* do século XVI ao XIX. Aracaju: Fundesc/Sercore, 1989.
20 FREYRE. *Nordeste*, op. cit., p. 46. Freyre denomina *extremo Nordeste* o trecho da região agrária que vai de Sergipe ao Ceará. Ver Ibidem, p. 50.
21 Ibidem, p. 47.
22 Ibidem, p. 48.

23 Ver Idem. *Casa-grande & senzala*, op. cit., p. 142, p. 179 (nota 155), p. 299-313, p. 391 (nota 62), p. 392 (nota 65) e p. 393 (nota 67). Sobre esse assunto, ler REIS, João José. *Rebelião escrava no Brasil:* a história do levante dos malês (1835). São Paulo: Brasiliense, 1987.

Capítulo 1

A cana e o homem semita

Em *Nordeste*, Gilberto Freyre faz algumas indicações – diretas e indiretas – da presença do elemento judaico na formação étnica e cultural. O próprio escritor de Apipucos afirma, no tocante às áreas da indústria açucareira nas Antilhas, que tal assunto fora por ele considerado de "máximo interesse para a interpretação do passado brasileiro, dados *os contatos e as interpenetrações de influência – **por meio do judeu** e do negro, principalmente – entre algumas dessas áreas*".[1]

Nos quatro primeiros capítulos, que relacionam a cana à terra, à água, à mata e aos animais, indicações sobre as influências *interpenetrativas* do elemento semítico são escassas, ainda que por força de interpretação pudéssemos atestar a vinculação do amor pelos cavalos a uma herança do período da dominação árabe (por quase oito séculos) na península luso-hispânica, na *Sefarad* bíblica, isto é, na Ibéria que sob o verniz catolicizante era, em sua configuração etnocultural, ao mesmo tempo, ariano-visigótica, árabe e hebraica.

Não só o apego ao cavalo caracterizou essa civilização que, desde os primórdios, era acentuadamente cavalheiresca porque "sem o cavalo, a figura do senhor de engenho do Nordeste teria ficado incompleta (...) nos seus movimentos de mando, nos seus gestos de galanteria, nos seus rompantes guerreiros".[2] Essa figura – como que de um centauro – repousava no animal "majestoso no porte e belo na forma", de preferência escolhido "dentre os cavalos de origem árabe que no Nordeste foram diminuindo de tamanho", atesta Gilberto.³

Tal amor aos cavalos, que Gilberto identifica no folclore do homem nordestino, pode ser encontrado na região cultural dos pampas. Quase vinte anos depois da publicação de *Nordeste*, Manoelito de Ornellas (em *Gaúchos e beduínos*) identificou uma série de elementos culturais árabes que haviam sido transplantados desde a península Ibérica até os pampas gaúchos, entre os quais se destaca o grande amor ao cavalo que, no Brasil, só encontra igual devoção entre os habitantes do Nordeste.⁴

Gilberto cita Artur Orlando, que, em *O Brasil, a terra e o homem* (1913), havia manifestado convicção segundo a qual "o cavalo de Pernambuco [tem] 'ganho em força e vigor o que perdeu em corpulência e estampa'; e lembra que se tem procurado explicar o fato pela origem árabe, geralmente atribuída ao animal".⁵ Dos vários aspectos culturais mais importantes do Nordeste, o amor aos cavalos é um dos poucos cuja origem não pode ser imputada aos judeus, para quem os cavalos estiveram interditados em muitos países, impedindo-os de desenvolver o amor aos cavalos típicos de sociedades guerreiras ou nômades ou as duas coisas ao mesmo tempo, como é o caso dos árabes e só parcialmente dos judeus.

No capítulo sobre a cana e os animais, Gilberto Freyre evoca Capistrano de Abreu para destacar que no início do século XVII as duas margens do rio São Francisco estavam ocupadas pela pecuária, que, neste Brasil profundo, deu ensejo ao surgimento da *civilização do couro*.⁶ Na interpretação de Freyre, "por seu exclusivismo de vida baseada quase que só sobre a pecuária representaria um tipo de organização antagônica ao da civilização da cana-de-açúcar".⁷ Para Capistrano de Abreu, essa cultura do pastoreio, na área ecológica do agreste e da caatinga nordestina, se caracterizava pelo uso extensivo do couro: De couro, diz ele, era da porta da cabana ao rude leito aplicado ao duro chão, da roupa de entrar no mato ao alforje para levar comida, do chapéu de couro à alpercata de rabicho, tudo de couro de boi ou de bode.⁸

A *civilização do couro*, "civilização quase de fronteira, movediça e áspera, dura e ascética", baseada na criação do gado bovino e caprino, estimulou "**o comércio israelita de peles**", afirma Freyre.⁹

No caso das cabras, sua presença econômica se fez notar nos dois Nordestes, pois esses animais foram muito úteis tanto no sertão quanto no litoral, proporcionando carne e leite e exigindo um mínimo de cuidados, desde que criados sob vigilância ou presos em currais, para não destruir as plantações com sua onivoracidade pantagruélica, pois se o caprino for criado solto, torna-se "um inimigo terrível, não só de toda lavoura, como de toda a planta", ensina Gilberto Freyre.[10]

Como e por que o Nordeste é semita

Seria de extrema utilidade uma investigação etnológica para verificar e catalogar os comportamentos, os usos e os costumes nordestinos que tivessem procedência semita, judaica ou árabe. Diversos pesquisadores estabeleceram essa correlação entre determinadas produções culturais do Nordeste e antigas práticas judaicas, mouras e moçárabes.

De todo modo seria interessante um levantamento catalográfico, uma espécie de enciclopédia nordestina, na qual as principais manifestações do espírito cultural nordestino seriam *dissecadas* para que seu substrato radical fosse identificado, analisado e interpretado à luz da ciência da cultura e *epistemes* afins.

Tudo começou quando, no início dos anos 1970, o padre Antenor Salvino de Araújo, pároco de Caicó, no sertão do Seridó potiguar, foi a São Paulo para falar com o rabino Fritz Pinkuss sobre hábitos que observara entre a comunidade do vale do Seridó e que seriam derivados de antigos costumes judaicos que sobreviviam na região.

O rabino Pinkuss encaminhou o padre Antenor para conversar com a historiadora Anita Novinsky, da Universidade de São Paulo. O resultado é que o rabino Pinkuss enviou a professora Novinsky à região para conhecer a comunidade. A partir daí, estimulados por Anita Novinsky, diversos pesquisadores se dedicaram ao estudo do que denominamos *fenômeno Caicó*.

O historiador Olavo Medeiros Filho, autor de livros sobre a colonização da região, afirma que existe uma tradição oral que circula no interior de várias famílias locais, dando conhecimento de sua origem marrana e cristã-nova. Medeiros destaca que a endogamia judaica foi praticada na região mediante casamentos intrafamiliares, bastante comuns no Nordeste e, sobretudo, no sertão do Seridó.

Em uma entrevista concedida ao jornalista Ernesto Mellet, Olavo Medeiros Filho questionou: "Se pensarmos na hipótese de que tais cristãos-novos dessem preferência a contrair matrimônio com pessoas pertencentes ao mesmo grupo étnico, talvez a presença marrana no Seridó tenha sido muito mais vasta do que podemos sequer supor".[11]

Entre os pesquisadores que trilharam os caminhos de Anita Novinsky, se destaca Jacques Cukierkorn, que percorreu a região no início dos anos 1990, entrevistando e filmando depoimentos de numerosas pessoas, sobretudo as mais idosas, portadoras da memória coletiva e responsáveis pela retransmissão da história oral. Cukierkorn esteve em diversas cidades: Natal, Mossoró, Apodi, Filgueira, Caraíba, Jardim das Piranhas, Carnaúba dos Dantas, Venhaver e, sobretudo, Caicó, epicentro do fenômeno. Entre os depoimentos filmados, se destaca o de João Medeiros, que diz ter sido José Nunes Cabral de Carvalho (1913-1979), pioneiro e reorganizador da comunidade marrana do Rio Grande do Norte.[12]

Das diversas referências a costumes e hábitos judaicos, Cukierkorn destacou a presença, em ferros de marcar gado, de símbolos exclusivamente judaicos, como a *menorah* ou candelabro de sete braços, símbolo do Estado de Israel. Em Apodi, Jacques Cukierkorn escutou de diversas pessoas – mas não pôde comprovar – que na cidade havia túmulos judaicos. Outros entrevistados diziam que portas divididas horizontalmente ("portas holandesas"), muito comuns na região, eram de origem judaica.

Perto dali, na Vila do Venhaver, Cukierkorn observou que as feições da população contrastavam com as do nordestino-padrão: os habitantes de Venhaver são loiros, altos e de olhos azuis. Nessa mesma localidade, constatou que era costume colocar a estrela hexagonal (*de David*) na parte interior da porta de entrada da casa. Além disso, Cukierkorn notou que os túmulos do cemitério local têm a forma de lápide tipicamente judaica, e descobriu que as pessoas tinham o hábito de jogar três pedras quando passam junto ao túmulo, costume tão nordestino quanto o hebraico, que consiste em colocar pedras, assinalando visita ao túmulo.

Colocar um amuleto na porta, como se fosse uma *mezuzá* judaica, foi outro costume encontrado na região. Mesmo quando esse amuleto é uma cruz, ela é feita com os braços tortos, expressando uma negação inconsciente de representar a cruz em sua forma mais perfeita, com os braços em equilíbrio.

Em entrevista concedida a esse ensaísta, o agora rabino Jacques Cukierkorn comentou que, em Venhaver, as pessoas dizem que são judeus: são desconfiadas e quando se faz muitas perguntas, elas querem ir embora. Os depoentes afirmaram que seus antepassados eram judeus. Também demonstraram insatisfação ao serem filmados por Cukierkorn. Disseram que tinham medo dos nazistas, lembra o rabino.

Cukierkorn sugere que o próprio topônimo, *Venhaver*, seria adaptação linguística de dois vocábulos, um português (*vem*) e outro hebraico (*chaver*). Venhaver seria uma derivação de *Vem, Chaver*, que significa "Vem, amigo". Observe-se que *chaver* se pronuncia **raver**. Desse modo, há uma proximidade fonética entre original **vem raver** e o atual **Venhaver**. Assim explica o Rabino Cukierkorn:

> A outra origem para o nome Venhaver pode não ser tão romântica, mas é muito mais interessante. Sabe-se que Judeus Secretos [criptojudeus] usam códigos ou expressões para identificar uns aos outros, como chamar a si próprios "membros da nação" ou utilizar outra expressão, "*Chaver*" [pronuncia-se **raver**], amigo ou companheiro, em hebraico. Uma lenda diz que "Venhaver" seria uma corruptela da expressão "Vem Chaver", *Vem Amigo*. Isto significaria que os Judeus Secretos nessa área, tendo encontrado um porto seguro, convidavam outros para unirem-se a eles.[13]

Quando visitou Caicó, Jacques Cukierkorn teve uma audiência com o juiz de direito, Carlos Jardel. No meio da conversa, o juiz disse ao rabino que "o povo de Caicó tem mania de ser judeu", talvez em referência à construção do castelo En-Gedi, erigido pelo padre Salvino. Este, por sua vez, informou ao rabino que suas pesquisas, realizadas entre 1973 e 1979, confirmaram ter sido Caicó reduto de judeus que, fugindo da Inquisição e do pós-guerra da restauração pernambucana, se instalaram no então inóspito vale do Seridó para poderem judaizar à vontade.

Em Natal, o rabino entrevistou João Medeiros, descendente de Olavo Medeiros, que chegou ao vale do Seridó na segunda metade do século XVII, após a *débâcle* holandesa em território nordestino. Segundo João Medeiros, seus pais e avós sempre disseram que eram judeus marranos. Quando chegou à maturidade, João Medeiros viajou ao Rio de Janeiro e procurou o rabino Lemle, que aceitou convertê-lo ao judaísmo. Desde essa época tem sido um dos maiores promotores da recuperação da comunidade judaico-marrana do Nordeste brasileiro.

Atualmente, a comunidade judaica do Rio Grande do Norte é composta em sua maior parte por judeus *retornados*, revelando a importância dos *judeus-novos* para o judaísmo potiguar e nordestino. Tanto é assim que recebemos o professor James Ross, do programa de estudos judaicos da Northeastern University, de Boston, que visitou o Nordeste em janeiro de 1998, acompanhado pelo rabino Cukierkorn, com o objetivo de descrever o fenômeno marrano tanto no Brasil quanto em outros países onde o fenômeno do *ressurgimento* também foi detectado.[14]

Por outro lado, Eachel Bortnik, em artigo sobre comunidades que retornaram ao judaísmo quinhentos anos depois da conversão forçada de seus antepassados, lembra que idêntico fenômeno ocorre em vários países hispano-americanos, como Uruguai, Chile e, sobretudo, México.[15]

A reverberação dessa *nostalgia* das origens não é um fenômeno apenas latino-americano. Ocorre em comunidades ibéricas espalhadas pelo mundo, sobretudo por onde passou a Inquisição. Desse modo não foi de todo surpreendente quando a revista espanhola *Cambio 16* publicou importante artigo no qual o espanhol Ignácio Sotelo, professor de Ciência Política da Universidade Livre de Berlim, confessou ante uma Espanha castiça e católica:

> Admito que os povos sobrevivem se sabem adaptar-se; em troca, as minorias seletas se distinguem por sua inadaptação, que se faz **palpável em sua capacidade de dizer não**. Trata-se de uma larga e triste história de intolerância, inquisição, limpeza de sangue, submissão, erradicação das culturas islâmicas e judaicas, que os espanhóis seguimos empenhados em ignorar. Graças a dom Américo Castro des-

cobri um dia o que realmente era, **um judaizante**. Pouco a pouco fui penetrando na cultura particular da Espanha oprimida, chocando frequentemente com os cristãos-velhos, que rondam o poder com elogios desmedidos, sempre visando seus privilégios, dispostos a esquartejar todo aquele que se atreva, nem digo a opor-se, mas tão somente a destoar o mínimo que seja. Entretanto, encontrei com algum outro judaizante sem que fosse necessário que nos identificássemos para reconhecer-nos: **tínhamos em comum uma mesma cultura da resistência**, devido a um mesmo **afã de sobreviver sem passar pelas humilhações e indignidades** que exigem os cristãos-velhos para acolher-nos como um dos seus.[16]

Não pense o leitor que é fácil a aceitação da herança judaica, sobretudo entre os orgulhosos espanhóis. Ao se referir a Américo de Castro, evocado por Ignácio Sotelo como responsável por sua descoberta como *judaizante*, Sánchez-Albornoz emprega uma verbalização agressiva, como se fosse reverberação da linguagem inquisitorial, ao dizer que: "se a Espanha tivesse sido fruto da simbiose de cristãos, mouros e judeus como um ensaísta [de origem hebraica] metido a historiador afirmou de modo gratuito, nunca a Espanha teria descoberto, conquistado e colonizado a América".[17]

Ou seja, Sánchez-Albornoz, no afã de desqualificar Américo de Castro (indicando sua origem hebraica), profere uma sentença quase racista. Bem que a leitura das obras de Gilberto Freyre ajudaria Sánchez-Albornoz a ampliar seu espectro especulativo. Freyre, com sua luso-tropicologia, sustentou tese contrária ao etnocentrismo do insigne espanhol, ao afirmar que foi graças aos "traços de influência moura que nos parecem ter aberto predisposições mais fundas no caráter e na cultura do povo português para a colonização vitoriosa dos trópicos".[18]

O antropólogo de Apipucos demonstrou, além disso, que na formação do povo português houve uma mescla de povos "semito-fenícios [e] entre invasores mais recentes, os judeus, os berberes, mouros", que foram se misturando às populações de origem celta, no norte da península, e às mediterrâneas, no sul.[19]

Ou seja, exceto se a antropologia física espanhola fosse totalmente diferente da de sua nação vizinha, com qual comparte o espaço geoecológico da península Ibérica, é que Sánchez-Albornoz poderia ter razão, o que não parece ser o caso. Ao contrário, os fatos históricos demonstram que a Ibéria recebeu fluxos migratórios de celtas, godos, romanos, judeus, árabes, berberes etc. "Assim", diz Freyre, "se explica que o elemento **hispânico** (...) de sangue recentemente avivado na cor pelo sangue do mouro e do berbere" ter, durante o domínio muçulmano, enriquecido sua capacidade técnica e industrial graças "ao contato da superior cultura norte-africana", e o que aconteceu com os mouros "verificou-se também, até certo ponto, com os judeus", afirma Gilberto, no elogio à fusão das culturas e ao hibridismo multiétnico.[20]

Em *Interpretação do Brasil*, ao criticar a visão de Charles Stockard, segundo o qual a miscigenação provocaria inferioridade cultural, Gilberto Freyre refuta-o, afirmando que "estudos objetivos dos êxitos nacionais ou regionais da América Latina e do desenvolvimento cultural da mesma não parecem confirmar a inferioridade do Brasil mestiço em relação aos seus vizinhos mais 'arianos'".[21] Pelo contrário, ensina Gilberto, é no Brasil que se encontra o mais criativo grupo de escritores, pintores, arquitetos, compositores, e é também no "Brasil mestiço" onde se encontra "o grupo mais criador de homens de ciências" dedicados à medicina tropical.[22]

A fusão dessas múltiplas influências culturais resultou na formação do homem espanhol, do homem português, do homem ibero-luso-tropical. Gilberto Freyre afirma de modo inequívoco que no "Homem ibérico" há um "europeu islamizado, além de israelizado ou orientalizado pelo semita judeu" que está imerso na realidade como uma *pessoa total*.[23]

No homem ibero-americano e luso-tropical permanece inalterada aquela mesma *arquitetura psíquica* que os vincula aos arquétipos judaicos e muçulmanos. Para compreendê-lo, Freyre sugere que uma *tropicologia* ou uma *hispano-tropicologia* ou uma *luso-tropicologia*, como "método principalmente compreensivo ou empático de análise", é a mais adequada concepção de estudo do Homem situado e integrado aos trópicos. Tal homem expressa um conjunto de valores – diríamos arquétipos – não tropicais, provenientes "do Islame [sic] e que se desenvolveu nas Espanhas, pelo contacto de cristãos com saberes tanto judaicos como islâmicos",[24] reafirma o criador da *hispano-luso-tropicologia*, evocando estudo de Américo de Castro sobre a estrutura do homem hispano ou iberocristão, como prefere Gilberto.

Os arquétipos semitas, condensados naquele "conjunto de valores" herdados de judeus e, em menor parte, de muçulmanos, foram mantidos como que no inconsciente coletivo e no imaginário popular. Agora ressurgem como tomada de consciência das mais arcaicas origens semitas ou semissemitas do povo nordestino e do povo brasileiro; e de modo mais intenso nesses tempos da pós-modernidade, no auge da moda intelectual e acadêmica de reafirmação das *pertinências* ou *pertencências* étnicas, sobretudo aquelas relativas a culturas minoritárias.

Igual consciência atávica desse arcabouço judaico, ressurgindo das sombras do passado e exigindo satisfação (como no caso de Américo de Castro e Ignácio Sotelo), fez que várias famílias brasileiras, especialmente do Rio Grande do Norte, tenham retornado ao judaísmo e criado instituições comunitárias judaicas, de modo tão inusitado que o acontecimento mereceu destaque em diversas revistas de circulação nacional, há menos de trinta anos.[25]

Nesse sentido, importa investigar não só a *materialidade* da reivindicação étnica, pela evocação de uma linhagem cristã-nova judaizante ou não. Mais importante ainda é compreender as motivações conscientes e inconscientes que levam alguém a se (auto)reconhecer como "judeu" num contexto não judaico e talvez até mesmo, em algumas circunstâncias, antijudaico. Para entender essas *trajetórias desejantes* é imprescindível compreender o fabuloso imaginário individual e coletivo do qual a população nordestina é herdeira.

Esse fenômeno não passou ao largo da perspicácia de Gilberto Freyre. Enquanto o rabino Cukierkorn e o padre Salvino identificaram o amor dos caicoenses e seridoenses aos estudos, uma herança judaica, Gilberto Freyre esclarece que os cristãos-novos procuravam "ascender na escala social servindo-se de suas tradições sefardíticas de intelectualismo",[26] tal como detectado no sertão potiguar.

O mestre de Apipucos afirma que os professores das escolas superiores eram majoritariamente cristãos-novos, o que contribuiu para o bacharelismo, resultando no costume de usar anel com rubi ou esmeralda, reminiscência oriental "de sabor israelita", tão a gosto do bacharel ou doutor brasileiro. Gilberto diz ainda que outra reminiscência sefardínica é "a mania dos óculos e do pincenê usados também como sinal de sabedoria".[27] Observe-se que o uso de múltiplos anéis e óculos foi cultivado por Lampião, como demonstrou Frederico Pernambucano de Mello, ao analisar a estética do cangaço.

No que diz respeito aos cristãos-novos, Gilberto Freyre acredita que eles procuraram "nos títulos universitários de bacharel, mestre e doutor a nota de prestígio social que correspondesse às suas tendências e ideais sefardínicos" e encontraram na medicina, na advocacia e no ensino superior "a maneira ideal de se aristocratizarem".[28] Não foi à toa que as primeiras faculdades tenham sido instaladas no Nordeste (medicina, em Salvador, e direito em Olinda), e em São Paulo (direito), locais de grande concentração de cristãos-novos.

Freyre lembra que tanto em Portugal quanto no Brasil "quase todos os doutores, em Medicina, pelo menos, parece que eram judeus", e seriam em grande número os "judeus disfarçados, ou homens de origem hebreia os advogados que, desde o século XVI, começaram a emigrar do reino para as colônias, com os seus óculos, a suas chicanas e o seu parasitismo", esculacha Gilberto.[29]

Seria a expressão daquelas *tendências e ideais sefardínicos* que buscavam ascensão aristocrática pela absorção, pela expansão e pela difusão do conhecimento, tão a gosto dos judeus e dos nordestinos? Lembremo-nos que na Bahia colonial, segundo consta das acusações de viajantes e familiares da Inquisição, a maioria dos que exerciam a medicina era formada por judeus cristianizados: "a cidade da Bahia já no século XVII se apresenta cheia de médicos judeus", diz Gilberto, em *Nordeste*.[30] Coerentes, portanto, com a tradição profissional judaica e com a tradição intelectual nordestina, pois, como diz Gilberto Freyre, na Bahia se desenvolveu o primeiro centro de cultura médica no Brasil, porque Salvador, no século XVII, estava repleta de "marranos peritos na ciência de tratamentos dos doentes e que receitavam carne de porco para que nenhum voluptuoso da delação desconfiasse deles".[31]

Essa vocação acadêmica não impede que seus mais importantes intelectuais se deixem *encantar* pelo universo simbólico dos mitos semíticos que povoam o imaginário coletivo dos nordestinos. Assim, o cineasta Glauber Rocha tornou-se porta-voz desse semitismo redivivo ao proclamar: "Sou um sebastianista". Glauber explica a crença no *ocultamento* – e não na morte – do rei lusitano: "Nós dizemos, no Nordeste do Brasil, que Dom Sebastião desapareceu em Alcácer--Quibir".[32]

O Nordeste está no centro do ressurgimento desse mito do *Desaparecido*. Vamireh Chacon, citando Antônio Quadros, diz que o novo cenário da profecia de Daniel (relativo ao Quinto Império) seria o interior do Maranhão, "onde o sebastianismo ainda hoje apresenta reminiscências e remanescências".[33]

COMER OU NÃO COMER: EIS A QUESTÃO

Há diferenças bastante pronunciadas entre o homem do litoral e o do sertão. Gilberto fala, nessa obra, do *extremo Nordeste*, da Zona da Mata, da terra *pegajenta*, *molenga*, maleável do massapé que aceita com docilidade a presença humana. Um *extremo Nordeste*, diferente daquele outro Nordeste, do sertão, da caatinga, da terra seca, áspera, esturricada e rude, quase hostil à presença humana. Ali, se pode dizer com absoluta certeza, não basta ser forte porque só os muito fortes sobrevivem.

Numa descrição muito feliz – "superando possíveis pendores retóricos por visão pictórica", na elogiosa apreciação de Gilberto Freyre –, Frederico Pernambucano de Mello sintetizou o homem e a civilização sertaneja:

> Quando em fins do século XVII e ao longo de todo o século XVIII a necessidade de expansão colonizadora empurrou o homem para além das léguas agricultáveis do massapé, projetando-o no universo cinzento da caatinga, fez surgir um novo tipo de cultura, cujos traços mais salientes podem ser resumidos na predominância do individual sobre o coletivo – no plano do trabalho – e nos sentimentos de independência, autonomia, livre-arbítrio e improvisação, como características principais do homem condicionado por este cenário agressivo e vastíssimo que é o sertão.[34]

Euclides da Cunha, Gilberto Freyre, Darcy Ribeiro e tantos outros observaram e descreveram tais diferenças. A definição paradigmática de Euclides, segundo a qual "o sertanejo é antes de tudo um forte", traduz a ideia de um tipo de homem em luta constante com e contra a natureza. Sobreviver em tais circunstâncias é já triunfar, é já ser um super-homem preconizado por Friedrich Nietzsche.

Luta titânica do homem contra a natureza, semelhante ao combate singular entre Jacó e o anjo misterioso, terminando em empate técnico:[35] Jacob não ganhou e não perdeu, mas ficou aleijado, puxando de uma perna devido a um golpe do Anjo-sem-nome, que o feriu na articulação da coxa, atingindo o nervo ciático, no melhor estilo *kung fu* de *Kill Bill*.

E o que essa luta mitogênica tem a ver com o Nordeste?

A partir desse acontecimento mítico, os judeus proibiram o consumo de tendões das patas traseiras dos animais na alimentação. Durante as visitações da Inquisição ao Nordeste, várias pessoas foram denunciadas por esse motivo. Essa interdição está consignada logo no início da *Torá*, o Pentateuco mosaico.

Na redação da Bíblia hebraica, lemos em Gênesis 32:33: "Por isso os filhos de Israel não comem o tendão encolhido que está sobre a juntura da coxa até este dia, pois [o anjo] tocou na juntura da coxa de Jacob, no tendão encolhido".[36]

Na Bíblia de Jerusalém lemos uma versão especificando qual o *tendão de Jacó* foi atingido pelo golpe do anjo: "Por isso os israelitas, até hoje, não comem o nervo ciático que está na articulação da coxa porque ele [o anjo] feriu a Jacob na articulação da coxa, no nervo ciático".[37]

Maior teólogo judeu de todos os tempos, Moisés Maimônides reafirmou essa proibição no clássico *Tariag ha-mitzvoth*, em que expõe os 613 mandamentos da lei mosaica. Ali está consignado no preceito negativo nº 183:

> Não comer "*guid hanashé*": Por esta proibição somos proibidos de comer os tendões encolhidos. Ela está expressa em Suas palavras: 'Por isso não comem os filhos de Israel o tendão encolhido' (Gênesis 32:33). Todo aquele que comer o tendão todo, ainda que ele seja pequeno, ou o equivalente ao tamanho de uma oliva, será punido com o açoitamento.[38]

Essa proibição é marca específica do povo judeu. Um autor contemporâneo, Michael Asheri, quando trata das leis dietéticas judaicas, esclarece que não basta um animal ser lícito para a alimentação e ser abatido de forma ritual. Tem-se de remover as partes interditadas pela lei judaica: "As partes removidas são principalmente a gordura existente em torno dos rins e outros órgãos, e nos quartos traseiros, **o nervo ciático e os tendões dessa região**".[39]

Mesmo atualmente, os candidatos à conversão (gentios) ou ao retorno (cristãos-novos) são instruídos sobre tal proibição. Em livro de 1991, Maurice Lamm reafirma a lei: "Uma regra antiga mais significativa e simbólica é a exclusão da parte traseira do animal, na região do nervo ciático. A *Torá* descreve a luta entre Jacob e o anjo de Esaú" e em recordação daquela luta "os filhos de Israel nunca comem o nervo da coxa".[40]

Pois bem, essa proibição da lei mosaica reverberou no semítico Nordeste, onde muitas pessoas se abstinham de comer nervo ciático. Tanto que os peritos do Santo Ofício, inspirados nas leituras do *Directorium Inquisitorum*,[41] procuraram descobrir quem não comia tendões [nervo ciático ou *landoa*], durante suas visitações ao Nordeste brasileiro.

Para ficar em alguns exemplos, vejamos o que está consignado nas confissões obtidas durante a primeira visitação do Santo Ofício ao Brasil (1591-1592), pelo licenciado Heitor Furtado de Mendonça.[42] No volume dedicado à Bahia consta, no *Auto dos trinta dias de graça concedidos ao Recôncavo*, a confissão de Maria Lopez, em três de agosto de 1591, aos 63 anos de idade. Informou que era cristã-nova natural de Évora, Portugal, filha de Fernão Lopez, alfaiate do duque de Bragança. Confessou que sempre quando em sua casa se assa quarto traseiro de carneiro *"manda tirar a landoa* por que se assa melhor e fica mais tenro e não se lhe ajunta na *landoa* o sangue encruado" e que cozinhava carne magra "lançando-lhe dentro azeite ou grãos na panela".[43]

O licenciado diz que sendo mulher de tão bom entendimento, não acredita que "ela não soubesse que fazer as ditas coisas do quarto de carneiro *tirando-lhe a landoa* e de cozinhar a carne com azeite e grãos eram cerimônias dos judeus". Daí Maria Lopez *"respondeo que ella nas dittas cousas que tem declarado nunca teve tenção judaica"*.[44]

Maria Lopez foi a primeira pessoa a confessar não comer o nervo ciático, embora tenha afirmado também comer carne de porco, talvez para afastar suspeita, pois, como Gilberto Freyre lembrou, a propósito dos costumes à mesa, "carne de porco, muitos comiam, e faziam garbo de comer; mas para mostrar que não eram judeus".[45] Quanto ao hábito cultivado por Maria Lopez de "cozinhar a carne com azeite e grãos", que, na opinião do visitador Heitor Furtado de Mendonça, "eram cerimônias dos judeus", tornava a pessoa suspeita de judaização. Segundo informa Léon Poliakov, o padre Andrés Bernaldez, capelão de um inquisidor-mor não indicado, escreveu, na sua *Historia de los Reyes Catolicos*, que os cristãos-novos "jamais perderam seu modo de comer à judaica, preparando seus pratos de carne com cebolas e alhos e refogando-a no azeite, que usam em lugar de banha, para não comer banha".[46] Portanto, o hábito culinário que Maria Lopez herdou dos seus antepassados era, sim, um conhecido costume judaico. Isso também se pode dizer em relação à retirada do nervo ciático (*landoa*) dos quartos traseiros dos quadrúpedes comestíveis.

Depois de Maria Lopez, várias pessoas confessaram o mesmo comportamento suspeito e receberam a mesma admoestação do visitador. No período de 3 de agosto de 1591 a 1º de fevereiro de 1592, mais quatro pessoas admitiram ter a mesma preferência gastronômica: Catarina Mendes, Fernão Pires, Beatriz Antunes e Dona Lianor.[47] Sendo todos cristãos-novos, reiteraram a ignorância dos motivos israelitas daquele hábito alimentício, procurando *engabelar* Heitor Furtado de Mendonça, mas parece que não conseguiram, pois ficaram todos sob observação atenta do visitador.

A próxima vítima foi Catarina Mendes, de 51 anos de idade, irmã de Maria Lopez, ambas as filhas de Fernão Lopez, alfaiate do duque de Bragança. Dois dias após a confissão de Maria, Catarina fez uma confissão na qual "disse que todas as vezes que em sua casa até agora se assavam quartos traseiros de novilho *lhe mandava tirar a landoa*".[48]

Acrescentou que aprendeu tal técnica com Antonio Alvarez, cozinheiro da rainha. Então o visitador admoestou-a "com muita caridade", dizendo que Catarina realizava "cerimônias de judia", que ela era "da **nação dos cristãos-novos**" e que [em relação às cerimônias] "as fazia para **guardar a lei de Moisés**".[49]

Usando o mesmo argumento de sua irmã Maria Lopez, Catarina afirma "que é boa cristã" e que *"não fez as dittas cousas com tenção de judia"* e termina pedindo "perdão e misericórdia com **penitência saudável**".[50]

Em seguida, Fernão Pires, natural do Porto, da idade de quarenta anos, "que tem dúvida se é meio cristão-novo", confessou que "algumas vezes assando em sua casa carne de carneiro lhe *tirou a landoa* para assar melhor" e finalizou com a declaração de praxe: *"que he muito bom cristão e que não teve tenção judaica"*.[51]

No dia 31 de janeiro de 1592, Beatriz Antunes se apresentou ante o visitador. Disse ser cristã-nova, natural de Lisboa e ter 43 anos de idade. Confessou diversos comportamentos que a etnologia considera hábitos judaicos. Sobre hábitos alimentares, disse que "quando em casa se assava quarto de carneiro *lhe mandava tirar a landoa*".[52] Ao fim, o visitador concluiu que "todas estas cousas são mostras manifestas de [ela e sua mãe] terem a lei de Moisés".[53]

Por fim, a confissão de Dona Lianor, cristã nova, com 32 anos de idade. Informa ser moradora de Matoim, mas não diz onde nasceu. É irmã de Beatriz (ambas são filhas de Anna Rõiz). Na sua confissão, realizada em 1º de fevereiro de 1592, Lianor afirmou que ouviu dizer ser bom *"tirar as landoas dos quartos traseiros* das reses pequenas", então "todas as vezes que em sua casa se assavam quartos semelhantes, lhe *mandava tirar a landoa"*.[54] E, ao fim, salmodiou a desculpa contumaz: que fez estas *cousas* sem má intenção e "sem saber nem entender que eram cerimônias dos judeus".[55]

Embora essas confissões tenham sido feitas por moradores do Recôncavo Baiano, hábitos semelhantes (não comer *landoa*, sangue, porco etc.) também foram encontrados em populações sertanejas. Uma antropologia culinária que estudasse os hábitos alimentares do Nordeste poderia fornecer importante material ao estudo das influências árabes e judaicas na tradicional cozinha sertaneja.

Diáspora & nomadismo: destino do nordestino

Gilberto Freyre destaca a presença dos ciganos que, desde 1686, haviam sido desterrados para o Nordeste. Baseado nos manuscritos de Pereira da Costa, Freyre supõe terem sido ciganos "os primeiros a serem chamados 'gringos' no Nordeste".[56] Encontravam-se tais ciganos em uma região – nos dois ou mais Nordestes, porque há vários, afirma Gilberto[57] – onde o cavalo é o melhor amigo do homem, parceiro de todas as horas, nos lazeres, nos prazeres, nos fazeres e nos rompantes bélicos. Assim, na civilização do couro e na civilização do açúcar, a onipresença do cavalo não deixaria de ser um poderoso atrativo para os ciganos, tradicionalmente nômades e, portanto, ligados aos cavalos, sobretudo os alheios, diziam à época comentários maldosos, etnologicamente incorretos.

Entretanto, Gilberto Freyre cita Felte Bezerra, autor de *Etnias sergipanas* (1950), para quem "a designação de cigano, entre nós, tem mais sentido cultural que étnico, traduz a vida nômade e sustentada por trocas e barganhas".[58] Para ilustrar o uso mais cultural de étnico – no sentido de genética –, nosso autor informa que no *Livro das denunciações do Santo Ofício*, do visitador Marcos Teixeira, "está citada uma Joana Ribeiro, a cigana, moradora de Sergipe Del-Rei **'que é apontada como israelita'**".[59]

Com base na indicação de uma "israelita" tida por cigana, Freyre acredita que o uso extensivo do termo "talvez explique" a concepção cultural, e não étnica, da designação de *gringo* no Nordeste e em outras partes do Brasil, para incluir no vocábulo "gringo" tanto estrangeiros quanto **judeus**, após ter sido aplicado a ciganos, conforme estabelece Pereira da Costa, argumento aceito *in dubio* por Gilberto Freyre.[60]

Felte Bezerra, nessa obra citada por Gilberto, em relação à presença de judeus nas *etnias sergipanas*, cometeu um equívoco ao afirmar que "não foram encontradas famílias sergipanas de comprovada ascendência israelita".[61] Sabe-se agora, graças às pesquisas de Anita Novinsky, que Sergipe também recebera em seu solo a presença semítica de judeus e criptojudeus, como é o caso do boticário Diogo Vaz, "morador de São Cristóvão, preso pelo Santo Ofício em 1661 e sentenciado sob acusação de ser 'judaizante' aos 10 de abril de 1669".[62]

Ampliando o estudo dessa temática semita, Maria Thétis Nunes escreve, em *A Inquisição e a sociedade sergipana*, que na segunda metade do século XVII houve perseguição aos cristãos-novos estabelecidos em Sergipe. Entre os integrantes da comunidade semita de cristãos-novos que foram denunciados, cita Baltazar Leão, pertencente à *importante família* e "um dos mais antigos moradores da terra".[63] Acrescenta, baseada em várias fontes, os nomes de Luís Álvares, Diogo Lopes Ulhoa, Simão Leão, Enrique Fernandes Mendes e Pedro de Vila Nova.[64]

Informa ainda que no início do século seguinte, apenas dois casos de cristãos-novos são denunciados: em 1709, há a indicação de que uma das treze pessoas condenadas, uma [não indica o nome] era de Sergipe; e em 1732 é registrada uma denúncia, com a mesma acusação, contra Antonio Fonseca, "lavrador, residente nas margens do rio São Francisco".[65]

Vê-se, portanto, que em todo *extremo Nordeste* – universo ecológico observado por Freyre na obra em apreço – o elemento semítico, a *gente da nação* (isto é, os judeus), mercadejava nas duas margens do rio São Francisco, de cristãos-novos, alguns judaizantes, outros não, mas todos sob suspeição de todos e da Inquisição.

Esse foi o mundo do Nordeste nos três primeiros séculos da colonização euro-ariana, luso-visigótica, algo amouriscada pelo contato permanente, físico e metafísico, com o árabe e o berbere, nos longos séculos de lutas e convivências entre a Ibéria e a Berbéria, ocasionando os primeiros conflitos religiosos entre a Europa cristã e a África islâmica (não *maometana*, como grafa o sábio de Apipucos, para o desespero de seus leitores muçulmanos).[66]

Tal mescla de populações se intensificou durante a invasão da Península, na qual "os *maometanos* [sic] teriam tido o concurso de hispanos contrários aos visigodos" e também de outros segmentos, tanto que "grande parte das populações cristãs submeteu-se ao domínio político dos mouros", observa Gilberto.[67]

Diz ainda o geoecólogo de Apipucos que foram "essas populações – os moçárabes – gente impregnada da cultura e mesclada do sangue do invasor, que se constituíram no fundo e no nervo da nacionalidade portuguesa".[68] De tal modo esse amálgama de etnias, de "raças", de religiões e de cultura que plasmou a *nacionalidade portuguesa*, teria sido fruto (na opinião de Lúcio de Azevedo e refutada, em parte, por Gilberto Freyre) de uma síntese da "aristocracia de fundo nórdico [ariano-visigótica] e pela plebe indígena [lusitana], penetrada fortemente de sangue mouro [árabe] e berbere [magrebino]".[69]

Acrescente-se a tal síntese eugênica – no melhor sentido freyreano – a contribuição do sangue e da sabedoria judaica. Herdeiros de uma tradição espiritual e intelectual condensada havia milênios, os judeus estavam na península Ibérica desde pelo menos três mil anos, assegura Alberto Dines, com estas palavras:

> Hebreus e fenícios teriam chegado à Ibéria um milênio antes de Cristo. *Sefarad*, Espanha, em hebraico, é mencionado pelo profeta Abdias, mas referia-se à Ásia Menor. O primeiro que tratou Sefarad como Espanha foi Jonathan Ben Uziel, discípulo de Hillel, no século I d.C. Isaac Abravanel, no comentário ao Livro dos Reis, chegou a comparar a toponímia espanhola com a bíblica. Disse que o rei Pirro trouxe os judeus e os estabeleceu na Andaluzia; Ibn Verga tratou do assunto em *A vara de Judá*.[70]

Dines esclarece, porém, que visando a galgar os altos escalões da corte do reino e Castela, Judá Abravanel teria empregado os argumentos de que "o clã [Abravanel] arribara em tempos pré-romanos", o que a eximia "da cumplicidade familiar no martírio de Ieoshua (Jesus) de Nazaré: já estavam na Península quando os legionários o crucificaram"; tanto isso é verdade que seu tetraneto, Isaac Abravanel, escreveu uma história antiga na qual "referiu-se à diáspora na Espanha ao tempo em que Nabucodonosor destruiu o Primeiro Templo de Jerusalém".[71]

Discute-se, portanto, a *patente da antiguidade* dos judeus na Ibéria. Outras fontes, porém, oferecem explicações sobre a época exata na qual os primeiros judeus teriam se instalado em terras hoje luso-espanholas. O rabino Moisés de Arragel, tradutor do Antigo Testamento para o castelhano, escreveu no início do século XV uma carta ao grão-mestre da Ordem de Calatrava, na qual afirmava que os judeus-espanhóis eram "os mais sábios e os mais ilustres de todos os judeus que jamais viveram em dispersão; suas preeminências são quatro: em linhagem, em riquezas, em virtude e em ciência".[72] León Poliakov acrescenta:

> Tais pretensões eram justificadas identificando-se a Espanha com o "País de Sefarad", no qual, de acordo com o Antigo Testamento,

foram exilados os filhos de Jerusalém, a fina flor do judaísmo antigo. O judaísmo espanhol em seu conjunto supostamente era tido como descendente quer dos judeus exilados por Nabucodonosor, quer dos exilados por Tito; em todo caso, escrevia o historiador Ibn Verga, era de extração real. Quanto às grandes famílias de Toledo ou de Barcelona, pretendiam provir do Rei David em linha reta.[73]

Algumas das mais antigas e tradicionais famílias nordestinas, sobretudo pernambucanas e paraibanas, estão entrelaçadas com as famílias judaicas da península Ibérica. Tais famílias, após a expulsão da Espanha em 1492, se concentraram em solo lusitano e, de lá, emigraram para as terras do Nordeste brasileiro. Com tais *exilados*, experimentando uma *intradiáspora* – a fuga-dentro-da-fuga –, emigrou também seu tesouro cultural e metafísico, sua secreta arquitetura psíquica, sua *Weltanschauung*, sua cosmovisão, em síntese, seu imaginário coletivo e sua religião ancestral.

Tal universo imaginário, como que livre das pressões endoculturais do judaísmo, experimentou contatos profundos e profícuos com outras culturas mediante a miscigenação multiétnica – multicultural nos costumes, ainda que monocultural na economia açucareira, multigínica nos interstícios da monogamia formal, mas não real – por meio da qual se originou a *metarraça* híbrida descrita e exaltada por Gilberto Freyre.

Metarraça do homem lusitano, que sobrepujou os desafios dos trópicos graças à exogamia experimentada desde cedo pelo português louro ou *galego*, de sangue luso-visigótico, praticando aquele famoso intercâmbio preconizado por Lévi-Strauss: troca de palavras, trocas de objetos e, sobretudo, troca de mulheres. Nessa perspectiva, o português que aportou no Nordeste do Brasil já estava acostumado aos casamentos interétnicos, tanto com judeus quanto com árabes, moçárabes e berberes. De uns herdou a vocação ao comércio, ao misticismo messiânico, ao intelectualismo e ao bacharelismo; de outros, o amor aos cavalos, a tendência à multiplicidade de mulheres, o cultivo da cana depois transmitido aos judeus que o levaram à Madeira e de lá ao Nordeste e ao Brasil.

De ambas as vertentes etnoculturais, herdou a tendência ao nomadismo, além do sentido espiritual de uma destinação messiânica ou quase. Eis o homem luso-tropical americano: herdeiro da etnia ariano-visigótica, mas também judeu-amouriscado, meio arabizado, meio cristianizado, entremesclado e aparentado com diversas etnias que habitaram a antiga Lusitânia e colonizaram a Nova Lusitânia, a terra pernambucana e nordestina. Aqui se tornou ainda mais mestiça: mestiçagem com *gente de cor*, com genes africanos, alguns até de casas reais, como afirmam diversos relatos de época, apontados por Gilberto Freyre ao largo de sua obra.

Notas ao Capítulo 1

1. FREYRE, Gilberto. *Nordeste*. São Paulo : Global, 2004. p. 73 (nota 2).
2. Ibidem, p. 97.
3. Ibidem, p. 98.
4. Ler ORNELLAS, Manoelito. *Gaúchos e beduínos:* a formação étnica e a formação social do Rio Grande do Sul. Rio de Janeiro: José Olympio, 1956.
5. Apud FREYRE. *Nordeste*, op. cit., p. 104.
6. Darcy Ribeiro identifica esta *civilização do couro* como "uma subcultura própria, a sertaneja". In: RIBEIRO, Darcy. *O povo brasileiro:* a formação e o sentido do Brasil. São Paulo: Companhia das Letras, 1995. p. 340.
7. FREYRE, op. cit., p. 108.
8. Cf. ABREU, José Capistrano de. *Capítulos da história colonial (1500-1800)*. Rio de Janeiro: SCA, 1954 apud RIBEIRO, op. cit., p. 339.
9. FREYRE, op. cit., p. 111.
10. Ibidem, p. 110.
11. Ver MELLET, Ernesto. Judaísmo em Caicó. *Jornal Em Síntese*. 1(1). Recife, Livraria Síntese, p. 3, dez. 1986.
12. Ler MEDEIROS, João F. Dias. *Nos passos do retorno*. Natal: Edição do autor, 2005.
13. *The other origin for the name Venhaver may not be as romantic but is much more interesting. It is know that Secret Jews use key words or expressions to identify one each other, like calling themselves "members of the nation" or calling one another "Chaver" fiend, in Hebrew. A legend says that "Venhaver" is a corrupt Portugueses formo f "Vem Chaver – Come, Chaver." That would signify that the Secret Jews of that área, having found a safe haver, were inviting others to join them.* CUKIERKORN, Jacques. *Retornando/Coming Back:* a description and historical perspective of the crypto-jewish community of Rio Grande do Norte, Brazil. [Thesis for rabbinical ordination]. Cincinatti: Hebrew Union College – Jewish Institute of Religion, 1994. p. 37.
14. Ler ROSS, James. *Fragile Branches:* travels through the Jewish diaspora. New York: Riverhead Books, 2000.
15. Ver BORTNIK, Eachel. Retorno al judaizmo despues de 500 anyos: istoria de sovrevivencia, koraje i esperanza. *Aki Yersushalayim. Revista Kulturala Djudeo-espanyola*. [Jerusalém], anyo 15, 49, 1995.
16. SOTELO, Ignacio. Los judaizantes. *Cambio 16*, Madrid, n. 918, p. 42, 26 junio 1989.

17 Apud CHACON, Vamireh. *Deus é brasileiro:* o imaginário do messianismo político no Brasil. Rio de Janeiro: Civilização Brasileira, 1990. p. 102.
18 Cf. FREYRE. *Casa-grande & senzala.* Rio de Janeiro: Record, 1990. p. 208.
19 Ver Ibidem, p. 203.
20 Cf. Ibidem, p. 214-215.
21 Idem. *Interpretación del Brasil.* 2. ed. México: Fondo de Cultura Económica, 1987. p. 118.
22 Cf. Ibidem.
23 Cf. Idem. "A propósito de hispanos". In: Idem. *Seleta para jovens.* 4. ed. Rio de Janeiro: José Olympio; Brasília: Instituto Nacional do Livro, 1980.
24 Ibidem, p. 81.
25 Ver os artigos Judeus secretos, *Visão*, n. 34, p. 35, 22 set. 1980; e Judeus de novo, *Veja*, n. 639, 3 dez. 1980; e ainda a análise dez anos depois, em VALADARES, Paulo. Cristãos-novos no Brasil de hoje. *Leitura*, São Paulo, n. 10, p. 11-12, dez. 1991.
26 Cf. FREYRE. *Casa-grande & senzala*, op. cit., p. 228-229.
27 Cf. Ibidem.
28 Ibidem, p. 300.
29 Cf. Ibidem, p. 267.
30 Idem. *Nordeste*, op. cit., p. 149.
31 Ver Idem. *Sobrados e mucambos*, 8. ed. Rio de Janeiro: Record, 1990. p. 319.
32 Cf. O depoimento final do cineasta. *Jornal do Brasil*, Rio de Janeiro, 22 ago. 1987 apud CHACON, op. cit., p. 39.
33 CHACON, op. cit., p. 59.
34 MELLO, Frederico Pernambucano de. *Guerreiros do sol:* o banditismo no Nordeste do Brasil. Recife: Massangana/Fundaj, 1985. p. VIII e p. 4.
35 Cf. GÊNESIS 32:13. In: *Bíblia hebraica.* São Paulo: Sêfer, 2006. p. 40; e *Bíblia de Jerusalém.* São Paulo: Paulinas, 1987. p. 78.
36 BÍBLIA Hebraica, op. cit., p. 40.
37 BÍBLIA de Jerusalém, op. cit., p. 78; ver ainda *Torá, a lei de Moisés.* São Paulo: Sêfer, 2006. p. 95-96.
38 MAIMÔNIDES, Moisés. *Os 613 mandamentos:* Tariag ha-mitzvoth. São Paulo: Nova Stella, 1990. p. 277.
39 Cf. ASHERI, Michael. *O judaísmo vivo:* as tradições e as leis dos judeus praticantes. Rio de Janeiro: Imago, 1987. p. 116.
40 Ver LAMM, Maurice. *Bem-vindo ao judaísmo:* retorno e conversão. São Paulo: Sêfer, 2004. p. 315-316.
41 Trata-se da obra escrita pelo dominicano Nicolau Eymerich, em 1376, e ampliada em 1578. Para compreender a "perspicácia jurídico-teologal" da "Sagrada Congregação da Inquisição Romana" ou Santo Ofício, ler EYMERICH, Nicolau. *Manual dos inquisidores.* Rio de Janeiro: Rosa dos Ventos; Brasília: Universidade de Brasília, 1993.

42 MENDONÇA, Heitor Furtado de. *Primeira visitação do Santo Ofício às partes do Brasil:* confissões da Bahia, 1591-92. Rio de Janeiro: Sociedade Capistrano de Abreu, 1935.
43 Ibidem, p. 31.
44 Ibidem, p. 33.
45 Ver FREYRE. *Sobrados e mucambos*, op. cit., p. 227.
46 Apud POLIAKOV, Léon. *De Maomé aos marranos:* história do antissemitismo II. São Paulo: Perspectiva, 1984. p. 151.
47 Ver MENDONÇA, op. cit., p. 41, p.43, p.133 e p.139.
48 Ibidem, p. 41.
49 Ibidem.
50 Ibidem.
51 Ibidem, p. 43.
52 Ibidem, p. 133.
53 Ibidem.
54 Ver MENDONÇA, op. cit., p. 139.
55 Ibidem.
56 FREYRE. *Nordeste*, op. cit., p. 115.
57 Cf. Ibidem, p. 46.
58 Apud Ibidem, p. 117 (nota 4).
59 Apud Ibidem.
60 Cf. Ibidem.
61 BEZERRA, Felte. *Etnias sergipanas*. Aracaju: Livraria Regina, 1950. p. 125 apud MOTT, Luiz. *A inquisição em Sergipe*: do século XVI ao XIX. Aracaju: Fundesc/Sercore, 1989. p. 22 (nota 7).
62 Ibidem.
63 NUNES, Maria Thétis. "A inquisição e a sociedade sergipana". In: NOVINSKY, Anita; CARNEIRO, Maria Luiza Tucci. *Inquisição:* ensaios sobre mentalidade, heresia e arte. Rio de Janeiro: Expressão e Cultura; São Paulo: Edusp, 1992. p. 395.
64 Cf. Ibidem.
65 Ibidem, p. 403.
66 Ver, por exemplo, FREYRE. *Casa-grande & senzala*, op. cit., p. 209.
67 Cf. Ibidem.
68 Ibidem.
69 Cf. Ibidem (interpolações nossas).
70 DINES, Alberto. *O baú de Abravanel*. São Paulo: Companhia das Letras, 1990. p. 21-22.
71 Ibidem, p. 138 (nota 10).
72 Apud POLIAKOV, op. cit., p. 111.
73 Ibidem.

Capítulo 2

A cana e o homem mais-que-semita

Após descrever, num particular estilo expressionista, a cana-de-açúcar em relação com a terra, a água, a mata e os animais "domésticos e do mato", Gilberto Freyre dedica os dois últimos capítulos à descrição do homem no universo econômico dominado pela onipresente monocultura da cana.

Tal economia, profundamente marcada pelas relações patriarcais, criou o que Gilberto destaca como o "tipo mais puro da aristocracia brasileira: (...) o senhor de engenho pernambucano",[1] estimulando também a sedentariedade e a endogamia, esta última característica antropológica dos judeus e paradigma dessa cultura que combate a exogamia por questões religiosas.

A endogamia já era um fenômeno típico das populações indígenas do litoral nordestino, segundo informações prestadas por Ambrósio Fernandes Brandão, nos *Diálogos das grandezas do Brasil*: "As sobrinhas são as verdadeiras mulheres dos tios, e quando as querem tomar por tais, não se lhes pode negar; e assim pela maior parte se casa o tio com a sobrinha, filha de seu irmão ou irmã".[2]

Em *Casa-grande & senzala* o autor já destacara o fato de visitantes estrangeiros terem observado a prática da endogamia como fenômeno social a caracterizar um modo de contrair matrimônio. Maria Graham notara "uma solidariedade entre as pessoas do mesmo sangue que lhe recordaram o espírito de clã dos escoceses", mas destacou a inconveniência dos casamentos só se realizarem entre parentes.[3]

Desse modo, Maria Graham surpreendeu-se com a frequência desses casamentos consanguíneos "em que parece ter sentido certo gosto mau de incesto"; diz Freyre, acrescentando, que "nos meados do século XIX chegou o casamento de primos com primas e de tios com sobrinhas a ser assunto de muita tese alarmista de doutoramento".[4] Entretanto, tal preocupação não ficou adstrita ao século XIX, pois, ainda no ano de 1942, foi defendida tese de doutorado na Faculdade de Medicina do Brasil, intitulada *Sobre a psicopatologia do incesto*, da lavra de Darcy de Mendonça Uchoa.[5]

Gilberto relata que o padre Walsh descreveu (em *Notices of Brazil*, de 1830) que, em suas andanças pelo Brasil, surpreendeu uma família brasileira francamente incestuosa na qual o irmão estava – na terminologia freyreana – *amigado* com a própria irmã.[6] O antropólogo de Apipucos comenta a estupefação do sacerdote anglicano:

> É verdade que para escandalizar o padre inglês não eram precisos casos extremos de incesto: bastavam os casamentos, tão frequentes no Brasil desde o primeiro século da colonização, de tio com sobrinha; de primo com prima. Casamentos cujo fim era evidentemente impedir a dispersão dos bens e conservar a limpeza de sangue de origem nobre ou ilustre.[7]

E, no caso do Nordeste, foi uma *endogamia profunda*, porque *a primeira aristocracia brasileira de senhores de engenho*, estabelecida nas várzeas dos rios da região, estava ligada entre si pelo sangue dos colonos mediante casamentos intrafamiliares. Em outras obras, Freyre oferece um sem-número de exemplos: casamentos de primos com primas, de tios com sobrinhas e até mesmo de tios-avós com sobrinhas-netas. Todos vivendo *na mais completa endogamia*, como faziam os Paes Barretos, Cavalcantis, Wanderleys, Souza Leões e demais cabeças-coroadas das províncias da região açucareira, "fazendo de várias famílias uma só".[8]

Aliás, importa lembrar que a vetusta família Paes Barreto tinha lá sua cota de sangue judaico, conforme demonstrou o historiador Evaldo Cabral de Mello. Em *O nome e o sangue*, Evaldo prova com informações precisas, tendo por base ampla documentação comprobatória, que a família do morgado do Cabo praticou adulteração de genealogia para esconder o "sangue infecto" de *gente da nação* de alguns antepassados cristãos-novos.[9]

O próprio Cabral de Mello explica, no Prefácio dessa obra excepcional, que seu livro "conta a história de uma manipulação genealógica destinada a esconder, no Pernambuco da segunda metade do século XVII e ao longo do século XVIII, o costado sefardita de uma importante família local".[10]

Era uma quase obrigação, entre muitas famílias de comerciantes e não poucos donos de engenhos descendentes dos cristãos-novos, a prática da fraude genealógica, porque ser descendente de antigos judeus significava inacessibilidade a muitos dos melhores postos e prebendas civis, eclesiásticas e militares. Daí o afã de tantos ex-judeus e seus descendentes cristãos-novos na busca de iniciação nas ordens militares (a Ordem de Cristo em primeiro lugar), que proporcionava mais prestígio e maior sentimento de segurança a seus membros.

O notável estudo de Anita Novinsky sobre cristãos-novos e Inquisição já advertia, em 1970, que "um levantamento sobre a população cristã nova em Pernambuco, durante a ocupação holandesa, ainda precisa ser feito".[11] Tarefa que José Antônio Gonsalves de Mello realizou, com seu monumental *Gente da nação*.

Na chamada *Grande Inquirição* de 1646 são citados "dez judeus de Pernambuco", cuja lista é fornecida por Arnold Wiznitzer. São quatro judeus asquenazes (David Michael, Salomão Bar Jacob, Isaac Joannis de La Manha e Judá bar Jacob Polaco, este "um delator muito prestativo"[12]), três sefardins holandeses (David Salem, Isaac Carvalho e Samuel Israel) e três sefardins portugueses (Gabriel [Abraao] Mendes, Samuel [João Nunes] Velho e Abraão [Diogo Henriques] Bueno). Além desses, constam ainda Michael Frances e Manoel Gomes Chação [segundo Wiznitzer[13]] ou Chacão [segundo Novinsky[14]], que é da família Chacon, até hoje fixada em Pernambuco.

Em relação às ordens monástico-militares existentes em Portugal, todas ciosas da limpeza de sangue de seus membros, Evaldo Cabral de Mello lembra que após três gerações no Brasil "um rebento da família Sá e Albuquerque lograra 'penetrar' na Ordem de Cristo; ao cabo de seis, o ancestral converso era declarado cristão-velho pelo próprio Santo Ofício".[15]

Nesse sentido, em 1756, o vigário da Muribeca enviou ao Santo Ofício informações sobre "haver algum rumor de cristão-novo por parte do capitão-mor Antônio de Sá e Albuquerque como descendente de Duarte de Sá Maia, seu bisavô paterno e materno, o qual se dizia ter essa nota" [de cristão-novo], ressalta Evaldo Cabral de Mello.[16]

Observe-se, portanto, que sendo Duarte de Sá Maia bisavô paterno e materno de Antônio de Sá e Albuquerque, significa dizer que seus pais eram primos que, ao modo semítico-judaico, praticavam a endogamia. Também deve merecer atenção a obsessão paranoica do Santo Ofício, ao cascavilhar a ascendência do capitão-mor a ponto de levar o pároco da Muribeca a fazer referência ao tal bisavô cristão-novo (que podia ser cristão-novo não por ele próprio, mas talvez devido ao seu próprio bisavô ou tataravô judeu que decidiu se converter à religião da cruz e da fogueira crepitante).

Nesse particular, obra de referência é *Consolação às tribulações de Israel*, da lavra do judeu-português Samuel Usque, publicado em 1553, na italiana cidade de Ferrara, na qual, no diálogo terceiro ("As tribulações dos judeus e dos cristãos-novos em Portugal"), narra em tons dramáticos e messiânicos os sofrimentos da *gente da nação*.[17] O prólogo da recente edição portuguesa é assinado por Yosef Hayim Yerushalmi, da Universidade de Colúmbia, Nova York, que tem dedicado seus anos mais fecundos da maturidade às pesquisas sobre cristãos-novos. Esta é uma das principais *questões judaicas* do nosso tempo porque se trata de uma ferida aberta entre os descendentes dos *marranos* e o atual *stablishment* judaico.[18]

Compulsando o original, publicado em volume separado na edição portuguesa mais recente, salta aos olhos a intensidade dramática da narrativa. Trata-se de uma obra dialógica, cujo principal interlocutor tem por nome **Ycabo**, evidente jogo de letras para disfarçar o nome Yacob, Jacó, que é Israel, do qual os judeus-portugueses eram *"filhos por sangue, filhos em lei, filhos em esprito* [sic]*"*.[19]

No terceiro diálogo a que nos referimos acima, Ycabo traça um itinerário histórico das perseguições e sofrimentos do povo israelita. E começa com um rei visigodo. Diz o autor, em primeira pessoa, que no *"año do mundo 4077"*:

> *Uy primeiro Sisebuto Rei dos godos em oyto anos y meo que gozou o reino despanha, forçar aos judeos que em suas terras habitauam que trocasem sua ley. Se onam fizesem daua licença aos pouos, que os podessem meter a boca de espada: sendo o pregão assy temeroso y cruel muitos fracos de espírito nam bastãdo resistir ao temor da pena, se entregarom a fee da cristandade, da maneira que se rendem os vencidos na mão dos ymigos vencedores.*[20]
> [Vi primeiro Sisebuto, rei dos godos em oito anos e meio que gozou o reino de Espanha, forçar aos judeus, que em sua terra habitavam, que trocassem sua lei. Se não o fizesse, dava licença aos povos, que os pudessem meter à boca de espada: sendo o pregão assim temeroso e cruel, muitos fracos de espírito não conseguindo resistir ao temor da pena, se entregaram à fé da cristandade, da maneira como se rendem os vencidos na mão dos inimigos vencedores].[21]

Isso significa que a invenção dos cristãos-novos é obra dos visigodos, arianos do rio Vístula que invadiram a península Ibérica, pondo fim ao domínio romano na região. Portanto, desde que o rei Recaredo se converteu ao cristianismo, em 589 d.C., (re)começaram as tribulações e as lamentações de Israel. Quando Sisebuto – a quem se refere Samuel Usque – ordenou as conversões forçadas, abriu caminho para o florescimento daquilo que veio a ser conhecido como criptojudaísmo ou marranismo, como lemos em Gonçalves Salvador:

> Em 613 A.D., o rei Sisebuto, visigodo, colocou-os diante de grave dilema: ou aceitavam a religião católica ou seriam expulsos. Muitos, então, submeteram-se à ordenança, embora forçados uns, e outros por conveniência. Seriam estes, provavelmente, os mais remotos *cristãos-novos* na história hispânica.[22]

Muitos judeus aceitaram a religião imposta pelos visigodos que, como neoconversos que eram ao cristianismo, agiam com fervor exaltado. O fato de o cristianismo ter sido adotado por muitos judeus – "embora forçados uns, e outros por conveniência", mas nenhum por convicção – provocou o surgimento do criptojudaísmo, uma religião de aparências: cristão por fora, judeu por dentro.

Segundo a douta convicção de Anita Novinsky, a matriarca dos estudos sobre cristãos-novos e inquisição no Brasil, como característica social, "o marranismo deve ser entendido como um fenômeno ibérico e latino-americano".[23] Sendo, portanto, um fenômeno ibero-americano, suas raízes estão naquele momento trágico apontado por Samuel Usque. Após as perseguições iniciadas por Sisebuto, segue-se – na narrativa usqueana da *Consolação* – uma longa série de tribulações.

Para o que interessa ao presente ensaio, basta citar os momentos axiais de tais tribulações: No capítulo 26 do Diálogo terceiro, Samuel Usque relata que no ano judaico de 5252 (1492 d.C.), os judeus entraram em Portugal, vindos da Espanha, de onde foram expulsos pelo furor zelótico-católico dos reis Fernando e Isabel. Logo depois, no capítulo 28 do Terceiro Diálogo, Ycabo relata como e *"quando os fizeram cristãos por força"*:

> *Acabado q ouue a morte de arrebatar este Rey dõ Johaõ [...] outro tal meu ymigo recebeo logo o ceptro em seu lugar. [...] mandou apregoar que todos aquelles judeos que em seu reino se achauam se fizessem cristaõs ou se saysem de Portugal em hũ certo termo e nam se sayndo, achados que fossem seendo ynda judeos morresen morte natural e perdesem as fazendas por ysso.*[24]
>
> [Acabado que houve a morte de arrebatar este rei dom João (...) outro tal meu inimigo recebeu logo o cetro em seu lugar. (...) mandou apregoar que todos aqueles judeus que em seu reino se achavam se fizessem cristãos ou saíssem de Portugal em certo termo e, não saindo, achados que fossem sendo ainda judeus, morressem morte natural e perdessem as fazendas por isso.][25]

Do ponto de vista historiográfico, embora seja um juízo parcial, a narrativa de Samuel Usque é veraz: "Esta *verdade* é evidentemente *verdadeira*".[26] No estudo publicado no volume em separado da edição portuguesa da *Consolação*, José de Pina Martins assevera: o que Samuel Usque "escreve em três páginas magistrais sobre a violência dos baptismos forçados acorda-se integralmente com o que explicitam tanto Damião de Góis [na *Crónica de D. Manuel*] como D. Jerónimo Osório [em *De rebus Emanuelis gestis*]".[27]

Finalmente, no Diálogo terceiro consta do capítulo 30 o surgimento do monstro chamado Inquisição, instalada em Portugal por um breve pontifical de 1436 d.C.[28] Segundo o pitoresco relato de Usque, ficamos sabendo que a instalação do Santo Ofício em Portugal foi por obra e (des)graça de "*Elrey dõ Yohaõ [III] deste nome*" [O Rei dom João terceiro deste nome].[29]

É dessa *gente da nação* que somos tributários étnica e geneticamente falando. Somos descendentes de alguns daqueles 180 mil judeus que, em 31 de março de 1492, por não aceitarem a conversão ao catolicismo, foram atingidos pelo *Édito de Expulsão* promulgado por Fernando e Isabel.[30]

Voltando ao texto de *Nordeste*, fica mais claro que – em razão de mescla de dotações genéticas tão diferentes – Gilberto Freyre possa afirmar que o nordestino tem o sangue de todas as raças (tapuia, cabocla, mulata e negra) mais o sangue azul das casas-grandes, estando próximo "da relativa estabilidade de traços (...) que um dia permitirá talvez falar-se de uma raça ou quase-raça brasileira de homem moreno do Nordeste".[31]

Gilberto prenuncia o triunfo da metarraça luso-tropical cujo melhor espécime é o homem do Nordeste brasileiro, que tem lá sua cota de sangue judaico, como não poderia deixar de ser, devido às intricadas alianças matrimoniais interétnicas entre a aristocracia cristã-velha falida e a burguesia cristã-nova, capitalizada, mas sem pertencer à velha nobiliarquia lusa.

Assim, a regra da exogamia tão cara aos antropólogos, pela qual a tessitura social decorre do tríplice intercâmbio (de palavras, de mercadorias e, sobretudo, de mulheres), parece ter triunfado tanto em Portugal quanto no Brasil, aqui estimulado em razão da carência demográfica não apenas do *belo sexo*, mas do *belo sexo* de origem europeia e cristã-velha.

Não obstante a miscigenação *necessária* devido à escassez do elemento feminino no período colonial, o fato é que com ela, apesar dela e mesmo contra ela se dirigia o afã da aristocracia dos canaviais pela pureza genética, ainda que mesclando uma pitada de sangue indígena, de sangue cristão-novo e até mesmo aqui e ali de sangue africano, mas de todo modo vindo a "aprofundar-se na endogamia intensa".[32]

Citando Moreau – autor da *História das últimas lutas no Brasil entre portugueses e holandeses*[33] –, Freyre diz que esse cronista a serviço dos holandeses "se refere ao grande cruzamento entre nórdicos, **judeus**, portugueses, negros e índios que dava à população do Recife holandês uma variedade extraordinária de cor".[34]

Pierre Moreau, na obra citada por Gilberto, produziu uma crônica histórica da sociedade pernambucana, nos últimos estertores do domínio holandês, expondo a organização política e, entre outros fenômenos da vida social, o papel dos judeus. Nesse particular, informa que os holandeses trouxeram judeus de Amsterdã e deram-lhe duas sinagogas. Resultado: "Diversos portugueses, então, que anteriormente haviam feito aparente profissão do cristianismo, a ele renunciaram abertamente e se enfileiraram ao lado dos judeus", informa Moreau.[35] Sabemos que as consequências de tais apostasias não lhes foram benéficas, sobretudo após a expulsão dos holandeses.

A GUERRA DO AÇÚCAR: ARISTOCRACIA CRISTÃ *VERSUS* MERCANTILISMO JUDAICO

Se, como afirma Wiznitzer,[36] o elemento judeu foi o responsável pela introdução da cultura de cana-de-açúcar no Brasil, significa que, desde os albores da colonização do Brasil e de Pernambuco, o elemento cristão-novo estava envolvido com o projeto de desenvolvimento econômico baseado na exploração do açúcar. Na própria expedição que descobriu o Brasil, estava presente um representante da *gente da nação*. Assim afirma Wiznitzer: "testemunhos históricos existentes revelam a presença de um único cristão-novo na descoberta do Brasil: um homem chamado Gaspar da Gama".[37] Personagem dos mais interessantes, Gaspar da Gama teve sua história narrada por Elias Lipiner.[38]

Dois anos depois da descoberta do Brasil, dom Manuel I concedeu, em 3 de outubro de 1502, autorização para que "um consórcio, ou associação, de cristãos-novos, encabeçado por Fernão de Noronha" arriscasse seu próprio dinheiro na colonização e exploração das terras brasileiras.[39]

A própria expulsão dos holandeses teve como que uma participação involuntária dos judeus. Tal participação, indireta por assim dizer, consta em documentos (carta dos holandeses reclamando perante o governo local dos *lucros exorbitantes* obtidos pelos judeus), bem como em diversos testemunhos que cronistas da época deixaram registrados.

O estopim da rebelião foi a morte de dois judeus, em Ipojuca. Pierre Moreau, frei Manuel Calado e José Antônio Gonsalves de Mello fazem referências a tal episódio. Aconteceu assim:

> **O lugar em que estes portugueses se sublevaram** primeiramente e espalharam sangue **foi na povoação de Ipojuca**, a seis léguas do Recife e a uma légua do Cabo de Santo Agostinho, onde, **no dia 20 de junho de 1645, estando o povo reunido na praça e entre eles um jovem judeu, o atacaram por meio de palavras e disseram-lhe que os judeus é que haviam difundido que eles queriam revoltar-se**. Sabendo que nada de bom adviria dali, sem perder tempo em escutá-los ou responder-lhes, confiou-se às suas pernas, sendo perseguido com gritos de "Viva o Rei de Portugal"; os soldados de um reduto situado na extremidade da povoação que se divertiam com o espetáculo, assustaram-se e recolheram-se com o judeu ao Cabo de Santo Agostinho. Neste mesmo momento, todos os de Ipojuca pegaram em armas e marcharam em grupo pelo campo, comandados por Amador de Araújo, promovido por Vidal. Sua primeira façanha foi matar sete marinheiros holandeses recém-chegados, numa barca que pilharam; **apunhalaram três judeus** que residiam entre eles e lhe vendiam quinquilharias, erigiram diversas forcas e cadafalsos, a fim, diziam, de executar aqueles que se recusassem a pegar em armas a serviço do Rei de Portugal.[40]

Em *Gente da nação*, José Antônio Gonsalves de Mello oferece uma versão ligeiramente modificada, baseada n'*O valeroso Lucideno*, de frei Manuel Calado, e tendo como fontes secundárias Diogo Lopes de Santiago (*História da guerra de Pernambuco*), que por sua vez se baseou n'*O valeroso Lucideno* (como demonstrou o próprio Gonsalves de Mello), e Matheus van den Broeck "que vivia ao tempo em Pernambuco e escreveu a história dos acontecimentos de que participou, registrou que em Ipojuca 'os portugueses mataram logo a três judeus', dizendo Moreau o mesmo".[41]

Na versão de Gonsalves de Mello, "parece ter sido em Ipojuca que, pela primeira vez, os judeus sofreram as consequências da campanha militar que se iniciava".⁴² Teria ocorrido isso a 17 de junho e não 20 de junho, como registra Moreau. Segundo consta n'*O valeroso Lucideno*:

> Estavam no passo do rio de Ipojuca três barcos de flamengos, esperando por carga de açúcar, e farinha, e outras drogas dos holandeses, e judeus, para partirem para o Recife, e sobre hei de embarcar minhas caixas, não haveis de embarcar senão eu, se atou Manuel de Miranda em palavras pesadas com um judeu de alguns, que na povoação moravam com lojas de mercadores, e de palavra em palavra vieram a mãos, um português e um judeu e o português matou ao judeu; acudiu outro judeu à briga, e os moradores também o mataram.⁴³

No relato de frei Manuel Calado, ao receber tal notícia, em Recife, "os judeus e as judias fizeram grande pranto por os dois judeus que os portugueses haviam matado, e começaram a persuadir aos do Supremo Conselho que mandasse vingar aquelas mortes", diz o cronista.⁴⁴

Foi assim que começou a guerra de restauração de Pernambuco, por causa da briga entre um judeu e um português, para saber quem embarcava primeiro. Uma prosaica discussão sobre fila de embarque terminou em uma *tuia* de mortos. Além dos dois judeus, morreram "alguns" soldados flamengos mais "cinco marinheiros" dos barcos holandeses.⁴⁵

Tal animosidade entre judeus e portugueses mereceu destaque n'*O valeroso Lucideno*. Seu autor, frei Manuel Calado, em diversas passagens alude aos hebreus e cristãos-novos de modo não muito simpático. Logo no início da obra, diz que "os cristãos-novos seguiam a lei de Moisés, e judaizavam muitos deles, como bem o mostraram depois que o holandês entrou na terra, que se circuncidaram publicamente e se declararam por judeus".⁴⁶

Em seguida, frei Calado descreve a reação emocional dos judeus ante a chegada da armada holandesa – quase justificando, mesmo sem querer, pois Calado odiava os judeus⁴⁷ –, esclarecendo os motivos pelos quais "se alegraram muito os cristãos-novos (...) só a efeito de serem livres do Tribunal da Santa Inquisição, da qual se tinha notícia que vinha a assentar casa em Pernambuco".⁴⁸

Com a redação do *Manifesto do Direito* "com que os moradores da Província de Pernambuco se levantaram da sujeição, em que por força de armas os tinha posto a sociedade de alguns mercadores das Províncias da Holanda", os insurgentes produziram verdadeiro testamento político e memorial jurídico de como e porque os pernambucanos iniciaram a guerra de libertação.[49] Assinado por eminentes personalidades políticas, religiosas e econômicas, o *Manifesto do Direito* é um documento por meio do qual os súditos se dirigem ao rei de Portugal, comunicando os motivos da rebelião.

Nesse *Manifesto do Direito* encontram-se algumas alusões ao papel deletério dos judeus na exploração da aristocracia cristã-velha luso-brasileira. Calado acusa os judeus, dizendo que não deixavam *na imaginação aritmética* nada que pudesse ajudar a ruína das pessoas, enquanto maquinavam "as extraordinárias tra[pa]ças (...) com que o judaísmo [sic] e o holandês porfiavam recíprocos os enganos todos sobre os pobres senhores de engenho".[50]

Esse era o pano de fundo da questão, desde a perspectiva de uma testemunha ocular da história. Seu relato traz consigo sua cosmovisão e sua não disfarçada hostilidade aos judeus e aos cristãos-novos. Para mitigar, matizar e cotejar perspectivas diferentes, pode-se ler um relato poético escrito por quem estava do outro lado do fronte, ou melhor, literalmente no meio do fronte: o rabino Isaac Aboab da Fonseca. Ele escreveu o primeiro poema em hebraico no hemisfério ocidental. Intitulou-o *Zekher asiti leniflaot El*, que é a primeira frase do poema: "Erigi um monumento comemorativo aos milagres de Deus".[51]

O restante da história, todos conhecemos: o rei de Portugal não quis nem conversa, nem ajudou em nada, mesmo assim o resultado foi o triunfo, na Guerra da Restauração, do zelo patriótico naquele adventício sentimento de brasilidade, pois, se a república é filha de Olinda, a pátria é filha de Pernambuco, partejada nos montes Guararapes.

Mas é importante ressaltar os motivos de tantas animosidades: "os judeus teriam praticado tantas usuras e exações indevidas que sugaram insensivelmente o cerne e a substância dos bens dos cristãos", essa foi uma das acusações mais encontradas na literatura dos cronistas da época.

Gonsalves de Mello demonstra, em várias páginas, que as dívidas dos senhores de engenho para com judeus e cristãos-novos eram enormes. Exemplifica com vários casos, entre eles, o de Manuel Fernandes da Cruz, dono do engenho Tapacurá. Em sua lista, dos dezesseis credores apenas quatro não são judeus. E do montante de 41.526 florins, os judeus são credores de 72% da dívida. Dizem os cronistas que os líderes da revolta, sobretudo João Fernandes Vieira, estariam endividados e que este teria sido importante motivo para querer longe das terras pernambucanas os seus credores, judeus e holandeses.

AMORES DOMÉSTICOS: PACTO DE SANGUE & ENDOGAMIA

Sempre muito atento às questões da vida familiar no contexto da patriarcalidade nordestina, Gilberto Freyre volta à questão dos casamentos intrafamiliares, afirmando ser surpreendente como as tendências endogâmicas estavam presentes nos ditados populares do Nordeste, mediante casamentos entre primos, tios e sobrinhas. Tal "seleção sexual" era motivada por preocupações eugênicas e "favorecida pelas considerações de 'boa raça', preconceitos da família, de sangue, de antepassados", esclarece o mestre.[52]

Em Pernambuco e no Recôncavo, mas também em São Paulo, o problema da escassez de mulheres foi resolvido "mais docemente, com os casamentos entre primos ou de tios com sobrinhas: a endogamia patriarcal", constituída por laços endoclânicos "foram fazendo das várias famílias iniciadoras do povoamento quase uma só".[53]

Mais adiante, Freyre faz menção à missão civilizatória de Duarte Coelho e dona Brites, oriundos da pequena nobreza agrária do norte de Portugal, que transplantaram para o Nordeste o amor à terra e à vida rural, evitando a exploração de madeiras e peles, "tão sedutoras para os simples aventureiros e para os *cristãos-novos*",[54] diz Gilberto, evocando mais uma vez o papel econômico dos cristãos-novos no comércio de pele, a que já havia feito referência no capítulo 4 ("A cana e os animais"), ressaltando "o grande comércio israelita de peles", como já indicamos.[55]

Esse tipo de economia puramente exploratória, depredatória e antiecológica deve ter desagradado, e muito, não só a Duarte Coelho como também a Gilberto Freyre, porque a luta do primeiro donatário contra tais atividades mereceu mais uma observação de Freyre, ao acentuar que Duarte Coelho "combateu, também entre os seus, os simples aventureiros que pretendiam fazer fortuna derrubando árvores e matando bichos para vender a pele", ressaltando a preocupação ecológica do patriarca luso-pernambucano que combateu o ecocídio, mesmo quando praticado por sua própria gente ("portugueses velhos" da pequena nobreza norte-lusitana) e não apenas quando cometido por "simples aventureiros" e "cristãos-novos".[56]

Na capitania de Pernambuco, a preocupação eugênica foi das maiores graças àquela ação seletiva de Duarte Coelho. Ação seletiva que levou ao pacto de sangue representado pela endogamia endêmica que grassou em todo o Nordeste colonial e pós-colonial. Bem sabemos que a endogamia, o casamento entre pessoas do mesmo grupo étnico, e a endoclania, matrimônio dentro do próprio clã ou subclã, sempre foram usados longa e largamente pelos povos semitas, em especial pelos judeus.

Na diáspora, a endogamia se tornou *regra de ouro* por ser imprescindível à sobrevivência das duas únicas tribos judaica oficialmente reconhecidas e identificadas: a de Judá e a de Benjamim. Na hipótese de o casamento preferencial, quase obrigatório ou, em alguns casos – como o da família sacerdotal – até mesmo obrigatório, deixasse de ser endogâmico, haveria a proliferação de casamentos mistos.

Essa proliferação ocorreria, supõe-se, com os incircuncisos, os *goyim*, "gentios", levando risco à própria existência da *Casa de Israel*. Tal temor nunca impediu casamentos interétnicos. Entretanto, o mais importante é reconhecer que casamentos exogâmicos (celebrados entre judeus e *goyim*, gentios) são fortemente desestimulados, rigorosa e formalmente desaconselhados.

Diz Michael Asheri: "**o casamento entre judeu e não judeu é proibido** e rabino algum o efetuará. Não há exceções [porém] uma vez tenha o casamento se efetuado, é reconhecido como legítimo, mesmo que só tenha se realizado perante a autoridade civil".[57]

Entre os judeus, mesmo entre os ortodoxos, é impossível impedir casamentos interétnicos. A possibilidade de escolher um cônjuge fora do próprio grupo étnico, cultural e social é cada vez mais presente e dominante na sociedade contemporânea. Tampouco era possível impedir casamentos interétnicos no período colonial, devido a muitos fatores: escassez de mulheres, necessidade de alianças políticas, interesses pecuniários, entroncamento do sangue de cristão-velho com novo com o fito de *limpieza de sangre*, como se dizia em Castela.

Entre os cristãos-novos que queriam proceder tal *limpeza de sangue*, era comum privilegiar o hábito de contrair matrimônio com cristãs-velhas, muitas vezes de classe social inferior ao pretendente, na tentativa de apagar dos descendentes a fama, na época depreciativa, de *judeu, judaizante* ou *criptojudeu, gente da nação* portador de *sangue infecto*, na formulação eugenista do Santo Ofício.

Apesar de toda essa hostilidade ao "sangue judeu", nem os maiorais de Portugal podiam se arrogar o privilégio eugênico de descender exclusivamente dos visigodos, dos romanos ou dos franco-arianos, como demonstra este saboroso episódio da história portuguesa. Conta Léon Poliakov que:

> O rei de Portugal D. José I ordenara que todo português que tivesse algum grau de ascendência judaica usasse um chapéu amarelo. Alguns dias depois, o Marquês de Pombal surgiu na corte com três desses chapéus sob o braço. O rei, espantado, disse-lhe: "Que quereis fazer com tudo isso?" Pombal respondeu que queria obedecer às ordens do rei. "Mas por que tendes três chapéus?" [perguntou o rei]. "Tenho um para mim", replicou o marquês, "um para o grande inquisidor e um para o caso de que Vossa Majestade queira usá-lo".[58]

Portanto, o mesmo chapéu amarelo, distintivo da condição de descendente em algum grau do sangue judaico, tanto cabia na cabeça Del-rey Dom José I, como nas dos inquisidores e de muitos altos dignitários da corte e do clero português, como Pombal ensinou com mordacidade e bom humor, tendo a cautela de também reservar um chapéu amarelo para si.

Pombal tinha lá suas razões. Evaldo Cabral de Mello lembra que existiam suspeitas (talvez infundadas) sobre uma avó do marquês, Maria de Ataíde, que teria sangue cristão-novo. Levantou-se também suspeita sobre a mãe de Pombal, Teresa Luiza de Mendonça, porque sua inquirição genealógica não consta do processo de habilitação do marido, Carvalho de Ataíde, a familiar do Santo Ofício, "o que fará pensar haver naquela família qualquer inconveniência que obrigasse os seus descendentes, com influência no tribunal, a suprimir as inquirições", questiona Pedro de Azevedo, citado por Cabral de Mello.[59]

Em sua obra sobre fraude genealogia no Pernambuco colonial, Evaldo Cabral de Mello fornece inúmeros exemplos de casamentos exogâmicos e interétnicos, contratados entre famílias de cristãos-velhos e de cristãos-novos. Quanto mais miscigenação houvesse, maiores probabilidades de se sair bem nas inquirições que o Santo Ofício fazia àqueles que pretendiam ingressar nas ordens religiosas e/ou galgar elevados patamares na estrutura da corte ou do clero.

Para quem pretendia seguir carreira clerical, a prova de sangue era importante, embora jamais tenha sido impedimento definitivo ao ingresso nas ordens religiosas, como bem ilustra José Gonçalves Salvador, através de inúmeros exemplos de "eclesiásticos de origem hebreia", e até mesmo "no Santo Ofício, embora mais raramente, penetraram os descendentes da *gente da nação*".[60]

Essa realidade histórica fica evidente em *O nome e o sangue*, cuja ideia central é que, para ter acesso ao hábito da Ordem de Cristo ou de outras ordens religiosas, era necessário demonstrar não ter sangue judeu, ainda que as provas fossem forjadas. Tal cautela se explica uma vez que os inquisidores acreditavam que "se judaizava até na vigésima primeira geração", diz Poliakov.[61] Assim, para os inquisidores "pertencia a esta "gente" (como para Lúcio de Azevedo, a esta "raça") todo o que fosse portador de uma exígua gota de sangue hebraico, tão exígua que não se pode averiguar quanta é", ensina Antonio José Saraiva.[62]

Para o ingresso nas ordens militares e para se habilitar a leituras dos bacharéis no Paço, segundo os *Autos de habilitação de genere et moribus dos sacerdotes*, era necessário ficar ciente que:

> *Se o habilitando, seus pays e avós (...) todos, e cada hum por si, forão, e se são inteiros, e legítimos Christãos Velhos, e de limpo sangue,* **sem raça de Judeo***, Mouro, Herege, nem de outra infecta nação reprovada, ou nacido de pessoas novamente convertidas à nossa Santa Fé Cathólica, sem haver rumor, ou suspeita em contrário, ou se há houve, donde nasceo, e de que pessoas.*[63]

Apesar de tantos cuidados e cautelas, os historiadores reconhecem que inúmeros clérigos descendiam dos judeus. Segundo José Gonçalves Salvador, "os cristãos-novos continuaram a ingressar nas fileiras do clero, não obstante os breves papais, as ordens emanadas dos reis e a vigilância permanente do Santo Ofício".[64] E completa dizendo que o mesmo se deu em relação ao ingresso na Ordem de Cristo.[65]

Gonçalves Salvador esclarece que não cabia ao Santo Ofício qualquer intervenção direta nas habilitações ao sacerdócio. Entretanto, fica evidente que as "visitações de seus deputados concorriam para alertar as autoridades religiosas, tal como se deu com a de 1591-1595 ao Nordeste brasileiro que revelou a existência aqui de numerosos eclesiásticos cristãos-novos".[66]

Nesse ponto há uma confluência entre os estudos de Gonçalves Salvador e os de Cabral de Mello. Considerando que, na época inquisitorial, havia a crença de ser possível judaizar até mesmo após 21 gerações, então todas as pessoas, clérigos ou não, tendo alguma gota de sangue converso, se tornavam altamente suspeitas, sabe-se lá de que, mas eram suspeitos de alguma coisa, de qualquer coisa que pudesse lhes ser imputado.

A condição de suspeito era a identidade fundamental dos cristãos-novos. Naquela época, as mágoas dos judeus em relação a seus opressores exigiam desforras, ainda que fossem pequenas vinganças, na intimidade da fé, exercitando aquela *insinceridade fundamental* perante o mundo hostil.

Portanto, todos aqueles que tinham algum sangue cristão-novo, e pretendiam ingressar nas ordens militares e religiosas para integrar o *status quo* dominante (ainda que ao preço de abandonar seu *povo da nação* à própria sorte), eram obrigados a fraudar sua genealogia, escondendo aqui e ali uma avó, um bisavô, um tio, um parente próximo ou distante, suspeito de *sangue infecto*, seja judaico, mouro, herege ou mesmo *converso*.

Cabral de Mello diz que alguns dos suspeitos de ascendência judaica se defenderam afirmando que tinham parentes eclesiásticos, o que definitivamente não prova coisa nenhuma. Vemos, então, que a predeterminação da endogamia judaica foi perdendo força e vigor à medida que interesses materiais, de ascensão social, levaram ex-judeus a romper definitivamente com seus irmãos de sangue, quando optaram por contrair matrimônio com descendentes de famílias tradicionais de cristãos-velhos.

Mas essa vicissitude da história do judaísmo ibero-nordestino ensinou que, se tais casamentos exogâmicos ocorreram de maneira episódica e interesseira, não tiveram o poder de anular a tradição atávica dos judeus no que diz respeito ao casamento endogâmico. Essa tradição endogâmica, de casamento intrafamiliar, permaneceu viva no interior do sertão nordestino, talvez para ilustrar o clássico conceito de *sobrevivência* de hábitos culturais perpassados de uma geração a outra, dentro e fora da própria cultura.

Enquanto o *sangue judeu* seria um obstáculo para a conquista do *mundo cristão*, não o seria para os árabes. Na afirmação de Dominguez Ortiz, existiam "tratados que indicavam expressamente que o **sangue judeu constitui um impedimento absoluto** ao acesso às honras e às dignidades, enquanto o sangue mouro não é inteiramente incompatível com elas".[67]

Significa dizer que, do ponto de vista mourisco, não era importante o casamento ser endo ou exogâmico. Por outro lado, entre judeus e cristãos-novos esta era uma questão axial, que impactou tanto no litoral quanto nos sertões do Brasil. Quem vivia nas fraldas do oceano Atlântico estava mais próximo – e mais suscetível – ao poder real e clerical. Diferente para aquelas populações que se embrenharam pelos sertões, mercadejando ou tangendo gado. Os cronistas dos sertões brasileiros não destoam quando afirmam que, desde épocas imemoriais, existiu e continua resistindo o costume de as famílias casarem seus filhos entre si, saindo do casamento endogâmico para o exoclânico, formando vários núcleos plurifamiliares que tomam a forma das tribos semitas.

Esse hábito, vislumbrado tanto por autores coloniais quanto por contemporâneos, ainda vigora no Nordeste (como demonstrou Ernesto Mellet[68]), mesmo perdendo força de modo cada vez mais acentuado, uma vez que as novas gerações não cultivam a memória das lutas travadas por seus antepassados.

Se a endogamia e a endoclania tendem a ser praticadas cada vez menos, isso não se pode dizer de outro costume semita: o pacto de sangue, aspecto tão semita quanto a defesa da honra. Honra esta que, no Nordeste, só se lava com sangue. Koster, em *Viagens ao Nordeste do Brasil*, escreveu que os sertanejos eram muito honestos e "no sertão o roubo é quase desconhecido" porque "os homens são todos bravos e dispostos [porém] são bastante ciumentos e vê-se dez vezes mais mortes e brigas por esse motivo do que por outro qualquer".[69]

Segundo Koster, os sertanejos são "vingativos, e, apesar da lei, cada qual faz justiça por suas próprias mãos".[70] Muitas das vezes as mortes causadas por tais motivos desencadeavam lutas intermináveis, geração após geração, sem nenhuma solução, exceto uma das famílias abandonar a região conflagrada ou se submeter ao novo senhorio.

Crime por motivo de honra, de que nos fala Koster, praticou o cristão-novo Bento Teixeira, autor da *Prosopopeia*, que havia sido preso pela Inquisição em Olinda, em 1585, acusado de cometer práticas judaizantes: guardar o sábado, ter livros proibidos, traduzir a Bíblia ao português, discutir filosofia e teologia com leigos e clérigos.

Bento Teixeira, tendo reconhecido algumas pequenas blasfêmias, acabou penitenciado pela Inquisição. Pagou, injustamente, por sua decisão de se manter fiel às práticas criptojudaicas. Entretanto, saiu impune de um homicídio: "é irônico que nunca tivessem pensado em puni-lo pelo assassinato da mulher, a quem matara por infidelidade: mas esta era 'lavagem da honra com sangue', inteiramente aceitável ao código da época".[71]

Ao lado do *culto superlativo da honra*, em simbiose permanente, se encontra a família patriarcal como uma das sobrevivências semíticas que continuam intactas, sobretudo nos interiores do Nordeste. Nessas reminiscências semitas ecoam as qualidades do homem que Duarte Coelho trouxe, como colonos, gente do norte de Portugal, terra de muitos judeus.

Após um processo de sucessivas miscigenações, um novo homem e uma nova cultura surgiram nos trópicos. E nos trópicos brasileiros, nas terras nordestinas, resultou como que uma *metarraça* ou *metaetnia* ou, melhor, **multietnia** luso-tropical teorizada por Gilberto Freyre, que seria a síntese do caldeamento multiétnico que o homem lusitano, meio ariano meio semita, experimentou tanto em Portugal quanto no Brasil, aqui acrescentando à sua arquiestrutura genética a contribuição indígena e africana.

Presença da *Gente da Nação* no Nordeste brasileiro

A partir de uma indicação de Gilberto Freyre, seu primo José Antonio Gonsalves de Mello passou a estudar o idioma holandês e fez pesquisas sobre a presença neerlandesa no Nordeste do Brasil. Quando condensou seus estudos em livro, usou como título uma expressão popular para se referir às ruínas antigas como "coisas do tempo dos flamengos", que havia sido colhida por Alfredo de Carvalho e confirmada por Gilberto Freyre, como atesta o escritor de Apipucos no Prefácio à primeira edição de *Tempo dos flamengos*.[72]

Esse livro destaca "o enorme valor da nação judaica do Recife holandês" porque "aqui nasceu a cultura sefardítica na América". Recife foi habitado por pessoas da maior relevância no mundo dos judeus ibéricos que, de Pernambuco, mantinham estreitas ligações – através da literatura de *responsa* – com importantes comunidades judaicas de Constantinopla, Salônica e Amsterdã, afirma Gonsalves de Mello.

Dentre esses *vultos da maior importância* encontravam-se muitos adeptos de Sabatai Tzvi, que "guardaram por longos anos tradições e reminiscências ibéricas", lembra Gonsalves de Mello.[73] Essa informação é muito importante porque demonstra a extensa influência do messias místico e apóstata Sabatai Tzvi, cujas reverberações chegaram às terras pernambucanas, nordestinas, brasileiras, assunto ao qual voltaremos mais adiante.

No capítulo sobre a atitude dos holandeses para com portugueses e judeus, e para com as religiões católica e israelita,[74] Gonsalves de Mello destaca que, quando o visitador do Santo Ofício esteve em Pernambuco, em 1593, já habitava na Capitania uma população variega na qual estavam incluídos mouros e marranos,[75] sendo "numerosos os cristãos-novos residentes no Recife e em Olinda".[76]

Em relação à presença hebraica no Brasil, Gilberto Freyre disse mais de uma vez que devemos à "corajosa iniciativa particular" de Duarte Coelho, que trouxe "mecânicos judeus para as fábricas de açúcar".[77] Na indústria açucareira os judeus estavam presentes não só como mecânicos, mas também havia muitos engenhos cujos proprietários eram judeus, conforme podemos ver na obra de Alexandre Ribemboim, intitulada *Senhores de engenho:* Judeus em Pernambuco colonial (1542-1654). Segundo Ribemboim, nesses engenhos, além da fabricação do açúcar, também se praticava a religião mosaica, pois neles eram instaladas sinagogas.

Eis a lista dos proprietários e respectivos engenhos: Diogo Fernandes e Branca Dias, do Engenho de Camaragibe; Ambrósio Fernandes Brandão, do Engenho de Inobi; David Senior Coronel [Duarte Saraiva], do Engenho Bom Jesus; Moisés Navarro, do Engenho de Juriçaca (Cabo); Matheus da Costa, do Engenho de João Tenório Medina (Ipojuca); André Gomes Pina, do Engenho de Muribara; Antônio Barbalho Pinto, do Engenho de Tibirí; Baltazar Rodrigues Mendes, do Engenho de Embiapecu; Duarte Nunes, do Engenho de Cacau; Fernão do Vale, do Engenho São Bartolomeu; James Lopes da Costa, do Engenho na Várzea do Capiberibe; além de Estevão Ribeiro, Fernão Soares, Filipe Diniz da Paz, Francisco Pardo, Jacob Valverde, Moses Neto, Jacob Zaculto, João Lafará, Gil Correia, Gabriel Castanha, Gaspar Francisco da Costa, Atias Avraham Açevedo, Fernão Martins, David Atias, Benjamim de Pina, entre outros.[78]

A contribuição da *gente da nação* não foi apenas na economia de exploração predatória dos recursos naturais do Nordeste, mas também fica evidente a presença de judeus nas mais diversas profissões, entre elas a medicina. Quando discute as condições de higiene pública no período em que Pernambuco esteve sob ocupação batava (1630-1654), Freyre afirma que o holandês teria trazido "o saber médico dos doutores judeus de Amsterdã", sendo que do Recife "Israel veria sair um dos seus maiores doutores em medicina de todos os tempos: o grande Velosino".[79]

E não era só o Recife que abrigava médicos israelitas. Em *Nordeste*, Freyre esclarece que "a cidade da Bahia já no século XVII se apresentava cheia de médicos judeus",[80] situação registrada por vários observadores estrangeiros, lembra o sociólogo em *Casa--grande & senzala*.[81]

Para explicar a presença de "pessoas de tal alvura que na Europa seriam admiradas" – conforme testemunhou Koster –,[82] Gilberto Freyre aventa a seguinte hipótese:

Talvez os mesmos motivos já sugeridos para explicar a presença de gente tão alva no sertão expliquem o **possível deslocamento de elementos judeus**, do litoral e principalmente da área mais profundamente dominada pela lavoura da cana-de-açúcar e pelo olhar da Inquisição, para **o Nordeste pastoril que porventura guarda mais do que o agrário traços semitas em sua população**.[83]

Prova da alteridade genética dos habitantes do sertão pastoril, daquele *Nordeste profundo*, em relação ao *extremo Nordeste*, agrário e açucareiro, é que "o Nordeste do pastoreio se apresenta com um perfil antropológico e psicológico nitidamente diferenciado do da gente do litoral e da [zona da] 'mata'".[84]

Em *Casa-grande & senzala*, Gilberto Freyre esclarece que a convivência entre judeus e cristãos, na península Ibérica, produziu características inconfundíveis que influenciaram a vida econômica, social, política e, sobretudo, o caráter inconsciente de espanhóis, portugueses e brasileiros, de uma forma *deseuropeizante*.[85]

Por causa de suas descrições do perfil judaico, traçado em *Casa-grande & senzala*, Gilberto foi acusado de antissemita, epíteto que uns e outros eventualmente repetem, embora os estudiosos de sua obra rechacem tal acusação. O pomo da discórdia se encontra na classificação dos judeus como "técnicos da usura". Freyre afirmou que essa *especialização quase biológica* desenvolveu nos judeus um *perfil de ave de rapina*. Essa especialização *quase biológica* possibilitou o enriquecimento da *gente da nação*.

Em decorrência do empobrecimento da aristocracia de sangue, foram negociados casamentos entre portugueses nobres sem dinheiro com judias ricas, porém sem nobreza, "filhas de agiotas ricos", afirma o sempre polêmico Gilberto Freyre.[86] Tais casamentos provocaram, ou melhor, proporcionaram uma mistura étnico-cultural entre cristãos-velhos e judeus que, com os *neoconversos*, deram ensejo ao surgimento dos cristãos-novos. Tais cristãos-novos procuraram realizar ascensão social através das "tradições sefardíticas do intelectualismo", cuja expressão social é o *bacharelismo*, isto é, o afã compulsivo em obter título universitário.

Freyre sustenta a teoria segundo a qual o costume dos brasileiros de usar anéis, com rubi ou esmeralda, informando sua condição de bacharel ou de doutor, é uma reminiscência judaica, assim como a "mania" dos intelectuais utilizar óculos, "usados também como sinal de sabedoria ou de requinte intelectual ou científico", arremata o genial criador da Tropicologia.[87]

Disse mais o sibarita de Apipucos: o fato de o bacharel ter a *mania* de querer ser chamado "doutor", mesmo que seja apenas licenciado ou bacharel, constitui mais uma prova das raízes sefarditas, pois foi através da conquista de títulos universitários (especialmente em direito e medicina) que os cristãos-novos puderam elevar-se à aristocracia, pois "dessa burguesia letrada que se aristocratizou rapidamente pela cultura universitária (...) grande parte seria de cristãos-novos ou 'homens de nação'".[88] Isso porque os cristãos-novos vinham procurando ascender na escala social, servindo-se de suas *tradições sefardínicas de intelectualismo*, ao mesmo tempo que buscavam atingir mobilidade social vertical, através dos casamentos interétnicos.[89]

A presença e a influência da *gente da nação* no Brasil, em particular, no Nordeste, é tema ressurgente na obra freyreana. Em *Sobrados e mucambos*, Gilberto Freyre afirmou que os judeus configuravam a diversidade diante do majoritário grupo social lusocatólico e, por isso mesmo, guardavam sua especificidade judaica na intimidade do lar.[90]

Considera-se que, com o messianismo, um dos traços mais característicos da tradição judaica é a endogamia. Gilberto não se cansou de evidenciar que esta era uma realidade sociológica, antropológica, quase sexológica, típica da cultura semifeudal dos canaviais pernambucanos. Suas reiterações sobre casamentos intrafamiliares, de primo com prima, tio com sobrinha, caracterizando a endogamia patriarcal açucareira, demonstra que se trata de mais uma evidência de uma *permanente* judaica no Nordeste brasileiro. Costume que persevera inclusive nesta época transitória da contemporaneidade do *pós-tudo*. Persevera, sobretudo, nas longínquas paragens do *sertão* profundo, onde o tipo preferencial de casamento é aquele *inter pares*, entre iguais, da mesma cultura, do mesmo sangue, da mesma família, ainda que estendida, incluindo todos os parentescos mesmo distantes, mas ligados por alianças políticas e matrimoniais que remontam aos tempos da colonização.

Freyre afirma que as ramas mais tradicionais das famílias nordestinas são de ascendência judaica. Exemplifica com alguns sobrenomes: Campos, Cardoso, Castro, Delgado, Pinto, Fonseca.[91] Poderíamos acrescentar outras tantas, como Henriques, Pereira, Mendes, Seixas, Brandão, Rego, Nunes, Chaves, Mendes, Correia, Porto e inúmeros outros, bastando compulsar o rol da inquisição elaborado por Anita Novinsky.[92]

Se quiséssemos nomear todas as prováveis famílias veterojudaicas e neocristãs, a lista poderia alcançar várias centenas de sobrenomes, bastando consultar o Arquivo Genealógico Judaico, sobretudo o *Dicionário sefaradi de sobrenomes*.[93] Evidente que as listas de sobrenomes não são relativas apenas a famílias que colonizaram o Nordeste. Gilberto já havia afirmado que o principal foco de cristãos-novos teria sido a região Sudeste e não o Nordeste. A diferença qualitativa é que o Sudeste recebeu novas e imensas levas de imigrantes nos séculos XIX e XX, ao passo que o Nordeste não sofreu impacto populacional derivado das imigrações pós-colonização.

A presença judaica e, de modo mais extenso, semítica na cultura nordestina também pode ser percebida na culinária regional. Freyre acreditava que a comida mais típica do Brasil, nada menos que a feijoada, seria uma herança judaica,[94] excluindo-se, por suposto, ingredientes de origem suína. E também o popular cozido teria sua origem no *adafina* sefardi, afirmou Freyre.[95]

O arguto analista de Apipucos destaca que a presença judaica no Pernambuco colonial é confirmada pelos registros dos cronistas da época. As extravagâncias dos judeus no período holandês demonstram o quanto viviam sem-cerimônias, mas não muito, a julgar por constantes reclamações dos luteranos aos senhores da Companhia das Índias Ocidentais.

Naquela época, Recife era o maior centro de diferenciação intelectual do Brasil, na opinião de Gilberto Freyre.[96] Essa crença era tão forte que o autor de Apipucos faz questão de repetir a afirmação.[97]

Nesse ambiente intelectual, o hebraico era estudado e poemas foram escritos nesse idioma. Praticou-se o judaísmo e, até mesmo, existiam adeptos da cabala judaica em terras pernambucanas, acredita Gilberto Freyre, não sem razão.[98]

Na perspicaz análise da região Nordeste, Freyre acreditava que recebemos dos judeus sefarditas elementos de considerável valor, nas esferas científicas, intelectuais e técnicas. Tais influências ficaram impregnadas na nossa cultura popular, como o gosto pela ostentação nas festas, pela mesa larga e farta de comida e por uma forte inclinação intelectual.

Repetindo, em *Sobrados e mucambos*, o que já havia afirmado em *Casa-grande & senzala*, Gilberto Freyre destaca a predileção acentuada pelo *bacharelismo*, pelo intelectualismo, pela especialização científica e pela sofisticação literária. Não é de surpreender, portanto, que até hoje o Nordeste, e Pernambuco em particular, é considerado um berço de grandes pensadores e escritores.

Gilberto Freyre disse, ainda, que os judeus foram os agentes "mais ou menos secretos" do orientalismo (não aquele orientalismo artificial criticado por Edward Said).[99] Contra esse *orientalismo original* (representado pelo hebraísmo), judeus e espanhóis se digladiaram durante várias gerações. Daí podermos entender as lutas empreendidas no Nordeste (através da Inquisição e da guerra ao invasor neerlandês) contra o elemento judeu e a presença judaica na região. Freyre afirma que ficou conservado um grau de hostilidade contra os judeus na era patriarcal brasileira, não só entre a população rural como também nos centros urbanos.[100]

Tal hostilidade garantiria a sobrevivência do antissemitismo (mais bem dito, do antijudaísmo) que aparece sublimada na Semana Santa, quando o povo sai às ruas no Sábado de Aleluia para fustigar, bater, queimar e destruir o "Judas", representado por um boneco de pano como que efígie do Iscariotes. Não obstante sua representação unipessoal, em referência ao discípulo traidor, pode adquirir outra conotação através de uma espécie de *aspersão simbólica*. Então, o *Judas*, ao ser malhado, se torna a *encarnação* de todos os judeus a quem a representação social, inconsciente e inconsequente, atribui a responsabilidade e a culpa pelo martírio de Jesus.

A queima do Judas significa, para Gilberto Freyre, "uma evidente expressão popular do ódio teológico do Católico ao Judeu e de ódio social do oprimido ao opressor".[101] Nesse sentido, é digno de nota que a luta pela afirmação da nacionalidade começou em Pernambuco, com a Guerra da Restauração, ou seja, com a guerra contra os holandeses, e contra seus aliados judeus. É muito significativo que a revolução nativista tenha explodido quando a população de Ipojuca se revoltou contra dois judeus, que acabaram sendo mortos, o que foi o estopim dos conflitos.

A guerra da Restauração culminou com a vitória dos pernambucanos e a expulsão dos holandeses calvinistas e dos judeus. Estes só puderam voltar ao país no século XIX, com a política de imigração adotada durante o segundo império. Entretanto, fica claro, em Gilberto Freyre e demais pesquisadores da cultura popular nordestina, que a expulsão dos judeus nunca impediu a *permanência* da genética sefardita nem diminuiu a importância da *gente da nação* (judeus, criptojudeus e cristãos-novos) na formação étnica e cultural do Nordeste brasileiro.

Então, estamos perante uma incógnita: Como explicar essa espécie de antissemitismo dissimulado, que Gilberto Freyre afirmava haver existido (se é que não existe mais) nas populações rurais e urbanas do Nordeste, sentimento esse que deve conviver com a dotação genética semítica de talvez grande parte da população nordestina?

O psicanalista Chaim Samuel Katz, da Academia Brasileira de Filosofia, tem uma posição diferente da do mestre de Apipucos. Para ele, devemos entender porque os judeus que foram para o Nordeste conseguiram se mesclar às populações não judaicas. Diz ele:

> Tenho uma hipótese forte sobre o assunto, que passa pelo campo da articulação simbólica e não social. (...). Minhas investigações me levam a afirmar que também os judeus são uma destas figuras da morte. Porém, por que não o foram em muitos lugares, como no Nordeste? Por que o são na Polônia onde nem mais existem? Daí a importância de se questionar, seguindo as trilhas percorridas [pelo autor do *Nordeste semita*]: como é que os judeus se integraram ao Nordeste, a ponto do antissemitismo não ser uma questão socioeconômica ou histórico-política nesta região? O que se fez no Nordeste com essa figura da morte, que os homens perseguem incessantemente? Possivelmente uma tal questão ajudaria também a compreender "Caicó" de modo diferente.[102]

Esse antagonismo judaico-cristão (na luta entre antissemitismo e filossemitismo) talvez seja devido a uma particularidade do caráter lusitano que sobrevive no espírito nacional português: a de viver uma guerra civil permanente, implícita na arquitetura psíquica de cada um e de todos os portugueses. Daí derivaria essa luta – ao mesmo tempo essa atração – atávica que une os portugueses (e os espanhóis) aos e contra os judeus, interagindo numa relação simbiótica e paradoxal de amor e ódio, atração e repulsa, aproximação e distanciamento.

O Nordeste é herdeiro do amálgama étnico que forjou o homem ibérico. De tal modo que, em se tratando da etnia ibero-brasileira ou ibero-nordestina ou luso-nordestina, é possível reconhecer e afirmar a herança do sangue e da cultura judaica, como o próprio Gilberto Freyre expôs em suas duas obras-primas. Por isso nunca é demais repetir, uma vez mais e sempre, com maior vigor e certeza, essa verdade que salta ante o olhar investigativo de um espírito livre de preconceitos, e reconhecer que a prática da *multiculturalidade* foi antecipada nas terras do Nordeste, proporcionando o surgimento de uma nova civilização, herdeira da genética e da cultura semita.

Notas ao Capítulo 2

1. Cf. FREYRE, Gilberto. *Nordeste*. São Paulo: Global, 2004. p. 121.
2. BRANDÃO, Ambrósio Fernandes. *Diálogos das grandezas do Brasil*. Recife: Imprensa Universitária/UFPE, 1966. p. 196.
3. Cf. FREYRE. *Casa-grande & senzala*. Rio de Janeiro: Record, 1990. p. 342.
4. Ibidem, p. 255.
5. Ver UCHÔA, Darcy de Mendonça. *Sobre a psicopatologia do incesto*. São Paulo: Edigraf, 1942. Ver ainda AZEVEDO, Maria Amélia. *Incesto pai-filha:* um tabu menor de um Brasil menor. Tese de Livre-Docência, Universidade de São Paulo, São Paulo, 1992.
6. Cf. FREYRE. *Casa-grande & senzala*, op. cit., p. 341.
7. Ibidem, p. 343.
8. Ver FREYRE. *Nordeste*, op. cit., p. 62 e p. 121.
9. Ler CABRAL DE MELLO, Evaldo. *O nome e o sangue:* uma fraude genealógica no Pernambuco colonial. São Paulo: Companhia das Letras, 1989.
10. Ibidem, p. 11.
11. NOVINSKY, Anita. *Cristãos-novos na Bahia*. 2. ed. São Paulo: Perspectiva, 1992. p. 143.
12. Cf. WIZNITZER, Arnold. *Os judeus no Brasil colonial*. São Paulo: Pioneira/Edusp, 1994.
13. Cf. Ibidem, p. 94.
14. Cf. NOVINSKY, op. cit., p. 144.
15. CABRAL DE MELLO, op. cit., p. 287.
16. Cf. Ibidem, p. 285.
17. Ver USQUE, Samuel. *Consolação às tribulações de Israel*. Lisboa: Calouste Gulbenkian, 1989.
18. Ler o erudito prólogo de YERUSHALMI, Yosef Hayim. "A jewish classic in the portuguese language". In: USQUE, op. cit., p. 15-123.
19. Cf. MARTINS, José V. de Pina. "*Consolação às tribulações de Israel* de Samuel Usque: alguns dos seus aspectos messiânicos e proféticos: uma obra-prima da língua e das letras portuguesas". In: USQUE, op. cit., p. 139.
20. Cf. versão original de USQUE. *Consolacam as tribvlacoens de Ysrael. Composto por Samvel Vsque. Empresso en Ferrara en casa de Abraham aben Vsque* [no ano judaico de] *5313 da criaçam a 7 de Setembro* [de 1553]. Ver a edição fac-similar publicada pela Fundação Calouste Gulbenkian, p. clviii.

21 Atualização vernacular nossa.
22 SALVADOR, José Gonçalves. *Cristãos-novos, jesuítas e inquisição:* aspectos de sua atuação nas capitanias do Sul, 1530-1680. São Paulo: Pioneira/Edusp, 1969. p. XIX.
23 Cf. NOVINSKY. *Cristãos-novos na Bahia*, op. cit., p. XIX.
24 USQUE, op.cit., p. ccii.
25 Atualização vernacular nossa.
26 MARTINS, op. cit., p. 223.
27 Ibidem, p. 224.
28 Cf. POLIAKOV, Léon. *De Maomé aos marranos:* história do antissemitismo II. São Paulo: Perspectiva, 1984. p. 170.
29 USQUE, op. cit., p. ccvii; e também Idem. *Consolação às tribulações de Israel*, op. cit., p. 227.
30 Cf. NOVINSKY, op. cit., p. XVII; e WIZNITZER, op. cit., p. 1ss; e POLIAKOV, op. cit., p. 197ss.
31 Cf. FREYRE. *Nordeste*, op. cit., p. 121-122.
32 Cf. Ibidem, p. 129.
33 Ver MOREAU, Pierre; BARO, Roulox. *História das últimas lutas no Brasil entre holandeses e portugueses e relação da viagem ao país dos tapuias.* Belo Horizonte: Itatiaia; São Paulo: Edusp, 1979.
34 FREYRE. *Nordeste*, op. cit., p. 151.
35 Ver MOREAU; BARO, op.cit., p. 27.
36 Cf. WIZNITZER, op. cit., p. 7-9.
37 Ibidem, p. 3-4.
38 Ver LIPINER, Elias. *Gaspar da Gama:* um converso na frota de Cabral. Rio de Janeiro: Nova Fronteira, 1987.
39 Cf. Ibidem, p. 5.
40 MOREAU; BARO, op. cit., p. 42.
41 Cf. GONSALVES DE MELLO, José Antônio. *Gente da nação:* cristãos-novos e judeus em Pernambuco (1542-1654). Recife: Massangana/Fundaj, 1989. p. 298-299.
42 Ibidem, p. 198.
43 Cf. CALADO, Manuel. *O valeroso Lucideno e triunfo da liberdade.* 4. ed. Recife: Fundarpe, 1985. v. I. p. 328.
44 Ibidem, p. 329.
45 Ibidem, p. 328.
46 Ibidem, p. 39.
47 Cf. WIZNITZER, op. cit., p. 93.
48 Cf. CALADO, op. cit., p. 42.
49 Ver a transcrição completa do "Manifesto do Direito". In: CALADO, op. cit., p. 254-267.
50 Ver Ibidem, p. 258-259.

51 Consultar o poema completo em WIZNITZER, op. cit., p. 89-90.
52 FREYRE. *Nordeste*, op. cit., p. 130.
53 Idem. *Sobrados e mucambos*, op. cit., p. 126.
54 Idem. *Nordeste*, op. cit., p. 128.
55 Cf. Ibidem, p. 111 e nota 14, acima.
56 Cf. Ibidem, p. 128.
57 ASHERI, Michael. *O judaísmo vivo:* as tradições e as leis dos judeus praticantes. Rio de Janeiro: Imago, 1987. p. 63.
58 Apud POLIAKOV, op. cit., p. 204.
59 CABRAL DE MELLO, op. cit., p. 140.
60 Cf. SALVADOR, op. cit., p. 25-27.
61 Cf. POLIAKOV, op. cit., p. 44.
62 Ver SARAIVA, Antonio José. *Inquisição e cristãos-novos*. 5. ed. Lisboa: Estampa, 1985. p. 129.
63 Apud SALVADOR, op. cit., p. 18.
64 Cf. Ibidem, p. 19.
65 Ibidem.
66 Ibidem.
67 Apud POLIAKOV, op. cit., p. 185.
68 Ler de MELLET, Ernesto. Judaísmo em Caicó. *Jornal em Síntese*. 1 (1). Recife, Livraria Síntese, p. 3, dez. 1986.
69 Apud QUINTAS, Amaro. *A revolução de 1817*. 2. ed. Rio de Janeiro/Recife: José Olympio/Fundarpe, 1985. p. 80.
70 Ibidem.
71 MORAIS, Vamberto. *Pequena história do antissemitismo*. São Paulo: Difel, 1972. p. 238.
72 Cf. FREYRE. "Prefácio". In: GONSALVES DE MELLO. *Tempo dos flamengos:* influência da ocupação holandesa na vida e na cultura do norte do Brasil. Recife : Massangana/Fundaj, 1987.
73 Ver GONSALVES DE MELLO. *Tempos dos flamengos*, op. cit., p. 27.
74 Em Ibidem, p. 227-263.
75 Cf. Ibidem, p. 228.
76 Ibidem, p. 229.
77 FREYRE. *Casa-grande & senzala*, op. cit., p. 18.
78 Cf. RIBEMBOIM, José Alexandre. *Senhores de engenho:* judeus em Pernambuco colonial (1542--1654). Recife: 20-20 Comunicação e Editora, 2000.
79 Cf. FREYRE. *Nordeste*, op. cit., p. 149.
80 Ibidem.
81 Cf. Idem. *Casa-grande & senzala*, op. cit., p. 267 (nota 78).
82 Apud Idem. *Nordeste*, op. cit., p. 153.

83 Ibidem.
84 Cf. Ibidem.
85 Cf. Idem. *Casa-grande & senzala*, op. cit., p. 226.
86 Cf. Ibidem, p. 227.
87 Ibidem, p. 229.
88 Ibidem.
89 Cf. Ibidem, p. 227 e p. 229.
90 Cf. Idem. *Sobrados e mucambos*, op. cit., p. 5.
91 Cf. Ibidem, p. 319.
92 Consultar ASHERI, op. cit., p. 9; NOVINSKY, Anita. *Inquisição:* inventários de bens confiscados a cristãos novos. Lisboa: Imprensa Nacional, [s.d.]. p. 46, p. 53, p. 64, passim; e Idem. *Inquisição:* rol dos culpados. Fontes para a história do Brasil (século XVIII). Rio de Janeiro: Expressão e Cultura, 1992.
93 FAIGUENBOIM, Guilherme; VALADARES, Paulo; CAMPAGNANO, Anna R. (Orgs.). *Dicionário sefaradi de sobrenomes:* inclusive cristãos-novos, conversos, marranos, italianos, berberes e sua história na Espanha, Portugal e Itália. São Paulo: Fraiha, 2003.
94 Cf. FREYRE. *Sobrados e mucambos*, op. cit., p. 320.
95 Cf. Ibidem, p. 327.
96 Ibidem, p. 320.
97 Ver Ibidem, p. 461.
98 Cf. Ibidem, p. 321.
99 Consultar SAID, Edward W. *Orientalismo:* o Oriente como invenção do Ocidente. São Paulo: Companhia das Letras, 1990.
100 Cf. FREYRE. *Sobrados e mucambos*, op. cit., p. 461.
101 Ibidem, p. 462.
102 KATZ, Chaim. "Apresentação quase-prefácio ao *Nordeste semita*", a este ensaio.

Capítulo 3

A cana e o homem luso-semítico-tropical

No sexto e último capítulo de *Nordeste*, intitulado "A cana e o homem (conclusão)", Gilberto Freyre começa fazendo o elogio dos "elementos geneticamente tão bons como os primeiros colonos negros e os primeiros colonos brancos do Nordeste", e debitando à monocultura uma influência deletéria, nefasta, desfavorável sobre tal população, e não à miscigenação em si, já que esta "não parece ter concorrido para o desprestígio da população regional".¹

Na sua visão crítico-analítica, de modo pioneiro no sentido para além do ecológico, porquanto representa a cosmovisão gilberteana da harmonia adocicada dos contrários, Freyre demonstra que o relacionamento entre senhores e empregados "nesta nova fase de desajustamento de relações entre a massa humana e o açúcar" deforma o homem e a natureza à sua volta, em que a usina não contribuiu com nada de positivo à civilização (ainda que patriarcal e monocultural) do açúcar.²

Comparando a mentalidade capitalista-empresarial dos novos usineiros, Freyre afirma que não há mais nenhuma solidariedade entre dominador e dominado que, bem ou mal, havia entre o senhor de engenho e o escravo. O usineiro era "quase um judeu" do *tempo dos flamengos*, no qual Pernambuco foi a *Terra do Açúcar* "dos grandes escândalos de lucro comercial", sustenta Freyre. Mas isso não significa que o surgimento das usinas tenha mudado radicalmente o perfil predatório (apenas aumentou) dos senhores de engenhos. A corrupção que, por desgraça, grassa entre nós vem de longa tradição. Nesse sentido, da velha tradição da corrupção governamental, não ficou nem conde Maurício de Nassau, que tinha as mãos "um tanto meladas de açúcar", na formulação eufemista de Gilberto Freyre.[3]

Em nota no fim do capítulo, Freyre explica a expressão "quase um judeu", que usa no corpo do texto. Diz-nos que Wätjen, estabeleceu diferentes aspectos da influência israelita no Nordeste, no tempo dos holandeses, ressaltando trechos da carta dirigida a Maurício de Nassau, datada de 1641, citados por Freyre. Dizia os holandeses, na carta dirigida a Nassau:

> Cada vez mais cai o comércio no Brasil holandês nas mãos dos judeus. Os comerciantes cristãos estão quase excluídos e se tornaram *'spertateurs van de negotie der joden'*... Todos os israelitas que chegam aqui são bem recebidos pelos seus companheiros portugueses e empregados como agentes feitores de usinas ou de plantações de cana. Todos os lugares vagos de corretor são ocupados naturalmente pelos judeus que se esforçam o mais possível para o progresso do comércio judaico. Quase todo o açúcar passa pelas mãos deles e quando em algum lugar há qualquer coisa onde se possa ganhar já Israel tomou conta.[4]

Nesse tópico, Gilberto Freyre indica a leitura da obra de seu primo, amigo e discípulo José Antônio Gonsalves de Mello que, em *Tempo dos flamengos*, publicado em 1947, inaugurou os estudos batavos em nossa terra.[5] Para ilustrar o tema que nos interessa neste ensaio, ou seja, a influência judaica na formação étnica e cultural do Nordeste brasileiro, Gonsalves de Melo ofereceu contribuição ainda maior.

Trata-se de seu livro intitulado *Gente da nação*,[6] compêndio definitivo sobre a (oni)presença dos judeus na formação do Brasil colonial, desde "quando o brasileiro nascia", na feliz expressão do grande etnógrafo que foi Câmara Cascudo;[7] presença atestada nos textos fundamentais da literatura brasileira e, para além da brasilidade, da própria literatura judaica ou antijudaica da época colonial.

DIÁLOGOS DAS GRANDEZAS DO BRASIL

Nossas primeiras evocações literárias têm a marca e o talento da *gente da nação*. Assim foi a *Prosopopeia*, de Bento Teixeira,[8] cristão-novo que purgou todos os seus pecadilhos nos cárceres da Inquisição, em Lisboa, em cujo processo foi testemunha Ambrósio Fernandes Brandão, como atesta o manuscrito de seu depoimento.[9]

Sobre a personalidade complexa e complexada de Bento Teixeira (que matou sua esposa adúltera), o romance *Os rios turvos*, de Luzilá Gonçalves Ferreira, oferece uma *interpretação feminina* da história trágica de Bento e Filipa Raposa.[10]

Também cristão-novo era o autor dos *Diálogos das grandezas do Brasil*, Ambrósio Fernandes Brandão, que testemunhou a favor de Bento Teixeira. Em relação à determinação da autoria dos *Diálogos...*, foram necessários três séculos, escreve Käthe Windmüller, para que essa obra "viesse à luz com o nome de seu verdadeiro autor, graças a pesquisas de eminentes críticos e historiadores como Francisco Adolfo de Varnhagen, Capistrano de Abreu e Rodolfo Garcia".[11]

Brandão era "cristão-novo, com muito sangue judeu".[12] Explica-se, pois, porque essa obra sintetiza o imaginário do cristão-novo seiscentista que acreditava ser o Brasil (neste caso, Pernambuco) o paraíso prometido: "Não faltam autores que querem afirmar estar nesta parte situado o paraíso terreal", afirma um dos interlocutores.[13]

Tal visão idílica que o português, judaizante ou não, tinha do Brasil é contrastada pela perspectiva talvez até mais realista de outros estrangeiros, como Moreau, "um francês que não tem nenhuma simpatia pela gente e pela terra pernambucana" porque – nas palavras de José Honório Rodrigues, citando Simão de Vasconcelos – "ao contrário dos cronistas portugueses, que, desde o primeiro século, diziam ser o Brasil um paraíso terrestre (...), Moreau tem uma visão pessimista e torturada".[14]

Nos *Diálogos das grandezas do Brasil* há apenas dois personagens travando longo debate: Alviano, português recém-chegado ao Brasil e Brandônio, também português, mas vivendo há muitos anos no país.[15] Escrito em 1618, esse livro é, na afirmação de Gonsalves de Mello, "um dos documentos fundamentais da história do Nordeste brasileiro no primeiro quartel do século XVII".[16]

Nessa obra, discute-se a origem dos índios brasileiros. Brandônio oferece uma versão interessante, baseada na necessidade do *sábio rei* Salomão importar materiais para a construção do Templo de Jerusalém. Em relação ao autor e aos personagens, Käthe Windmüller afirma que:

> Brandônio é o *nome de plume* sob o qual se oculta a identidade de Ambrósio Fernandes Brandão; Alviano seria Nuno Álvares, e ambos eram escrivães e cobradores dos dízimos do açúcar, a serviço de Bento Dias de Santiago, também cristão-novo, contratador dos dízimos da Fazenda Real nas capitanias da Bahia, Pernambuco e Itamaracá de 1576 a 1585. Segundo consta nas *Denunciações da Bahia*, por ocasião da Primeira Visitação do Santo Ofício às Partes do Brasil, em 1591, foram os três acusados de "frequentarem a *esnoga* de Camaragibe, blasfemos e hereges, que trabalhavam e faziam trabalhar aos domingos e dias santos".[17]

Nos *Diálogos...*, Brandônio afirma que durante o percurso entre o porto de Ofir (na África ocidental) e o de Asiogaber (no mar Vermelho), alguns navios poderiam ter sido desviados pelos ventos – como o de Pedro Álvares Cabral – chegando por acaso ao Brasil, pois "quem duvida que algumas das naus da tal armada, que de força, à tornada, às águas e tempos a deviam chegar ao Cabo a que chamamos de Santo Agostinho, desse à costa nesta terra do Brasil e que da gente que dela se salvasse, tivesse origem a povoação de tão grande mundo"?[18]

Alviano duvida dessa teoria, afirmando não poder acreditar que "tão bárbaro gentio, como é o que habita por toda esta costa do Brasil, traga a sua origem da gente israelita", questiona.[19] Brandônio refuta o amigo, informando que "ainda hoje em dia se acha entre eles muitas palavras e nomes próprios pronunciados na língua hebreia", e completa, dizendo: "tenho por sem dúvida descenderem estes moradores naturais do Brasil, daqueles israelitas que navegaram primeiro por os seus mares".[20]

Para Jaime Cortesão, existem alusões nos *Diálogos das grandezas do Brasil* que são "argumentos a favor do judaísmo do autor no primeiro diálogo, quando os dois personagens comentam a beleza e o valor das pedras preciosas, além da conveniência de tê-las no patrimônio".[21] Mas, para Windmüller, este seria um argumento frágil, pois outros estudiosos dos *Diálogos...* apontam, como característica judaica que identificaria o neocristão Ambrósio Fernandes Brandão, a demonstração de conhecimentos apenas relacionados ao Antigo Testamento. Assim Windmüller explica e visão *ambrodisíaca*:

> No segundo diálogo, ele [Ambrósio] argumenta que os índios brasileiros são descendentes dos hebreus, do seguinte modo: quando o rei Salomão construiu o grande templo, enviava caravelas a buscar ouro, prata, marfim e ébano em Ofir, um porto na região de Tarsis, um fato várias vezes mencionado na Bíblia. Tarsis, em grego, seria a África e devido aos ventos contrários e à falta de experiência em navegação algumas dessas naus se desgarraram para a costa do Brasil e os sobreviventes deram origem aos indígenas brasileiros.[22]

Uma teoria ousada, conclui Windmüller, sem afirmar que esta é uma teoria falsa.[23] Tal concepção mítica da origem judaica de algumas tribos indo-americanas impõe duas reflexões transversais. A primeira diz respeito à mesma observação feita tempos depois por outro viajante, também cristão-novo, de nome Antonio de Montezinos (ou Aarão Levi), que inspirou o famoso rabino Menasseh Ben Israel (ou Manoel Dias Soeiro) a escrever *Miqveh Israel* [*Esperança de Israel*]. A segunda reflexão é relativa à reivindicação de uma comunidade religiosa originária da Amazônia, adepta do *mariri*, cujo mito fundador estabelece que o *rei rabino Salomão* manteve contatos com populações amazônicas. A seguir, ambas as reflexões.

Esperança de Israel e o mito semítico do mariri

Quanto à primeira reflexão, relativa a Antonio de Montezinos (ou Aarão Levi), seu relato – feito sob juramento – inspirou o rabino Menasseh Ben Israel a escrever o célebre livro *Esperança de Israel*.[24] Esse livro, publicado em 1650, surgiu 32 anos depois dos *Diálogos das grandezas do Brasil*, que veio a lume em 1618.

Trata-se, portanto, de duas obras escritas sob o mesmo impacto psíquico, pois ambos os autores são descendentes de cristãos-novos portugueses e ambos os livros tratam, cada um a seu modo mais ou menos velado, das expectativas messiânicas que foram pródigas no século XVII.

Na introdução dessa obra, Henry Méchoulan (diretor de pesquisa do Centre Nationale des Recherches Scientifiques, Paris) reconhece que se deve aos criptojudeus portugueses "a criação das primeiras comunidades judaicas autênticas do Novo Mundo" e, entre elas, cita em primeiro lugar "as de Recife, no Brasil".[25]

Méchoulan destaca a rivalidade entre Menasseh Ben Israel e Isaac Aboab da Fonseca, "menos eloquente que ele, e menos conhecido por seus méritos".[26] Por ter sido preterido para ser rabino adjunto de Saul Levi Mortera (cargo para o qual fora designado Aboab da Fonseca), Menasseh Ben Israel planejou instalar-se no Brasil holandês. Para isso, enviou seu irmão Ephraim que, em sociedade com Jonas Abravanel (cunhado de Menasseh), abriu um negócio que terminou causando atritos entre o rabino e as lideranças da comunidade judaica em Amsterdã, a "Jerusalém do Norte".

Quando Menasseh estava a ponto de embarcar para Pernambuco, aconteceu o inesperado: a comunidade judaica do Recife, querendo ter como guia espiritual um rabino célebre, convidou Isaac Aboab da Fonseca, desafeto de Menasseh, para assumir a sinagoga local.[27] Com o caminho livre em Amsterdã, Menasseh preferiu ficar na Holanda, onde pôde acompanhar o frenesi sabataísta que percorria as comunidades judaicas do mundo inteiro.[28] De todos os modos, é certo "que, em 1640, o famoso rabino Menasseh Ben Israel esteve para partir para Pernambuco, onde já então se achava o seu genro Ephraim Soeiro", afirma Gonsalves de Mello.[29]

Nesse mesmo período, Jacob Boheme evoca no mundo cristão reformista a ideia do retorno (a *parúsia*) de Jesus. Também por essa época se recordava que o *Zohar*, base do misticismo judaico, previa para o ano de 1648 o advento do Messias: Mas tal parúsia "não pode ter lugar enquanto não sejam restabelecidos os direitos políticos dos judeus na Terra Santa (...), daí a importância fundamental do problema das Dez Tribos perdidas que é preciso localizar", explica Méchoulan, para quem este é o propósito fundamental de *Esperança de Israel*.[30]

No *Miqveh Israel*, Menasseh tenta provar que o relato de Antonio de Montezinos é verossímil. O rabino acreditou que Antonio de Montezinos teria conhecido uma tribo na Amazônia, cujos componentes se diziam "Filhos de Israel" e pertencentes à tribo de Rubem[31] (uma das dez tribos perdidas).[32] Os integrantes dessa tribo declamaram, perante Montezinos, o verso de Deuteronômio 6:4: "Escuta, Israel, o Senhor é nosso Deus; o Senhor é Um".[33]

Citando um apócrifo de Esdras, Menasseh diz que as Dez Tribos que "Salmanassar levou cativas no tempo do rei Oseias, trasladados para outra parte do rio Eufrates, combinaram entre si de passar para outra região remota, onde o gênero humano nunca houvesse habitado, para ali guardar melhor a sua Lei".[34]

Menasseh descreve aspectos antropológicos das culturas do Yucatán mexicano, que praticavam a circuncisão. Evoca, em seu apoio, uma citação retirada de um livro raro, cujos autor e título foram citados incorretamente por Menasseh, mas corrigidos por Méchoulan que, ademais, compulsou o original e verificou ser verdadeira a citação. Trata-se do livro de Román y Zamora, intitulado *Repúblicas de las Índias, idolatrias y gobierno de México e Perú antes de la conquista*, publicado em 1575, em Madri.[35]

Pois bem, nesse livro encontra-se a indicação da prática de circuncisão entre os índios de Yucatán e Acuzamil, bem como entre os totones e outras tribos mexicanas. Fazem mais: "Rompem suas roupas, como os hebreus, por alguma notícia infausta ou morte".[36] Semelhantes aos judeus, os mexicanos e os totones mantinham um fogo permanentemente aceso em seus altares, costume observado também entre os peruanos, em seus templos dedicados ao sol. Para os judeus, trata-se de seguir o preceito estabelecido em Levítico 6:6: "Fogo contínuo estara aceso sobre o altar; não se apagará".[37]

Menasseh passa então a citar detalhes da antropologia religiosa de diversos povos ameríndios: as tribos da Nicarágua proibiam a entrada, em seus templos, de mulheres que tivessem parido até que estivessem purificadas; as da ilha Hispanyola consideravam pecado manter relações sexuais com mulher que tivesse parido recentemente; as da Nova Espanha castigavam gravemente o "pecado nefando"; porém o mais admirável seria a festa do Jubileu, comemorado solenemente a cada cinquenta anos pelos índios da Nova Espanha, México.

Além disso, os índios do Peru, da Nova Espanha e de Guatemala praticavam o levirato – que consiste em casar com a cunhada, em caso de morte do irmão –, costume típico (embora não exclusivo) do povo hebreu, previsto no *Deuteronômio* 5:15: "Quando alguns irmãos morarem juntos, e morrer um deles e não tiver filhos, a mulher do falecido não se casará com homem estranho de fora; o irmão de seu marido estará com ela e a tomará por mulher, e exercerá a obrigação de cunhado para com ele".[38]

Assim, o rabino Menasseh imaginou que, por um processo de difusionismo, a cultura hebraica teria sido transplantada para as terras até então semivirgens da América. Entretanto, sem querer desmerecer o denodado esforço de Menasseh, não basta o reconhecimento de um determinado dado cultural para estabelecer elos entre dois mundos tão distintos. Precisa mais. O rabino sabia disso e ampliou seus argumentos.

Menasseh destacou que "o sábado era também dia festivo entre eles [índios do México] no qual todos eram obrigados a assistir os sacrifícios e as cerimônias que realizavam nos templos".[39] Nosso rabino luso-holandês, através de sua etnometodologia muito particular, concluiu que "tudo isso é indício de que, em algum tempo, israelitas habitaram naqueles lugares, de quem os índios aprenderam essas coisas".[40] Afirma ainda que:

> Em Pernambuco, há pouco mais de 40 anos, ocorreu também que oito [índios] tabajaras resolveram descobrir a terra continente adentro e ver se na outra parte da terra incógnita havia lugares habitados, e caminhando diretamente ao poente, depois de quatro meses de caminhada, chegaram a umas serras altíssimas, a cujo cume subiram com grande dificuldade, baixaram depois a uma planície cortado por um rio ameno, em cujas margens avistaram e falaram com pessoas brancas, que usavam barbas, sobre comércio e segurança: cujas notícias, ao cabo de nove meses, trouxeram a Pernambuco cinco dos ditos tabajaras, pois três deles morreram no caminho.[41]

Entre tantas informações muito curiosas, Menasseh Ben Israel confessa dar mais crédito ao "nosso Montezinos, português de nação, judeu de religião, nascido em uma cidade de Portugal chamada Vila Flor, de pais conhecidos e honrados, de idade de quarenta anos, homem de bem, e destituído de qualquer ambição".⁴² Termina professando crença absoluta no relato de Montezinos, dizendo:

> Eu mesmo falei com ele, no decurso de seis meses que aqui esteve. Na minha presença e de muitas pessoas de qualidade, jurou solenemente que tudo o que dizia era verdade. Depois foi a Pernambuco, onde viveu dois anos [1645-1647], e faleceu prestando o mesmo juramento à hora de sua morte, quando mais o tempo obriga a não incorrer em semelhante pecado de perjuro. Então, se tudo isso é assim, por que não darei crédito a um homem virtuoso e inimigo de todo interesse humano?⁴³

Crente, pois, nas palavras do judeu Aarão Levi, que é o cristão-novo Antonio de Montezinos, o *theologo y philosopho hebreo* Menasseh Ben Israel elaborou a teoria da migração oriental das Tribos Perdidas. Em determinado momento faz referências às atribulações dos filhos de Israel e cita "Ishak de Castro Tartas, conhecido nosso e demasiado inteligente nas letras gregas e latinas (...) passando daqui a Pernambuco, sendo ali capturado pelos portugueses, foi o mesmo que cercado de lobos carniceiros".⁴⁴ Trata-se do célebre Isaac de Castro Tartas (ou José de Liz), verdadeiro mártir do judaísmo, queimado vivo em 23 de dezembro de 1645, acusado de fazer proselitismo entre os cristãos-novos.

Isaac de Castro Tartas esteve no Recife, predicando entre os *marranos*, incentivando-os ao retorno à religião judaica. Depois, perseguido pela Inquisição, fugiu para Salvador, onde foi preso e remetido a Lisboa. Condenado a ser "relaxado em carne", morreu clamando por *Adonai Sabaoth*, conforme atesta o códice 863, citado por Elias Lipiner, em seu estudo sobre "o mancebo santo", como passou a ser conhecido entre os judeus.⁴⁵

Em seguida, Menasseh Ben Israel faz alusão a outro cristão-novo judaizante, o bacharel Francisco Maldonado de Silva. Preso, julgado e condenado pela Inquisição do Peru, queimado na fogueira, em Lima, em 1639, após catorze anos de prisão, período no qual se autocircuncizou e adotou o nome Eli Nazareno. Seu drama foi narrado por Guillermo Blanco, no romance *Camisa limpia*, cujo título alude ao fato de usar camisas limpas nos dias de sábado, o que motivou denúncia perante o Santo Ofício.⁴⁶

Título emblemático o desse romance, pois alude ao hábito de cristãos-novos judaizantes usarem camisas e demais roupas limpas, desde o ocaso da sexta-feira até o crepúsculo do sábado. Tal comportamento é indicativo de judaização. David Gitlitz, em *Secreto y engaño: la religión de los criptojudíos*, descreve entre costumes sabáticos o de usar camisas limpas e cita, entre vários exemplos, o caso de Catarina de Figueredo [Pernambuco, 1594] da qual se disse que nos sábados usava suas melhores roupas e "blusa limpa".[47]

Nas confissões da Bahia, durante a primeira Visitação do Santo Ofício, encontramos acusações contra cristãos e cristãs-novas por usarem camisas limpas nas noites das sextas e nos dias de sábado, relembrando que o dia judaico começa com o aparecimento da primeira estrela no final da tarde da sexta-feira e termina com o surgimento da primeira estrela na hora crepuscular do sábado.

Encontramos o mesmo indício imputante de criptojudaísmo nas confissões de Clara Fernandes ("*e confesando [...] dise que ella veste alguns sabados camisa lavada [...] e que faz sem ter tenção alguã roim somente por limpeza e não por cerimonia nem guarda dos sábados*"[48]), Catarina Mendes ("*ella confesante quatro ou cinco sábados vestio camisa lavada [...] e que não fez as dittas cousas com tenção de judia*"[49]), Fernão Pirez ("*e alguns sabados vestio camisa lavada por limpeza sómente [...] e não teve tenção judaica*"[50]), Antonia d'Oliveira ("*dizendo lhe mais o ditto seu primo, que guardasse os sabados [...] e nelles se aviam de vestir as camisas lavadas*"[51]) e, finalmente, Nuno Fernandes ("*dixe que he costumado a vestir todos os sabados camisa lavada* [e que] *a veste por limpeza*"[52]).

Tal comportamento *infamante* era considerado natural, até mesmo por quem não judaizava ou criptojudaizava. Tratava-se de hábito incorporado, pela força da ancestralidade, à vida cotidiana que, se não fosse pelo esforço do Santo Ofício, em poucas gerações desapareceria da memória lírica dos velhos cristãos-novos.

No final de sua obra, Menasseh Ben Israel chega às seguintes conclusões:

> Que as Índias Ocidentais foram, em tempos antigos, habitadas pelas Dez Tribos Perdidas que, desde a Tartária, passaram pelo estreito de Anián, na China;

> Que até então viveram ocultos nas partes incógnitas da referida floresta amazônica, na América; e
> Que tais populações de "índios-judeus" conservaram sua antiga religião judaica.

Significa dizer que algumas tribos das Américas, inclusive do Brasil, seriam descendentes das dez tribos perdidas que compunham o antigo reino de Israel. Esses israelitas teriam-se estabelecido no reino de Ophir. Esta palavra ("ofir"), em sendo submetida à técnica de inversão de letras e sílabas (ou *tzaruf*[53]), transforma o sentido da mensagem, revelando o que está oculto. Assim, *Ophir* torna-se *Phiro* ou *Pirú* [Peru], como escreve o rabino Menasseh Ben Israel, certamente também versado nos mistérios cabalísticos.[54] Diz-nos ainda:

> Ademais, os índios do Peru jamais ouviram em sua terra este designativo e, como nos relata o Inca Garcilaso de la Vega, havendo chegado os espanhóis à costa daquele reino e encontram um índio pescando, perguntaram por sinais que terra era aquela. Pensando que perguntavam seu nome, o índio respondeu: *Berú* e daí, corrompido o nome, enganados com a resposta, passaram a chamar aquela região de *Peru*. Pelo que é mais verossímil que *Ophir* (como quer Josefo, no livro oito de *Antiguidades judaicas*, capítulo 6, e o Padre Acosta, na *História natural e moral das Índias*) seja a Índia Oriental de onde a frota de Salomão trazia o ouro e outras preciosidades, como temos sustentado.[55]

Em *Diálogos das grandezas do Brasil*, Ambrósio Fernandes Brandão já havia discutido a questão das origens dos índios brasileiros. Introduziu a hipótese relativa à busca do ouro de Ofir (que estaria na África), dizendo que alguns navios da frota a serviço do rei Salomão teriam aportado no cabo de Santo Agostinho, em Pernambuco, como já indicamos.[56]

Entretanto, quando Alviano pede "que me digais a opinião que tendes da povoação deste novo mundo", Brandônio responde não haver dúvidas de que Ofir citada na Bíblia estava situada na região de Tarsis, nome que em grego significa África, em cuja costa estaria o porto de Ofir, motivo pelo qual o "Vatablo Parisiense errou sumamente em dizer que o Ofir era uma ilha situada no Mar do Sul, na costa do Peru, descoberta por Cristóvão Coloma [Colombo], chamada Hispanyola".[57]

Aqui passaremos à segunda reflexão transversal proporcionada pela teoria etnossemítica de Brandônio, que afirmou "descenderem, estes moradores naturais do Brasil, daqueles israelitas que navegaram primeiro por os seus mares",[58] como havíamos indicado em páginas anteriores.

Essa segunda reflexão diz respeito ao conteúdo da narrativa do *mito de origem* da comunidade religiosa intitulada *União do Vegetal* que, em sua liturgia, consome o chá da ayahuasca (ou huasca ou oasca). A tradição oral, da qual ouvimos a narração magnética na voz do Mestre Gabriel, fundador da União do Vegetal, conta que o rei Salomão enviou navios para obter na Amazônia a madeira necessária à construção do Templo de Jerusalém, porque os cedros do Líbano não eram o bastante. Um oficial do rei levou diversos tipos de plantas, a pedido do "Rei Rabino Salomão". Ao receber aquelas plantas, Salomão realizou experiência e descobriu os efeitos enteógenos da união (pela decocção) do cipó mariri (*Banisteriopsis caapi*) com a folha da chacrona (*Psychotria viridis*).

A tradição oral, retransmitida durante as sessões da União do Vegetal, também revela, pelo método da troca de letras – para delícia dos cabalistas praticantes do método *tzaruf* – a origem judaica do nome Solimões, dado ao terço superior do rio Amazonas. Seria a mutação fonética do hebraico *Scholomo*, cujas declinações resultaram em Salomão, Salomón, Suleiman, Solimón, Solimão e, por fim, Solimões.

Mircea Eliade explicaria a evocação do rei Salomão como referência legitimadora da União do Vegetal, porque é necessária a presença de um herói, profeta ou divindade para revelar um ato sacro, pois o mito, para Eliade, é a revelação de uma sacralidade absoluta.[59] Talvez por isso o nome adotado pela dissidência da União do Vegetal foi exatamente *Ordem Universal do Templo de Salomão*, na sede da qual levamos o cinegrafista judeu-americano Jeremy Siefer, que fez o documentário *Revival in the Backlands: the marrano movement of Brazil*, para filmar o ritual da narrativa do mito incaico-semítico do mariri.

Esta é uma questão que não podemos desenvolver aqui. Basta que sublinhemos a existência desse *mito ontogênico* da União do

Vegetal, para ressaltar as ressurgências da teoria de que os hebreus estiveram na América antes dos europeus. Ainda que não se trate de um fato histórico, tais relatos determinam certa *arquitetura psíquica* que, por afinidade, incorpora o povo israelita a seu mito de origem.

Do ponto de vista de uma antropologia do imaginário não se pode desprezar tais reverberações míticas, pois, como nos ensina Mircea Eliade, o mito é uma verdade apodítica, passível de verificação através da mitocrítica e da mitanálise, instrumentos metodológicos no estudo da estrutura do imaginário e da imaginação simbólica.[60] Em outros trabalhos, desenvolvemos a relação entre o mito semítico do mariri e as teorias da protocolonização das Américas por membros das Dez Tribos Perdidas, bem como das relações comerciais entre ameríndios e representantes do rei Salomão.

Na verdade, quando caboclos perdidos nos confins da Amazônia descobriram o uso ritual da oasca, por intermédio dos pioneiros chamados *mestres da curiosidade*, houve uma *mitofusão* de tradições incaicas com tradições judaicas. Isso ocorreu porque, ensina Lévi-Strauss em outro contexto, "os mitos se pensam nos homens, e à sua revelia", bem como "os mitos se pensam *entre si*", ensina o antropólogo, em *O cru e o cozido*, um "livro sobre os mitos [que] é, a seu modo, um mito", sendo o primeiro volume da tetralógica *Mitológicas*.[61]

O VALEROSO LUCIDENO

Em *O valeroso Lucideno*, frei Manuel Calado relata que – após a invasão holandesa – "muitos cristãos-novos judaizantes revelaram-se crentes da lei mosaica e se fizeram circuncidar", dentre eles Baltasar da Fonseca, construtor da ponte do Recife.[62] Outro que incorreu na mesma prática, também citado pelo frei Manuel Calado, foi Vasco Fernandes Brandão, que adotou o nome judaico de Isaac Brandão, viúvo de Joana Soeira. Segundo *O valeroso Lucideno*, Isaac Brandão, que já morava em Pernambuco, após a invasão holandesa, se declarou judeu e se submeteu à circuncisão ritual.[63] Além disso, frei Calado acusa os senhores de engenho, dizendo que eles "só feitorizavam suas fazendas para as desfrutarem Flamengos e Judeus".[64]

José Antônio Gonsalves de Mello narra que "padres e frades levaram a efeito uma constante campanha contra os hereges e os judeus" que agiam como agitadores, pregando "uma espécie de guerra santa contra os calvinistas e os marranos".[65] Reconhecendo que não tem informações exatas para datar o início da imigração judaica para Pernambuco, a partir da conquista holandesa, Gonsalves de Mello diz que a tais imigrantes foram acrescentados alguns antigos moradores do Nordeste, cristãos-novos que, com a liberdade religiosa proporcionada pelos calvinistas batavos, revelaram-se marranos: circuncidaram-se e mudaram de nome, passando a usar nomes judaicos.

Segundo narra Gaspar Barléu, em *História dos feitos recentemente praticados durante oito anos no Brasil* (publicado em 1647, em Amsterdã), os portugueses [residentes em Pernambuco] "ou se estabeleceram no Brasil há muitos anos (...) ou então, pertencendo à seita judaica, transmigraram recentemente da Holanda para ali".[66]

Quando se refere à população judaica do Brasil holandês, Barléu afirma que a maioria dos judeus foi da Holanda para o Brasil e que alguns oriundos de Portugal "simularam a fé cristã sob o domínio do rei da Espanha. Agora, livres do rigor papista [da Inquisição], associam-se abertamente aos judeus", ostentando "com bastante audácia a sua religião e os seus ritos".[67]

Para dar exemplo da forte presença judaica, observa que de uma só feita, no navio alugado pelo judeu Manuel Mendes de Crasto, a "nação judaica do Recife" (na expressão de Gonsalves de Mello) foi aumentada em "200 almas" de israelitas ricos e pobres. Com a morte de Manuel Mendes de Crasto, ocorrida logo após aportar em Recife, esses duzentos judeus se dispersaram por todo o território.[68] Tal foi o efeito do edital promulgado pelos Estados Gerais, em janeiro de 1634, que "parece ter dado coragem aos marranos de Amsterdam para emigrar para Pernambuco".[69]

Em *Nordeste*, Gilberto Freyre destaca que ao lado da seleção (gen)étnica de elementos europeus "mais rurais que mercantis, mais sedentários do que nômades" da pequena nobreza agrária do norte de Portugal, e da seleção de "negros eugênicos (...) mais sedentários do que nômades", também outra seleção genética teve lugar: "Seleção de judeus do valor de Aboab da Fonseca, que aqui estabeleceram sinagogas, ensinaram doutrina, praticaram a medicina, escreveram poemas, não se limitando a uma função puramente comercial".[70]

Desde os albores de Pernambuco, com a vinda dos primeiros elementos judeus, cristãos-novos e criptojudeus, a partir de 1542 até a véspera da República, ainda era possível encontrar os descendentes daquelas famílias *da Nação* a usufruir lucros da economia baseada na monocultura açucareira escravocrata. Arnold Wiznitzer, por exemplo, diz que data de 1779 "a mais antiga fonte de referência relativa ao transplante de cana pelos judeus para terras do Brasil".[71] Entretanto, Wiznitzer afirma que Antônio de Capmany, da Academia Real de História e Letras de Sevilha, escreveu que o açúcar era um produto que, sendo "originário da Ásia, só era usado como remédio até a época da sua **introdução e cultivo na América, para onde o levaram em 1549, da Ilha de Madeira, alguns judeus proscritos de Portugal**".[72]

Observe-se que tal transplantação ocorreu quinze anos após o decreto real de 10 de março de 1534, nomeando Duarte Coelho como donatário da Capitania de Pernambuco. Em 1550 – dezesseis anos depois da nomeação de Duarte Coelho e um ano após a "introdução e cultivo na América", que teria sido realizada por *judeus proscritos de Portugal* – existiam tão somente cinco engenhos no Brasil. Cinquenta anos depois, existiam 120 engenhos, um deles (o Engenho de Santiago) pertencente ao judeu Diogo Fernandes e seus sócios.[73]

A presença da cana-de-açúcar e de sua produção sob regime escravocrata criava atritos até mesmo entre a elite branca. Gilberto Freyre se refere a Joaquim Nabuco "lutando pelos escravos de Maçangana, de Pernambuco, do Brasil inteiro, escravos que ajudou a libertar **com prejuízo para os Paes Barreto**", o que atesta a longevidade da tradição econômica e de classe senhorial dentro de uma mesma família cristã-nova, como a do sargento-mor Filipe Paes Barreto, senhor do engenho Marapu, na freguesia do Cabo, a quem o rei de Portugal, em 1700, concede o título de Cavaleiro da Ordem de Cristo, instituição herdeira da Ordem dos Pobres Cavaleiros de Cristo do Templo de Jerusalém ou, simplesmente, *Ordem dos Cavaleiros Templários*.

Só que para entrar na Ordem de Cristo era necessário provar ser cristão-velho, da antiga cepa portuguesa luso-visigótica romanizada e catolicizada antes e depois do interregno islâmico ao sul do Douro, sob domínio mouro. Foi a necessidade de provar ser cristão-velho pelos quatro costados que produziu a história – ao mesmo tempo íntima e social – da indústria de falsificação genealógica que grassou ao mesmo tempo que forjávamos a própria identidade nacional, ainda sob domínio de Portugal e terror da Inquisição, cujo zelo persecutório não deixou de atingir Pernambuco de tantos ilustres fidalgos de origem judaica. Vinha de longa data a preocupação da Inquisição com o que se passava e com o que se lia em Pernambuco: "No próprio século XVI os tentáculos do Santo Ofício andaram remexendo livrarias de senhores de engenho", afirma Gilberto.[74]

Aduz o mestre de Apipucos que, à vista das denunciações do Santo Ofício, "é de supor que livros ainda mais perigosos" tivessem entrado na região trazidos por franceses, holandeses, ingleses e judeus e, quanto a estes, diz Gilberto, "era sabido que a colônia sefardi do Recife foi a mais opulenta que a América abrigou na época: **a mais opulenta intelectualmente**".[75]

Gilberto Freyre é um nordestino semita, como quase todo descendente das famílias antigas de Pernambuco; daquelas famílias que deitaram raízes nas terras pegajentas do massapé desde os tempos coloniais, famílias mesticizadas com o que havia de melhor naquela nobreza agrária do norte de Portugal, com o que havia de melhor naquela *gente da nação*, com excepcionais dotes para o comércio, para a cultura, para a literatura – também para a usura que lhe marcou até a feição, como afirma Freyre em outra obra.[76] Portanto, como bom nordestino que é, Gilberto absorveu na sua expressão coloquial e literária aquela maneira de falar e de pensar do povo nordestino.

Nas últimas páginas de *Nordeste*, Gilberto usa o verbo judiar, quando lembra os meninos de engenho "***judiando*** com as lagartixas e os gatos", expressão populariíssima em todas as camadas sociais dos falantes coloquiais.[77] Nisso Gilberto não comete nenhum "pecado" porque o conceito de judiar (maltratar, fazer sofrer, mutilar, seviciar, torturar, na lista de sinônimos feita por Câmara Cascudo) foi incorporado ao universo vocabular do português, embora quando da sua origem representasse a "escapação natural dos ódios surdos inominados".[78]

Segundo Nelson Omegna, no período colonial o termo *judeu* tinha significado de sujeito de fraca devoção, ao passo que o verbo *judaizar* "que, na Península, significava praticar ritos do culto mosaico, praticamente inexiste em nossa língua falada no Brasil".[79] Em seu lugar, surgiu o verbo *judiar*, no sentido de fazer malvadezas, que caiu no gosto popular e de onde é muito difícil extirpar, porque um idioma não se constrói apenas com vocábulos eticamente corretos.

Entretanto, para além da linguagem e da metalinguagem, está evidente a impregnação do elemento semita na composição da sinfonia étnica que ecoa do sertão ao litoral. Mais importante que antigos *ódios inominados* – herdados do ódio ao *islã* e, por extensão, aos *outros*, aos *diferentes*, aos não cristãos, sejam eles judeus ou muçulmanos –, mais importante ainda que esses arcaicos ódios inter-raciais ou antiétnicos, é a realidade fenomênica a nos apresentar a síntese multiétnica realizada pelo homem luso-nordestino situado e adaptado aos trópicos.

Notas ao Capítulo 3

1. FREYRE, Gilberto. *Nordeste*. São Paulo: Global, 2004. p. 171.
2. Cf. Ibidem, p. 178.
3. Cf. Ibidem, p. 180.
4. Apud Ibidem, p. 198-199.
5. Ler GONSALVES DE MELLO, José Antônio. *Tempo dos flamengos:* influência da ocupação holandesa na vida e na cultura do norte do Brasil. Recife: Massangana/Fundaj, 1987.
6. Idem. *Gente da nação:* cristãos-novos e judeus em Pernambuco (1542-1654). Recife: Massangana/Fundaj, 1989.
7. Ler CASCUDO, Luís da Câmara. *Mouros e judeus na tradição popular do Brasil*. Recife: Secretaria de Educação e Cultura de Pernambuco, 1978; e sua reedição ampliada, intitulada *Mouros, franceses e judeus:* três presenças no Brasil. São Paulo: Perspectiva, 1984.
8. Ler TEIXEIRA, Bento. *Prosopopeia*. São Paulo: Melhoramentos, 1977.
9. Ver BRANDÃO, Ambrósio Fernandes. *Diálogos das grandezas do Brasil*. Recife: Imprensa Universitária/UFPE, 1966. p. XLV-XLVII.
10. Ler FERREIRA, Luzilá G. *Os rios turvos*. Rio de Janeiro: Rocco, 1993.
11. Ler WINDMÜLLER, Käthe. "Omissão como confissão: os *Diálogos das grandezas do Brasil*, de Ambrósio Fernandes Brandão". In: NOVINSKY, Anita; CARNEIRO, Maria Luiza Tucci. *Inquisição:* ensaios sobre mentalidade, heresia e arte. Rio de Janeiro: Expressão e Cultura; São Paulo: Edusp, 1992. p. 395.
12. Cf. GONSALVES DE MELLO, op. cit., p. 229.
13. Cf. Discurso de Brandônio. In: BRANDÃO, op. cit., p. 41.
14. RODRIGUES, José Honório. "Nota introdutória". In: MOREAU, Pierre; BARO, Roulox. *História das últimas lutas no Brasil entre holandeses e portugueses e relação da viagem ao país dos tapuais*. Belo Horizonte: Itatiaia; São Paulo: Edusp, 1979. p. 7.
15. Em um aditamento à introdução de Capistrano de Abreu, Rodolfo Garcia aventa a hipótese de *Brandônio* ser o alterego de Ambrósio Fernandes Brandão, enquanto *Alviano* seria Nuno Álvares, cristão-novo como Ambrósio, "ambos acusados de frequentarem a esnoga de Camaragibe". GARCIA, Rodolfo. "Aditamento". In: BRANDÃO. *Diálogos das grandezas do Brasil*. São Paulo: Melhoramentos, 1977. p. 23.
16. GONSALVES DE MELLO. "Introdução". In: BRANDÃO. *Diálogos das grandezas do Brasil*. Recife: Imprensa Universitária/UFPE, 1966. p. VII.

17 Cf. WINDMÜLLER. "Omissão como confissão", op. cit., p. 410-411.
18 BRANDÃO, op. cit., p. 56.
19 Ibidem, p. 57.
20 Ibidem.
21 Cf. WINDMÜLLER, op. cit., p. 415.
22 Ver Ibidem.
23 Cf. Ibidem.
24 BEN ISRAEL, Menasseh. *Esperanza de Israel*. Madrid: Hiperion, 1987.
25 Ver MÉCHOULAN, Henry. "Introducción". In: BEN ISRAEL, op. cit., p. 18.
26 Ibidem, p. 44.
27 Cf. Ibidem, p. 45-46.
28 Para uma compreensão profunda da figura de Sabatai Tzvi, recomendamos a leitura da criteriosa trilogia de SCHOLEM, Gershom. *Sabatai Tzvi:* o messias místico. São Paulo: Perspectiva, 1995-1996.
29 Cf. GONSALVES DE MELLO. *Tempo dos flamengos*, op. cit., p. 250.
30 MÉCHOULAN, op. cit., p. 52.
31 Curiosamente, outra personagem messiânica, Solomon Molkho, também reivindicava procedência da tribo de Rubem, uma das dozes tribos perdidas: "In 1524 a swarthy Jew dresses in oriental garb and calling himself David Reubeni («of the tribe of Reuben») suddenly appeared in Italy and claimed that his brother was the ruler of an independent kingdom of the Lost Tribes in the «Wilderness of Habor»." ["Em 1524, vestido como um judeu oriental e chamando-se David Reubeni ('da tribo de Ruben'), apareceu de repente na Italia e proclamando que seu irmão era regente de um reino independente das Tribos Perdidos 'na região selvagem de Habor'."] YERUSHALMI, Yosef Hayim. "A jewish classic in the in the portuguese language". In: USQUE, Samuel. *Consolação às tribulações de Israel*. Lisboa: Calouste Gulbenkian, 1989. p. 41.
32 Sobre as Dez Tribos Perdidas, ler MARTINS, Pina. "Da idade de ouro à perda das dez tribos". In: USQUE, op. cit., p. 146-163.
33 BEN ISRAEL, op. cit., p. 109.
34 Ibidem, p. 116.
35 Cf. Ibidem (nota 51).
36 Ibidem, p. 117-118.
37 BÍBLIA Hebraica. São Paulo: Sêfer, 2006. p. 107; e BÍBLIA de Jerusalém. São Paulo: Paulinas, 1987. p. 175.
38 BÍBLIA Hebraica, op. cit., p. 205; e em MAIMÔNIDES, Moisés. *Os 613 mandamentos:* Tariag ha-mitzvoth. São Paulo: Nova Stella, 1990. p. 171.
39 BEN ISRAEL, op. cit., p. 118.
40 Ibidem.
41 Ibidem, p. 121.
42 Cf. Ibidem, p. 123.

43 Ibidem.
44 Ibidem, p. 149.
45 Ler LIPINER. *Izaque de Castro:* o mancebo que veio preso do Brasil. Recife: Massangana/ Fundaj, 1992. p. 227-228, p. 230 (nota 18), Cap. XX ("Liturgia do heroísmo") e p. 257ss.
46 Ver BLANCO, Guillermo. *Camisa Limpia.* Santiago de Chile: Editorial Universitaria, 1989.
47 Cf. GITLITZ, David. *Secreto y engaño:* la religión de los criptojudíos. Salamanca: Junta de Castilla y León, p. 288.
48 Cf. MENDONÇA, Heitor Furtado de. *Primeira visitação do Santo Ofício às partes do Brasil:* confissões da Bahia, 1591-92. Rio de Janeiro: Sociedade Capistrano de Abreu, 1935. p. 37-38.
49 Cf. Ibidem, p. 40-41.
50 Cf. Ibidem, p. 43.
51 Cf. Ibidem, p. 76.
52 Cf. Ibidem, p. 166.
53 Consultar BAKAN, David. *Freud et la tradition mystique juive.* Paris: Payot, 1977. p. 197-214.
54 Cf. BEN ISRAEL, op. cit., p. 158-159.
55 Ibidem.
56 Cf. BRANDÃO, op. cit., p. 55-56.
57 Ibidem, p. 54.
58 Ibidem.
59 Cf. ELIADE, Mircea. *O sagrado e o profano:* a essência das religiões. Lisboa: Livros do Brasil, [s.d.]. p. 108.
60 Para uma aproximação à antropologia do imaginário, ler PITTA, Danielle Perin Rocha. *Iniciação à teoria do imaginário de Gilberto Durand.* Rio de Janeiro: Atlântica, 2005.
61 Cf. LÉVI-STRAUSS, Claude. *O cru e o cozido:* mitológicas I. São Paulo: Cosac Naify, 2004. p. 24 e p. 31 (itálicos do autor).
62 Apud GONSALVES DE MELLO. *Tempos dos flamengos,* op. cit., p. 231 (nota 7).
63 Idem. *Gente da nação,* op. cit., p. 520.
64 Apud Idem. *Tempo dos flamengos,* op. cit., p. 237.
65 Cf. Ibidem, p. 244.
66 Cf. BARLÉUS, Gaspar. *História dos fatos recentemente praticados durante oito anos no Brasil.* Belo Horizonte: Itatiaia; São Paulo: Edusp, 1974. p. 131.
67 Ibidem, p. 136.
68 Cf. GONSALVES DE MELLO. *Tempo dos flamengos,* op. cit., p. 247.
69 Cf. Ibidem, p. 249.
70 FREYRE. *Nordeste,* op. cit., p. 182.
71 WIZNITZER, Arnold. *Os judeus no Brasil colonial.* São Paulo: Pioneira/Edusp, 1994. p. 8.
72 Apud Ibidem (grifos nossos).
73 Cf. Ibidem, p. 9.

74 Ibidem, p. 186.
75 Ibidem, p. 187.
76 "[O] problema do judeu em Portugal foi sempre um problema econômico [...]. Técnicos da usura, tais se tornaram os judeus em quase toda parte por um processo de especialização quase biológica que lhes parece ter aguçado o perfil no de ave de rapina", escreveu Gilberto Freyre em *Casa-grande e senzala*. Rio de Janeiro: Record, 1990. p. 226.
77 FREYRE. *Nordeste*, op. cit., p. 189. Ver também do mesmo autor *Casa-grande & senzala*, op. cit., p. 336, p. 369, passim; e *Sobrados e mucambos*, op. cit., p. 229, passim.
78 Ver CASCUDO. "Motivos Israelitas". In: *Mouros, franceses e judeus*, op. cit., p. 106.
79 OMEGNA, Nelson. *Diabolização dos judeus:* martírio e presença dos sefardins no Brasil colonial. Rio de Janeiro: Record, 1969. p.187.

Capítulo 4

Evidências semitas no Nordeste brasileiro

O Nordeste do Brasil é herdeiro direto de uma tradição semita que fincou raízes profundas e vigorosas na península Ibérica desde há alguns milênios. "Os hebreus" – escreve José Gonçalves Salvador – "são antigos na península Ibérica, tendo precedido talvez os romanos, e, seguramente, os godos e os mouros".[1] Essa ocupação, várias vezes milenar na Ibéria, marcou fundo a cultura, a etnia e o imaginário popular espanhol, português, hispano-americano, brasileiro, nordestino, cada um a seu modo e grau, conforme as influências das especificidades geográficas, econômicas, sociais, política e culturais.

No Nordeste temos uma dívida hereditária para com nossos antepassados semitas, que cumpre ser resgatada. Podemos encontrar, em praticamente todos os aspectos do cotidiano, indícios dessa herança oriental, semítica, judaica. Por exemplo, na religião desenvolvemos aquilo que há de mais profundo e precioso na alma judaica: a esperança messiânica, assunto que desenvolveremos mais adiante.

Na culinária recebemos contribuições dos dois lados da árvore semítica. Dos árabes amouriscados que ajardinaram o Algarve e a Andaluzia, herdamos o hábito de comer com as mãos, fazendo o popular "capitão" (como é chamado o bolinho de feijão e farinha no formato de quibe, que cada comensal faz ou fazia para si), além da presença do cuscuz, prato típico do Marrocos, ainda que com outros ingredientes.

Entre as contribuições árabes, merece destaque o uso da alpercata (do árabe, *al-pargat*), ainda que "no sertão do Nordeste está rareando a velha alpercata de rabicho" usadas tanto por vaqueiros nordestinos quanto por caravaneiros do Saara, na poética descrição etnográfica de Câmara Cascudo.[2]

Na simbologia nordestina podemos encontrar, em profusão, as estrelas de cinco e seis pontas, pentagonais e hexagonais, símbolos definitivamente semitas: "O pentágono é um emblema semita", diz Moisés do Espírito Santo, "e o hexágono é mais propriamente judaico, constituindo o núcleo de uma estrela de cinco ou seis pontas".[3]

Embora rara sua representação estrelar hexagonal nos chapéus de cangaceiros, na iconografia resultante da arte popular abunda a imagem do *selo de Salomão* ornando a aba dobrada, típica dos chapéus de couro dos cangaceiros. Em conversa pessoal com o grande estudioso do cangaço, Frederico Pernambucano de Mello afirmou que o marchetado dos fuzis usados pelos cangaceiros era uma herança exclusivamente árabe-mourisca, que foi incorporada à tradição estética dos guerreiros do sol.

Manoelito de Ornellas aventa a hipótese de que a ciranda é originada de Leiria e inspirada em danças judaicas e mouriscas, *zamba* e *zarabanda*, e os judeus arabizados que a teriam trazido ao Brasil.[4] Em Pernambuco, a ilha de Itamaracá, sede da antiga Capitania do mesmo nome, além de ser um importante centro de preservação cultural da ciranda, foi, no período colonial, habitada por cristãos-novos. Talvez tenha sido o lugar da aculturação popular das danças judaicas a que se refere Ornellas.

Outro hábito bastante semita, encontrado tanto entre mulheres judias ortodoxas quanto entre mulheres árabes muçulmanas, pode ser identificado no Nordeste, que é o uso (agora arcaico, mas ainda encontrável) da mantilha, que as mulheres portam quando vão assistir missas.

Já o concubinato, outra herança semita, perpetuada pelos muçulmanos e olvidada (durante o segundo milênio) pelos judeus, encontrou no Nordeste terreno fértil para se desenvolver. Basta evocar os processos por bigamia que abundaram nas denunciações e nas confissões do Santo Ofício, quando das visitações ao Nordeste brasileiro. O concubinato, na qualidade de substitutivo da poligamia, é – ou foi – uma característica social e familiar dos nordestinos. Tal como entre os muçulmanos e os judeus sefarditas. A interdição imposta aos judeus – contra o direito à poligamia – só atingiu os judeus da Europa central e oriental, subordinados ao rabinato asquenazita, tendo validade de mil anos. Proclamada pelo rabino Gershom de Mongúcia, no ano 1000 da era atual, jamais foi imposta aos (ou aceita pelos) judeus sefarditas. Portanto, era natural que, sob a lei cristã, prevalecesse a Lei de Moisés – que permite a poligamia, assim como a Lei de Maomé, que apenas limita o número máximo de esposas legais.

Nesse particular, os nordestinos são semitas porque praticam a poligamia, embora não oficialmente, mas de forma bastante assumida. Quase sempre foi assim no Nordeste, sobretudo entre os homens com maior poder aquisitivo, mas não só. Ter mais de uma mulher ou de uma família constituía, no nosso passado colonial, patriarcal, um sinal inequívoco de poder e abastança. Como também garantiria uma prole numerosa – embora, em parte, bastarda – para melhor garantia e defesa dos interesses familiares.

Do elemento judaico encontramos um número mais abundante de indícios porque contribuíram, etnicamente, na constituição biotípica, fenotípica e na formação do próprio caráter do homem nordestino, de tal modo que poderíamos parafrasear Salvador de Madariaga, quando este diz, a respeito dos judeus ibéricos, que "os judeus-espanhóis deixaram uma Espanha muito judia: foram embora muito espanhóis".[5]

No mesmo sentido, parafraseando Madariaga, poderíamos afirmar que os judeus nordestinos deixaram um Nordeste muito judaizado. Ou seja, "mais uma vez na história, os vencidos impunham seus costumes, sua maneira de viver, em suma, sua civilização, aos vencedores", comenta Poliakov, ao se referir aos judeus-espanhóis. Mas, do mesmo modo, Poliakov poderia ter afirmado que aqui no Nordeste, após a expulsão dos holandeses e, com eles, dos judeus e criptojudeus, os costumes da *gente da nação* triunfaram: a civilização semita experimentou um processo de simbiose com a cultura nordestina, cujo resultado é uma síntese cultural, ou multicultural como ora se diz, da qual a separação se tornou impossível, exceto para efeitos analíticos.

As marcas perpétuas, indeléveis e inconfundíveis da presença judaica são patentes em nossos costumes, *mores*, crenças messiânicas, hábitos religiosos e até mesmo na justiça consuetudinária que enseja a vingança do sangue pelo sangue, ao arrepio da lei ordinária e secular. Mas nisso apenas são fiéis ao direito veterotestamentário do taliônico *olho por olho*. Temos, nesse aspecto, de levar em consideração os elementos semíticos extrajudaicos, herdados dos mouros através daquela contribuição "mais etnográfica que antropológica" da qual nos fala Câmara Cascudo.[6]

Dos árabes herdamos "o dever sagrado de vingar a morte por assassinato de quaisquer membros da família", resultando "um duelo eterno e sucessivo", na descrição de Rui da Câmara, citado e completado por Câmara Cascudo, quando diz haver "inimizades entre famílias nordestinas, durante séculos, numa continuidade de vinditas mortais, sangue por sangue, sertões da Bahia, Pernambuco, Paraíba, Ceará, atestam a herança moura de vingança implacável".[7]

SIMBOLOGIA SEMITA NA RELIGIOSIDADE E NA CULTURA POPULAR

A cultura nordestina, sobretudo o imaginário religioso, expressa uma simbologia que remete às suas raízes semíticas. Os símbolos clássicos do judaísmo são onipresentes em diversas manifestações artísticas, religiosas e culturais do Nordeste. Suas origens são criptojudaicas e sua difusão ocorreu em razão da dispersão marrana, da diáspora experienciada pelos cristãos-novos que povoaram o Nordeste.

Para entender e melhor avaliar a extensão da influência da simbologia criptojudaica na cultura popular nordestina, inclusive nas manifestações místicas, é importante conhecer a evolução da religião popular portuguesa, como faz Moisés do Espírito Santo ao demonstrar suas origens orientais.

Ao explicar a predileção por erigir monumentos religiosos em montes e elevados – hábito comum no Nordeste –, Moisés Espírito Santo esclarece: "A atração pelas alturas é uma característica das religiões semitas (...). Os lugares altos entre os cananeus, os hebreus, os árabes e os mesopotâmicos são, por excelência, sítios de santuários".[8]

Exatamente como podemos observar em várias cidades nordestinas, onde no local mais elevado do município se ergue uma igreja, uma capela, um templo, um santuário, uma escultura religiosa ou um cruzeiro. É o caso do horto de Juazeiro do Norte, onde há uma gigantesca estátua de Padre Cícero; de Caruaru, onde foi construída uma igreja no monte Bom Jesus; ou de São Joaquim do Monte, que ergueu uma estátua para estabelecer um novo *locus* de peregrinação e romaria em memória a Frei Damião; e é o caso do Recife, onde sua mais popular e mais importante festa religiosa comemora a padroeira da cidade, cuja sede de devoção se encontra justamente num morro, o da Conceição, coração espiritual da capital pernambucana.

Outra herança semita são as chamadas "casas de misericórdia", em hebraico *bethsaida*, de origem judaica. Assim, certas igrejas e casas de misericórdia, criadas quase todas no período renascentista, apresentam características criptojudaicas muito acentuadas, até mesmo, no mais das vezes, se situavam próximo de antigas judiarias: "Algumas confrarias da misericórdia partiram da iniciativa de irmandades populares do Espírito Santo, um culto criptojudaico, ou simplesmente judaico, de fio a pavio".[9]

Para provar a existência do que chama de "judaísmo secreto das Misericórdias", Moisés Espírito Santo evoca as pinturas que decoram a maioria das igrejas da misericórdia, nas quais as cenas bíblicas mais comuns são a circuncisão do menino Jesus e sua apresentação no Templo de Jerusalém. Diz mais: "Trata-se de dois ritos judaicos importantes mas desvalorizados e até abjurados pelos cristãos; reproduzi-los numa igreja não dignifica os cristãos mas unicamente os judeus".[10]

O apego à Virgem Maria deriva, segundo Moisés Espírito Santo, da concepção popular portuguesa segundo a qual "a Mãe do Céu se encarregou da tarefa de vir de tempos em tempos visitar seus filhos lusitanos".[11] Esse autor português considera tal fato derivado do messianismo lusitano, que esperaria um Messias feminino. Sob tal perspectiva, a devoção à Maria seria um derivativo da esperança messiânica, ambas muito presentes no Nordeste brasileiro.

Indo ainda mais longe, Espírito Santo afirma que o culto mariano seria um culto criptojudaico: "Assim como o cristianismo assimilou a religião popular pré-romana de toda a bacia mediterrânea, **o culto de Maria foi assimilando os cultos hebraicos** a partir do século VII", quando das primeiras perseguições do estado godo contra os judeus, praticando expulsões e conversões forçadas.[12] Ao traçar paralelos e comparações entre ritos populares portugueses e práticas religiosas judaicas, muitas destas últimas se transpuseram para o catolicismo de tal modo que o "**cristianismo popular é, sobretudo, judaísmo popular**".[13]

Com tal *judaização* do catolicismo popular, os criptojudeus teriam conseguido ficar em paz, se não com sua consciência, pelo menos com os familiares do Santo Ofício, que não desconfiavam ao ver um cristão-novo rezando com o rosto voltado para a imagem de Maria coroada como "rainha dos céus". Mas, na verdade, ele não estava pensando na "mãe de Deus" – porque propor ou aceitar a hipótese de tal maternidade é, aos olhos do judeu e do muçulmano, uma terrível blasfêmia –, e sim o judeu converso estava devotamente ajoelhado perante uma imagem que na sua simbologia secreta evocava a figura da rainha Ester.[14]

A simbologia da *religião dos criptojudeus* era sustentada por dois pilares, o do segredo e o do engano. Nesse imaginário coletivo, a escolha da rainha Ester – substituta simbólica esvanecendo a imagem cristã de Maria – era perfeita, porque Ester foi, a seu modo, uma *marrana*. Isso porque ela manteve segredo, durante algum tempo, de sua condição judaica.

Apenas quando foi inevitável para salvar o povo judeu é que ela revelou sua origem. Ester tornou-se muito venerada pelos marranos portugueses, que pediam sua proteção quando se ajoelhavam ante uma imagem de Maria. Esta é tese de Moisés Espírito Santo: "Temos mesmo convicção de que as imagens marianas beirãs dos séculos CVI e XVII que se apresentam como rainhas (e são-no quase todas) aludem à heroína judia".[15]

Configura-se, desse modo, um dos maiores logros que uma minoria religiosa oprimida (dos judeus cristianizados) conseguiu impor a uma maioria católica que, **insensível** ao fato de ser impossível determinar a fé alheia, obrigou bons judeus a se tornarem maus cristãos. Assim acredita e escrevia em um de seus diálogos um bispo católico:

> *Não pode ser maior desaventura da cegueira judaica, q vivendo os mesmos judeus nella, fingindo-se Christãos, nem sejã Judeus, nem Christãos. Nam sam Judeus porq nã guardão a ley de Moyses, & se a guardam, nam a confessão plublicamente, sendo a isso obrigados pela*

> *mesma ley. Nem sam Chistãos, porq ainda que algũns o pareçam nas obras exteriores, nem o sam em o coração, nẽ no entendimento como elles mesmos confessão. E porq querẽ mostrar no exterior serẽ Christãos sendo Judeus no interior, nem ficam Judeus nẽ Christãos.*[16]

Era de tal modo esquizofrênica a relação religiosa dos cristãos-novos, espremidos entre as contingências externas que os obrigavam a assumir publicamente a imagem de cristãos, ao mesmo tempo que se sentiam internamente impelidos a judaizar isolada ou coletivamente. Com o transcorrer do tempo, tal esquizofrenia provocou o surgimento de uma máscara simbólica, modelada no próprio rosto do usuário cristão-novo por fora e judeu-velho por dentro.

Deriva daí certa quantidade de seitas marranas, denominadas **religião marrana**, fenômeno estudado por vários historiadores. A religião marrana é uma espécie de sincretismo entre judaísmo e cristianismo, com alguma influência islâmica, se não no código de fé, pelo menos em certos hábitos exteriores.

Existem, no folclore nordestino, numerosas *sobrevivências* sociológicas e etnográficas da síncrese ou síntese religiosa e cultural que unificou, nos costumes e nas crenças populares do Nordeste, certas tradições judaicas. Assim, muitos hábitos simbólicos do povo de Israel permanecem no imaginário popular nordestino.

Podemos citar, por exemplo, o costume de comer alguns grãos de romã, na passagem do Ano-novo, visando a propiciar felicidade nos próximos dozes meses. Ora, a romã é dos mais frequentes emblemas simbólicos dos judeus. Lembra Espírito Santo: "A romã e o pomar de romanzeiras são símbolos de Israel".[17]

Em oposição harmoniosa à divindade masculina que criou e governa o mundo, na concepção judaica há também uma dimensão feminina "dentro" da própria divindade. No Nordeste essa dualidade, presente no seio do judaísmo místico, se apresenta nas manifestações de religiosidade popular como o culto à mãe de Jesus. Nesse sentido, Moisés Espírito Santo afirma que "na tradição hebraica, de que o *Talmude* e o *Livro do Zohar* são os intérpretes, Deus, embora seja uno, tem duas naturas, princípios ou hipóstases: masculino e feminino".[18]

Quanto aos folguedos, Moisés Espírito Santo afirma que o carnaval é uma festa comum aos países europeus, "mas em nenhum deles teve a importância que lhe atribuem os povos da Península e os que estes colonizaram",[19] incluindo naturalmente o Brasil e, sobretudo, Pernambuco, onde o carnaval encontra sua expressão mais popular e de massa, por ser brincado nas ruas e não mero espetáculo de passarela ou aprisionado em cordões.

A origem atribuída ao carnaval, pelo ilustre autor lusitano, é babilônica. Após a vitória da rainha Ester e de Mardoqueu contra as maquinações maléficas de Amam e os inimigos do povo judeu, ocorreu uma celebração da qual se originou o *Purim* hebraico que, passando por diversas metamorfoses, culminou no carnaval europeu, lusitano, brasileiro, pernambucano.

Já no cancioneiro popular, a donzela Teodora – conhecida de todo matuto nordestino por obra dos cantadores de feira –, participando de um *torneio de sabedoria* na corte do califa Al-Mansur, descreve os *sinais* que a mulher deve ter para ser formosa.[20]

Entre vários sinais, enumera a donzela:

> Para ser formosa
> Terá dezoito sinais
> Não tendo é defeituosa.
> Há de ter três partes negras
> De cores bem reluzentes
> Sobrancelhas, olhos e cabelos
> De cores negras e ardentes.
> Branco o lacrimal dos olhos
> Ter branca a face e os dentes.

Contos e cordéis populares transmitem crônicas sobre a princesa Megalona, que pertencem ao ciclo medieval, época em que a região de *Maguellone*, na França, era uma *quase mouraria*, para usar a expressão de Câmara Cascudo.[21] Corroborando essa origem *quase moura* das crônicas medievais que sobrevivem na literatura de cordel e na voz dos cantadores de feira, encontramos uma descrição da beleza feminina, cujos cânones estéticos são semelhantes. Trata-se de *O jardim das delícias*, escrito pelo xeque Nefzaui, que viveu entre os séculos XIV e XV em Túnis, norte da África. Nefzaui exalta a beleza feminina nos seguintes termos: "Para que uma mulher possa ser apreciada pelos homens [seus] cabelos deverão ser negros, a testa larga, as sobrancelhas de uma negritude etiópica; os olhos serão grandes e negros, com os brancos muito límpidos".[22]

A cosmovisão marrana, cristã-nova, é majoritariamente judaica, mas uma parte também se abeberou da cultura islâmica devido à presença de muitos escravos mouros no Portugal cristão. Assim, na cultura nordestina podem ser encontradas ressonâncias da poesia e da musicalidade árabe, da alegria mourisca e moçárabe, ecoando nos recônditos mais distantes dos sertões brasileiros, conforme ensinou Luiz Soler.[23]

Entretanto, não é apenas na expressão poético-musical que podem ser encontradas as evidências da *civilização andaluza*, no sentido árabe-mourisco do termo. Na arquitetura a influência da refinada arquitetura árabe é demasiado evidente. Autor de um interessante ensaio sobre *arquitetura mesológica*, citado como literatura subsidiária à compreensão de *Sobrados e mucambos*,[24] José Marianno Filho escreveu também um clássico dos estudos sobre a arquitetura mourisca no Brasil.[25]

O autor afirma que se não existem mais provas da influência arquitetônica árabe é porque o estilo mourisco foi combatido por, entre outros, Varnhagen, que não conseguiu compreender os motivos que levaram o povo a adotar a estética islâmica. Do ponto de vista de sua *arquitetura mesológica,* "o violento extermínio de todos os pormenores de fundo muçulmano que transpareciam nos sobrados do Rio de Janeiro, visados pela fúria modernista (...), lhes desfigurou por completo a physionomia primitiva".[26]

Marianno Filho faz referências às observações dos viajantes estrangeiros que passaram por Recife, como Henry Koster e Maria Graham, na primeira metade do século XIX. Koster, em 1809, ainda encontrou as sacadas corridas de adufas, no estilo mourisco. Dois anos depois, ao fazer nova visita, percebeu que as casas haviam sido remodeladas.[27] É que durante sua ausência, as medidas violentas tomadas por Paulo Vianna, prefeito do Rio de Janeiro, em 1809, visando a extirpar a estética não europeia,[28] repercutiram em Pernambuco e influenciaram a desfiguração da nossa arquitetura colonial, exceto em Olinda, que continua até hoje exibindo uma e outra varanda com seu *mashrabiyya* preservado.

Assim, pois, na primeira metade do século XIX o furor modernista de Paulo Vianna fez que os muxarabis condenados pela *nova estética* já não fossem encontrados por Debret, no Rio de Janeiro. Entretanto, "Maria Graham [*Journal of Voyage to Brasil*, 1834] quase na mesma época, encontrou no Recife abundante material de caracterização árabe, representado por vigorosos balcões de madeira apainelada ou tratada em adufa".[29]

Para se ter uma ideia da beleza dos muxarabis, e compará-los aos balcões mouriscos de Olinda, indicamos três obras: *Shelter in Arabia Saudi*, de Kaizer Talib;[30] *Como reconhecer a arte islâmica*, de Gabriel Mandel;[31] e *The orientalists*, obra pictográfica com as melhores representações da pintura europeia sobre o Oriente islâmico.[32]

A MÍSTICA MESSIÂNICA

O termo *messianismo* designa a crença na vinda de um enviado divino – o *Messias* – para consertar tudo que existe de errado, imperfeito e injusto no mundo, visando a estabelecer uma nova era de justiça, paz e fraternidade. A salvação esperada, para a humanidade inteira ou apenas para a comunidade que nele crê, é sempre de natureza coletiva.

Max Weber assim se refere à espera messiânica: "alguém virá um dia, herói ou Deus – em breve ou mais tarde – para colocar seus adeptos no primeiro lugar, que é o lugar que merecem no mundo".[33]

Durante a Idade Média as pessoas acreditavam que o *Messias* estabeleceria um reino divino na terra, que antecederia o juízo final, o qual duraria mil anos, daí a denominação *milenarismo* no sentido da *era messiânica*. O *Messias* revela a seus adeptos os procedimentos litúrgicos e os rituais necessários para apressar a vinda do reino. É o momento em que (como aconteceu na Serra do Rodeador, na Pedra do Reino e em Canudos) os fiéis estabelecem uma vida separada do mundo social do qual faziam parte, rompendo assim com obediências e fidelidades anteriores. Em suas *cidades* e *vilas santas* realizam rituais e liturgias determinados pelo *Messias*. Ali aguardam e laboram, em estado de grande excitação e exaltação mística, pela instalação do "Reino Divino" na terra.

A alma do nordestino, ansiosa pela promessa da redenção, busca na religião o bálsamo, o refrigério, o conforto – o *opium*, na interpretação marxista – para o alívio das suas dores. A consequência natural é um maior apego ao sagrado e consequente desenvolvimento de acentuado misticismo de inspiração messiânica.

Misticismo que "pode ser reduzido ou acentuado, de acordo com as influências mesológicas", influências de natureza educacional, econômica, política, social, mas também influências do ecossistema, das mudanças climáticas e de outros fatores relacionados à própria terra. Influências que, segundo Valente, no caso "do sertão nordestino, castigado pelo contraste impiedoso das secas e das chuvas, com suas consequências inevitáveis de destruição e êxodo, fatores de desequilíbrio ecológico, têm agido de modo favorável".[34]

Temos como que uma *paisagem sociológica* receptiva às mensagens místicas, aquelas que privilegiarão o reino dos céus em detrimento do reino da terra. O misticismo que simboliza o reatamento do homem com o divino, sob a proteção da religião exterior, isto é, o esoterismo se manifestando *sob* (mas ocasionalmente *versus*) o exoterismo público. Tal misticismo é o *ponto de fuga*, na visão escatológica, das massas desamparadas e desfavorecidas pela fortuna.

Portanto, seria mais lógico que o misticismo se desenvolvesse entre as classes econômica e culturalmente menos privilegiadas, entre os mais pobres e mais ignorantes. Porém, não é o que acontece no Nordeste, onde o fervor místico alcança todas as classes econômicas e grupos sociais. Waldemar Valente diz que, tanto nas zonas sertanejas quanto nos centros urbanos mais adiantados do Nordeste, existem "condições diversas de desajustamento econômico e social, agravados pelas dificuldades do aparelhamento educacional [que] deixam as populações em permanente disposição de receptividade mística".[35]

Daí encontrarmos em profusão, pelos caminhos perdidos dos sertões, místicos apocalípticos que deambulam pela caatinga, anunciando o retorno iminente não do Messias, mas del-rey dom Sebastião. Além do mais, não raro se encontram beatos, taumaturgos e pagadores de promessas que tanto marcaram a vida, a mitologia e a literatura religiosa dos nordestinos.

Esse misticismo é tão forte que marcou a saga dos mitos nordestinos. Desde o misticismo algo violento de Lampião, que nunca deixava de fazer suas orações devocionais à sua santa protetora, passando pelo misticismo puritano e ascético do padre Cícero, até a mística sebastianista de Antônio Conselheiro.

A própria eclosão de vários fenômenos messiânicos relacionados à violência de massa no Nordeste seria uma expressão político-religiosa da mesma espécie. Souza Barros, que estudou esse fenômeno ao mesmo tempo antropológico e psicológico, indicou a existência de uma correlação entre violência proveniente do nomadismo e eclosões do fenômeno messiânico.[36]

No Nordeste, Deus é concebido como *castigador*, no qual prevalece sua face severa, em detrimento de sua face compassiva e misericordiosa. Waldemar Valente afirma que os nordestinos têm uma "crença de que Deus se magoou, enraiveceu e exige retratação por meio de penitências e sacrifícios",[37] criando a típica figura do pagador de promessa. Tal perspectiva se deve à falta de bases materiais e climáticas, isto é, mesológicas, favoráveis ao bem-estar humano. Assim, no Nordeste – região cujo substrato humano é, em parte, semita –, prevaleceu a concepção do Deus veterotestamentário, o Deus concebido pelos judeus, o Deus que mostra sua severidade e seu rigor. Essa é uma concepção mais semita, mais judaica, até mesmo mais islâmica, mas muito pouco cristã, pois essa doutrina despreza a vingança e manda oferecer a outra face ao agressor.

Essa ideia de religião mais antiga, mais arcaica, mais arquetípica, representada pela antiga aliança, influencia até mesmo expressões políticas que nada têm a ver com religião. Por exemplo, quando Miguel Arraes de Alencar tomou posse no cargo de governador de Pernambuco, em 15 de março de 1987, após longo exílio vivido entre França e Argélia, antes de fazer seu pronunciamento à multidão espremida diante da sacada do Palácio das Princesas, foi lido um trecho do Antigo Testamento, extraído do livro de Jeremias, que se refere aos exilados judeus, nestes termos:

> Assim diz o Senhor, o Deus de Israel: De modo por que vejo estes bons figos, assim favorecerei os exilados de Judá, que eu enviei deste lugar para a terra dos caldeus. Porei sobre eles, favoravelmente, os meus olhos, e os farei voltar para esta terra; edificá-los-ei, e não os des-

truirei, e plantá-los-ei, e não os arrancarei. Dar-lhes-ei coração para que me reconheçam, que eu sou o Senhor.³⁸

Claro que numa cerimônia de significação tão forte e profunda, tanto para o governador quanto para o povo que foi recebê-lo de volta ao Palácio das Princesas, nenhuma palavra seria vã. O trecho bíblico foi lido na ocasião porque teria impacto no imaginário coletivo do povo pernambucano, nordestino, que vive como que num exílio perpétuo. Daí sentir-se atraído por todas as formas de religiosidade mística e messiânica, tão frequentes no Nordeste.

As revoltas e revoluções messiânicas

O messianismo é uma crença judaica segundo a qual, diz Michael Asheri, "algum dia aparecerá um judeu que anunciará o fim do mundo, tal como o conhecemos e a criação do Reino de Deus (...). Esse judeu, e ele será uma pessoa, não uma encarnação de Deus (...) é chamado *Mashiah*, ou Messias".³⁹ Essa é, entre todas as crenças judaicas, a mais amplamente aceita, sendo considerada *absoluto artigo de fé*. Maimônides propôs uma codificação quase dogmática do verdadeiro credo da religião judaica em treze artigos de fé. O décimo segundo afirma: "Eu acredito plenamente na vinda do Messias, ainda que possa tardar, no entanto espero a cada dia pela sua vinda".⁴⁰

A importância da ideia messiânica é tão forte no judaísmo que aparece nos principais textos místicos. No *Bahir*, ou *Livro da Iluminação*, atribuído ao rabino Nehuniah Ben Hakana, do século I da era atual, a figura do Messias aparece duas vezes.

Como se trata de um texto cabalístico, deve ser interpretado com cautela. No parágrafo 45, no qual ensina que a *Torá* (o Pentateuco) foi concedida com *sete vozes*. A sexta voz proclama o oitavo versículo do salmo 29: "A voz de Deus sacode o deserto". Está, portanto, escrito [*Salmos* 18:51]: "Ele faz bem ao Messias, a David e sua descendência para sempre" – mais do que [quando Israel estava] no deserto.⁴¹

Em outro trecho, afirma que o Messias filho de David só virá quando todas as almas dos corpos estiverem completas. Significa que então novas almas deverão ser criadas: "O filho de David (o Messias), então, chegará. Estará apto a nascer, pois sua alma emergirá em meio a outras novas almas", diz o *Bahir* no seu 184º parágrafo.[42]

Referências ao Messias também são encontradas no *Zohar*, o *Livro do Esplendor*, atribuído ao rabino Shimon Ben Yohai (século II d.C.), mas "o cabalista espanhol Moisés de León [séc. XIII] deve ser considerado como o autor do Zohar", afirma Gershom Scholem.[43] No *Idra Rabba*, que é a primeira parte do *Zohar*, há capítulos que se referem especificamente ao Messias, intitulados "Revelações sobre o Messias" e "O ninho do pássaro" em que se encontra o seguinte texto escatológico:

> Quando o Messias descer à terra de novo, a coluna de fogo se tornará visível a todos. O Messias se manifestará por meio de uma declaração de guerra no mundo inteiro. Muitas nações se submeterão a ele. E o poder do Messias se manifestará, e todos os homens o conhecerão. Muitos reis lhe declararão guerra, e muitos judeus sem honra se alinharão contra o Messias e ao lado dos reis terrenos.[44]

O messianismo é proclamado na Bíblia, sobretudo pelas palavras do profeta Isaías. Na *visão de Isaías*, o responsável pela promessa messiânica é o próprio Deus. Em diversas passagens está consignada a vinda do Messias, que "sairá do tronco de Ishai [Jessé]", pai de David: "E sobre ela pousará o espírito do Eterno, o espírito da sabedoria e de compreensão, de capacidade de aconselhamento e de fortaleza, de conhecimento e de temor ao Eterno".[45]

O Messias julgará com justiça os pobres, e decidirá com equidade a favor dos mansos da terra. No seu reinado o lobo habitará com o cordeiro, e o leopardo se deitará ao lado do cabrito; o bezerro, o filhote do leão e o animal adulto andarão juntos, e uma criança os guiará. A vaca e a ursa pastarão lado a lado, suas crias se deitarão juntas e o leão comerá palha como o boi, diz o texto bíblico.[46]

Essa é a clássica promessa da vinda do Messias, que quer dizer *Ungido* (em hebraico, *Mashiah*; em grego, *Christos*). O termo *ungido* prende-se ao fato de que os reis judeus eram ungidos com azeite sagrado, derramado sobre sua cabeça. A promessa restringe-se a um varão da Casa de David, *do tronco de Jessé*, mas não é uma promessa de cumprimento instantâneo. Ela acompanha "a marcha dessa história conduzida por Deus para uma era em que o desígnio de salvação encontrará sua consumação graças a um eleito de Deus com prerrogativas excepcionais".[47]

Tal convicção denomina-se *messianismo*. Trata-se de uma crença exclusivamente semita, mesmo que tenha aspectos diferentes em culturas muito diversas. Há reflexos de *sentimentos* ou *aspirações messiânicos* em outros povos e culturas. A esperança messiânica de um tempo feliz, num reino justo, como se voltássemos à mitológica *idade do ouro*, não é exclusivamente judaica na qualidade de *espera*, mas como dogma de fé, nesse caso, é absolutamente judaico.

Um caso típico é representado pelos persas mazdeístas, adeptos de Zaratustra. Acreditavam na vinda de um *Salvador* – ou *Saoshyant* – que devia finalmente restaurar todas as coisas em seu estado primitivo.[48] Porém, em nenhuma religião o messianismo se reveste da importância que goza no judaísmo. Segundo Mircea Eliade, o mais prestigiado historiador das religiões, "no Antigo Testamento, o 'Messias' escatológico não é um ser sobrenatural, descido do céu para salvar o mundo. A redenção é obra exclusiva de Javé. O Messias é um mortal, vergôntea do trono davídico, que se sentará no trono de David e reinará com justiça".[49]

No que diz respeito à soterologia zaratustriana, que aparece sob a figura do *Saoshyant*, Eliade conta que, "segundo uma tradição do século IV A.D., Saoshyant nascerá de uma virgem que se banhará no lago Kasaoya; as ondas desse lago conservam miraculosamente o sêmen de Zaratustra".[50] A leitura da obra de Eliade permite compreender o mito do *Shaoshyant* de um modo muito diferente de Waldemar Valente, que encontrou semelhanças "muito pronunciadas" entre o messianismo *stricto sensu* – isto é, o messianismo judaico – e a espera de um "Salvador" zaratustriano.[51]

Há semelhanças, talvez não tão pronunciadas assim, entre a expectativa messiânica judaica e a esperança soterológica da religião iraniana. A diferença está no estatuto que tal *sentimento* opera no corpo doutrinário e na vida comunitária. E, de fato, não existe nenhuma religião que tenha alçado o messianismo à condição de dogma de fé, exceto o judaísmo. Não obstante, Valente tem razão ao destacar que "várias religiões possuem ideias que lembram o messianismo judaico".[52]

Na medida em que, no judaísmo, há um *artigo de fé*, que de modo explícito afirma a vinda do *Ha-Mashiah*, o Ungido, o Messias prometido, não seria correto afirmar que a crença messiânica não é exclusividade do povo judeu. Entre os que assim creem, alguns utilizam como "prova" os relatos de Alfredo Métraux sobre os movimentos messiânicos entre indígenas, na busca da "terra sem mal".

Uma leitura atenta do capítulo XVI de *A religião dos tupinambás* revela, no máximo, que, se há semelhanças entre o messianismo judeu e o "messianismo" tupi, elas são muito, muito distantes, tênues e genéricas.

Métraux intitula o capítulo como "O mito da 'terra sem mal' e as crenças por parte dos indígenas sul-americanos em um mundo ideal".[53] Nele, o autor afirma que, quando povos são vencidos e subjugados, suas mais caras crenças e tradições são ameaçadas, surgindo a nostalgia do passado. "Essa nostalgia serve de alimento a visões de um porvir grandioso, que lhes proporcionará a anelada vindita e o retorno do passado [que] se identifica com a idade de ouro."[54]

Em seguida mostra que eventos dessa natureza ocorreram numerosas vezes, em sociedades primitivas da África e da Oceania e das Américas. Diz que "índios sul-americanos não foram alheios às crises messiânicas, sendo os primeiros a sofrê-las os tupinambás do trato costeiro do Brasil".[55] Métraux afirma que o primeiro documento que faz referência às "crenças messiânicas dos tupinambás" é uma carta escrita pelo padre Nóbrega. Nessa carta, Nóbrega conta como o feiticeiro se dirige aos índios:

> Em chegando o feiticeiro (...) lhes diz que não curem de trabalhar, nem vão à roça, que o mantimento por si crescerá, e que nunca lhes faltará que comer, e que virá por si a casa, e que as enxadas irão a cavar e as frechas [sic] irão ao mato por caça para seu senhor e que hão de matar muitos dos seus contrários, e cativarão muitos para seus comeres e promete-lhes longa vida, e que as velhas se hão de tornar moças.[56]

Mais adiante, Métraux informa que Marcgrave relatou, na primeira metade do século XVII, que fatos semelhantes ocorreram em Pernambuco, segundo soubera por fontes portuguesas. Métraux desconsidera: "É duvidoso, todavia, que tais movimentos místicos se produzissem, ainda em sua época, entre os tupinambás degenerados e subjugados de Pernambuco".[57]

Claude d'Abbeville também faz referência a fenômeno de migrações místicas. Baseado em d'Abbeville, Métraux conta que, no fim do século XVI, "oito ou dez mil índios deixaram em massa a região de Pernambuco a fim de acompanhar certo feiticeiro português (?) que havia conseguido assenhorear-se da personalidade e dos atributos dos caraíbas".[58]

O relato é dos mais interessantes. Parecendo um Moisés deambulando no Sinai nordestino, esse *feiticeiro português* realizou a proeza de liderar esses milhares de índios no percurso entre as províncias de Pernambuco e do Maranhão, onde foram derrotados pelos Tabajara das serras de Ibiapaba.

Segundo Alfred Métraux, mal terminara o êxodo desses índios quando, de repente, "na própria região de Pernambuco, adveio outro movimento semelhante, que iria seguir o mesmo itinerário (...). Claude d'Abbeville e Yves d'Évreux [mostram] ter sido a migração por único móvel, a terra da promissão".[59]

Claude d'Abbeville calcula 60 mil índios nessa emigração; já Yves d'Évreux, que teve como informante um velho cacique Tupinambá, faz referência a que nessa aventura "faleceram logo milhares". Tanto d'Abbeville quanto d'Évreux dizem que o francês La Racardière os achou próximo ao rio Turi, "mais de seiscentas léguas distantes de Pernambuco, isto é, o lugar de onde haviam partido" e os levou ao Maranhão.[60]

Pelo exposto, fica patente que semelhanças *muito pronunciadas* não são evidentes entre o messianismo judaico e o messianismo indígena. Portanto, em contraposição à ideia segundo a qual o messianismo não é exclusividade judaica, temos a visão de Lúcio de Azevedo, para quem

> a persistência do messianismo, por tão longo tempo e sempre o mesmo na expressão, a animar a mentalidade de um povo, é fenômeno que, excluída a raça hebraica, não tem igual na história.[61]

Considerando, com Arnold Wiznitzer, que Lúcio de Azevedo é "o historiador mais fidedigno dos cristãos-novos",[62] haveremos de dar razão ao pesquisador lusitano. Portanto, a afirmação de alguns estudiosos que acreditam haver messianismo extrajudaico soa algo equivocada. Quando Valente garante haver sido detectado "messianismo sem marcas israelitas" entre indígenas brasileiros, isso é uma verdade fracionada.

Apenas no sentido muito lato se pode afirmar, sem risco de incorrer em erro, a existência de messianismo fora do judaísmo e seus sucedâneos (cristianismo e islamismo). Portanto, carece de fundamentos etnográficos, antropológicos e históricos afirmações acerca do "messianismo" tupi e outros povos ameríndios. Nesse sentido, em tendo razão Lúcio de Azevedo, é necessário *interpretar* de modo diferente o fenômeno *pseudomessiânico* descrito entre populações americanas autóctones. O *sentimento*, digamo-lo assim, *perimessiânico* (*peri*, em torno de) dos índios Tupi e outros, pode ser explicado por aquela nostalgia da idade do ouro, do paraíso perdido, existente em toda mitologia. Então, projeta-se para o futuro aquele tempo paradisíaco que a tradição situa no passado.

Aquilo que Alfred Métraux descreveu no seu relato sobre a religião dos Tupinambá, um antropólogo afirmou estar presente também entre os Tikuna, da região amazônica. Ari Pedro Oro acredita que os Tikuna possuiriam uma *tradição messiânica* uma vez que a mitologia dessa etnia aguardava o surgimento de um líder que salvaria todos os Tikuna.[63]

Por certo não será fácil identificar semelhanças entre a crença dos Tikuna e o messianismo judaico, exceto aquele sentimento universal de *saudade do paraíso perdido*, no qual se inscreve todo tipo de comportamento baseado na espera de um salvador, que poderíamos denominar, de modo muito abrangente, *expectativa protomessiânica*.

Necessário recordar que esperança messiânica é diferente de messianismo, ou pelo menos daquilo que o judaísmo entende como tal. Provável é que Métraux, observando que os Tupinambá cultivavam expectativas em relação a um "libertador" ou "salvador", encontrou semelhanças com o conceito ocidental, não judaico, de Messias. Na verdade, os índios brasileiros se referiam a um líder que os salvaria da vida miserável que levavam. Essa aspiração nunca foi cultivada entre os indígenas – nem poderia, devido ao rudimentar estado de formulação metafísica –, que ainda não conheciam o desenvolvimento religioso necessário para a formulação de uma doutrina teológica.

Considerar que os índios brasileiros desenvolveram uma mística messiânica seria quase dar razão a Ambrósio Fernandes Brandão, que nos *Diálogos das grandezas do Brasil* afirmou a ascendência hebraica dos nossos silvícolas.[64] Vários autores tratam dessa questão. José Antônio Gonsalves de Mello, na Introdução ao pseudoepigráfico de Ambrósio Fernandes Brandão,[65] e Arnold Wiznitzer abordam a questão, sem considerá-la factual.[66] Também Geraldo Gustavo de Almeida,[67] Vamberto Morais[68] e Antonio Leite Pessoa[69] fizeram referências a tal especulação.

Em suma, consideramos o messianismo uma característica explícita das religiões monoteístas semíticas. O judaísmo forjou o conceito; o cristianismo reivindicou a manifestação do conceito; e o islamismo, adotou o conceito e aceitou sua manifestação anterior.

Estando, pois, definido o campo epistêmico do messianismo, podemos compreender as manifestações messiânicas e semimessiânicas que ocorreram no Nordeste brasileiro. Com uma população mestiça, híbrida, mescla do que havia de melhor no norte de Portugal, com o melhor da *gente da nação*, a população euro-nordestina ou ibero-nordestina ou luso-nordestina traz inscrito em sua cultura a esperança ancestral de um *homem*, vergôntea e dádiva da casa de David, que lutará e sobrepujará o mal, instaurando o milênio da paz.

O nordestino é herdeiro espiritual das tradições religiosas e messiânicas dos judeus, sobretudo através dos cristãos-novos e, indiretamente, dos mouros islâmicos e mesmo dos cristãos-velhos portugueses que participaram da saga colonial no Nordeste. Antes de virem ao Novo Mundo, judeus e criptojudeus foram abalados por várias manifestações messiânicas. Entre elas, destaca-se o movimento liderado por David Reubenim que tentou formar um exército com a ajuda do papa Clemente VII. Este o enviou a Portugal, onde – devido aos seus contatos com cristãos-novos – foi preso e lançado aos cárceres. Depois foi expulso para a Espanha, onde "provavelmente morreu num auto de fé", acredita Abba Eban.[70]

Logo em seguida a missão messiânica passou a ser reivindicada por um cristão-novo judaizante chamado Shlomo Molkho ou Salomão Molcho, que garantia ser 1540 o *ano da redenção*. Esse autoproclamado Messias teve o destino previsível: foi morto na fogueira, em Mântua, graças aos esforços onivigilantes do Santo Ofício.

Entretanto, a mais importante personagem *messiânica* que surgiu em todos os tempos, excetuando, Jesus de Nazaré, foi sem dúvida Sabatai Tzvi, cujo nascimento ocorreu numa data propícia ao delírio messiânico: o nono dia do nono mês do calendário judaico.[71]

Ainda que incerto o ano de seu nascimento (1625 ou 1626), sabe-se que Sabatai Tzvi é natural de Esmirna, filho de um judeu espanhol que conhecia a angústia de seu povo vivendo sob o poder da corte de Castela e sob os rigores da Inquisição.[72] Sabatai empolgou grandes massas de judeus e de cristãos-novos. Sua história é repleta de lances eletrizantes. Toda dispersão marrana se sentiu envolvida e empolgada por sua pregação. Desse encantamento nem sequer escaparam os próprios rabinos. Muitos deles, com exceção dos poloneses, se apressaram em segui-lo, como narra Poliakov: "a messianidade de Sabatai Tzvi, que acabou tornando-se um fato incontestável para numerosos judeus de todos os países, provocou os maiores fervores nas colônias marranas e ex-marranas".[73]

Significa dizer que Portugal não ficou imune à pregação sabataísta. Esse é um tema especial na evolução histórica do judaísmo peninsular e no desenvolvimento do criptojudaísmo entre os cristãos-novos de Portugal e do Brasil colonial.

Lembremo-nos de que pelo menos dois nomes, relacionados direta ou indiretamente à nossa terra, ficaram sensibilizados com o discurso sabataísta. Um deles foi Samuel Soeiro, ex-cristão-novo, reconvertido ao judaísmo, que veio a se tornar o famoso rabino Menasseh Ben Israel, cuja história está muito ligada a Pernambuco, para onde tentou vir.[74] E o outro é o próprio Isaac Aboab da Fonseca, o primeiro rabino do Novo Mundo, que veio da Holanda para o Recife com a missão de ser o líder religioso dos judeus instalados na cidade Maurícia. Mas não foram apenas as lideranças espirituais das comunidades judaicas que foram sensíveis aos apelos metafísicos e místicos de Sabatai: quase todos os judeus – principalmente hispânicos – acompanharam com simpatia a trajetória de Sabatai Tzvi.

Quanto ao fascínio que Sabatai exerceu sobre o rabino Isaac Aboab da Fonseca, Arnold Wiznitzer revelou que "os pendores para o misticismo levaram Aboab a ser, em 1665, **um dos principais adeptos** do falso messias Sabatai Tzvi".[75] Alberto Dines confirma a vinculação entre o rabino luso-holandês e o Messias místico: "O rabino Aboab da Fonseca, em Amsterdam, assinou uma carta de apoio a [Sabatai] Zevi".[76] Gonsalves de Mello aventa a hipótese da influência sabataísta no Pernambuco holandês:

> Sabe-se hoje o enorme valor da nação judaica do Recife holandês e que aqui nasceu a cultura sefardítica na América. Vultos da maior importância no mundo dos judeus ibéricos reuniram-se em Pernambuco (...). Parece que **muitos deles eram adeptos de Sabbathau Zevi** [sic]; esses adeptos guardaram por longos anos tradições e reminiscências ibéricas.[77]

Ao que parece, Pernambuco não ficou excluído do principal fenômeno messiânico do século XVII, embora para os judeus pós--1666 – ano da apostasia sabatiana e de sua rumorosa conversão ao islamismo – Sabatai seja considerado um falso Messias. Não obstante, muitos sábios judeus seguiram o *Messias extático*. Segundo Poliakov, há milhares de seus adeptos, na Turquia, que acreditam piamente na sua messianidade e, ainda hoje, esperam seu retorno.[78] Os sabataístas turcos são uma versão islâmica dos marranos cristãos: são os criptojudeus do mundo muçulmano.

A controvérsia entre judeus sabataístas e antissabataístas decorre do seguinte episódio: no ano de 1666, Sabatai viajou a Istambul com o intuito de converter o sultão Mehemet IV. Entretanto, foi detido e encarcerado pelo vizir Mustafá Paxá, insensível ao discurso messiânico de Sabatai. Em seguida, o sultão colocou seu prisioneiro perante uma tríplice escolha: ser queimado vivo, ser decapitado ou se converter ao Islã.

Sabatai, esperto que nem um *Messias místico*, foi lépido na escolha: apostasiou o judaísmo, abjurou a fé mosaica e se tornou muçulmano, adotando o nome islâmico de Mehemet Effendi. Sua conversão ocorreu em 16 de setembro de 1666. Segundo Poliakov, "ele não tinha em absoluto renunciado a sua messianidade" porque "os recursos dialéticos da Cabala permitiam, de fato, interpretar misticamente sua apostasia".[79]

Poliakov se refere (sem citar) ao conceito expresso na fórmula talmúdica *Mitzvá ha-baá ha-averá*, que em nosso vernáculo significa cumprir um mandamento divino através da prática de uma ação condenável. "Com esse conceito justificam-se as conversões forçadas", escreve Alberto Dines, pois "o axioma talmúdico da redenção pela ação abominável, sagração pelo pecado (...), justificava também o marranismo".[80] Isso é possível porque, como Messias, ele poderia afrontar e romper todas as leis judaicas e estabelecer escândalos, pois a *escandalidade* é uma característica e um comportamento típico da messianidade. Então, Sabatai Tzvi, agora Mehemet Effendi, escreveu aos seus discípulos, dizendo: **"Deus me fez muçulmano e está feito"**.[81]

Eliade afirma que o "sabbatianismo representa o primeiro desvio sério no judaísmo ortodoxo", porque a apostasia e a conversão ao Islã não foram bastante para impedir o crescimento do sabataísmo.[82] Tanto que a propaganda favorável a Sabatai continuou sendo realizada às claras, mas, com o passar do tempo, se tornou secreta, diz Eliade, que denomina Sabbatai Zwi (adotando grafia usada por Scholem) de *redentor apóstata*.[83]

Maimônides reconhecia a possibilidade da conversão ao Islã, ele próprio um dos mais ilustres muçulmanos conversos e, depois, reconversos ao judaísmo.[84] Segundo afirma Lewis, judeus medievais tentaram "justificar teoricamente esse contraste, argumentando, em bases teológicas, que um judeu devia padecer a tortura e a morte para não se submeter à profissão de fé cristã; mas que era legítimo simular a conversão ao islã e sobreviver".[85]

Na sua nova condição de Messias judeu-muçulmano, Sabatai/Mehemet decidiu substituir o decálogo mosaico. Escreveu, então, as suas *Dezoito regras*, entre as quais "a décima sexta e a décima sétima" estabeleciam "que **era preciso seguir em tudo os costumes do Islã** ('toda coisa que se vê de fora é preciso cumprir')".[86]

Com essa atitude, Sabatai criou uma nova religião sincrética – quiçá sintética –, espécie de judeu-islamismo, que, aliás, já se desenhava na Espanha, onde no século X proliferavam as conversões de judeus ao islamismo. Poliakov informa que um manuscrito árabe "assegura que **as conversões ao Islã entre os judeus eram numerosas**".[87] Quase com as mesmas palavras se expressou Bernard Lewis, ao afirmar: "**Muitos judeus se converteram ao islã** e se identificaram com a nova fé e revelação".[88] Isso porque, "com raras exceções, as realizações criativas e de maior significado na vida judaica ocorreram nos domínios islâmicos", reconhece Lewis.[89] Desse modo ocorreu uma simbiose medieval entre judeus e árabes que "não produziu uma mera cultura judaica expressa em árabe, mas sim uma cultura judaico-árabe, ou se poderia dizer até judaico-islâmica".[90]

A migração da antiga aliança (mosaica) para a novíssima aliança (islâmica) era sentida sem sobressaltos porque ambas as alianças (a de Moisés e a de Maomé) davam continuidade às esperanças acalentadas por todos os israelitas: "As expectativas messiânicas depositadas pelos judeus no islã não morreram inteiramente, reaparecendo de tempos em tempos sob a forma de movimentos sincréticos, liderados por judeus que reivindicavam para si o título de Messias", informa Bernard Lewis,[91] que assim exprime o *cisma* sabataísta:

> O falso Messias de Esmirna liderou extraordinário movimento milenarista entre os judeus do Império otomano. Ele despertou imensas esperanças, mas o destino lhe reservou o fracasso e a humilhação. Confrontado com a escolha entre o martírio e a conversão, imposta pelas autoridades turcas, o Messias escolheu a conversão, e terminou seus dias como funcionário subalterno no palácio do sultão. Alguns de seus seguidores mais exaltados interpretaram isso como parte de sua missão e voluntariamente seguiram seu exemplo, convertendo-se ao Islã. Preservaram suas próprias crenças e rituais em segredo, e sobrevivem como grupo isolado até hoje. São conhecidos como *dönme*, palavra turca que significa convertido.[92]

As ideias sabataístas reverberaram no Brasil colonial graças aos laços étnicos que ligavam os cristãos-novos e judeus de Pernambuco antes, durante e até mesmo depois do período holandês, a seus parentes próximos ou distantes, residentes na Turquia, com os quais estabeleceram *literatura de responsa*, que é um epistolário sobre questões religiosas.

Embora sua pregação tenha início em 1648 – fim da dominação holandesa em Pernambuco –, nada impede que suas ideias tenham chegado às nossas terras durante os seis últimos anos do período holandês. Acreditamos na possibilidade da existência de contatos diretos ou indiretos entre a comunidade judaica pernambucana e suas congêneres otomanas, talvez até compartindo parentescos próximos ou distantes. Isso porque a comunidade judaica do Império Otomano – a mais importante da diáspora – era composta por numerosas famílias sefarditas. Tal comunidade foi agraciada com a chegada dos judeus sefarditas, pois o "fator específico à história judaica foi a grande imigração de judeus da Europa, em particular – mas não exclusivamente – da Espanha, de Portugal e da Itália".[93]

A comunidade judaico-otomana também era composta por judeus asquenaze, provenientes da Alemanha e da França, que foram "eclipsados pela maciça imigração de judeus sefarditas provenientes do sul da Europa, a partir do final do século XV, após os éditos de expulsão promulgados contra os judeus da Espanha, em 1492, e de Portugal, em 1496", diz Lewis.[94] Com o crescimento da imigração desses judeus, portugueses e espanhóis, que preferiam o exílio à conversão, surgiram "comunidades judaicas sefarditas de dimensões consideráveis não apenas em Istambul, a capital, como em Salônica, Esmirna, Edirna e outras cidades", conclui Bernard Lewis.[95]

Digno de nota é o fato de a comunidade judaica constituir uma minoria importante e influente, culta e rica, em todo o Império Otomano. Em Salônica, por exemplo, constituía não a minoria, mas a maioria. Censo relativo ao período de 1520 a 1530 atesta que de um total de 4.863 residências, 1.229 eram muçulmanas e 989 eram cristãs, ao passo que os judeus representavam 2.645 residências, mais de 54% da população.[96] Observe-se ainda que Esmirna, a cidade natal do autoproclamado Messias Sabatai Tzvi, integra o rol daquelas que tinham "comunidades judaicas sefarditas de dimensões consideráveis", no dizer de Lewis, o que nos leva a supor a existência de laços entre as duas comunidades, a judaico-otomana e a judaico-pernambucana, além daqueles laços já comprovados, relativos à literatura de responsa, que já existia em 1637.

Nesse ano os judeus brasileiros, ou diretamente, ou *via* Amsterdã, dirigiram uma pergunta referente a um problema litúrgico ao famoso rabino Hayim Sabbatai de Salônica. Essa comunicação representa a primeira contribuição americana à literatura *Responsa*. (...) A consulta e a decisão dada em resposta pelo rabino constituem o primeiro vestígio da literatura judaica na América.[97]

Portanto, provado está que existiam laços entre as duas comunidades da diáspora judaica. Se existiam tais laços, no aspecto teologal, não é demasiado supor que deveriam existir relações de interesses profanos, ligados ao comércio, às finanças ou mesmo eventualmente a laços de parentesco ou de identidade cultural ainda forte entre os **megorashim**, "aqueles que foram expulsos" de Portugal e da Espanha, e buscaram refúgio, uns em terras otomanas, outros em terras brasílico-pernambucanas.

Ainda assim, a crença sabataísta que unia judaísmo ao islamismo nem sequer era novidade. Desde os primórdios do Islã, no século VII, o mundo israelita assistiu a uma "verdadeira proliferação de seitas cismáticas judaicas (...) que acreditavam ser Maomé um profeta enviado por Deus aos árabes ou mesmo ao conjunto do gênero humano, excetuando-se apenas os judeus", afirma Poliakov.[98]

A evolução desse pensamento judaico a partir do século VIII deu origem a uma como que *teologia da conciliação* judaico-muçulmana, a ponto de, séculos depois, Sabatai Tzvi poder afirmar a completa supremacia islâmica sobre o judaísmo. Além disso, tal evolução possibilitou o surgimento da seita judaica denominada caraísmo (de *karos*, ler), que rejeitava o *Talmud* em bloco, estimando que sua interpretação tradicional da *Torá* (o Pentateuco) não era válida após o advento da religião islâmica. Poliakov garante que "a influência da teologia islâmica e de seu imenso esforço de exegese do Alcorão desempenhou um papel certo" no aparecimento dos caraítas.[99] Michael Asheri acredita que o caraísmo chegou à Espanha e ainda hoje tem adeptos em todo o mundo, até mesmo no estado de Israel.[100]

Essa aproximação entre a lei de Moisés e a lei de Maomé pode ser bastante compreensível porque há um *parentesco íntimo*, na concepção de Poliakov, entre essas duas leis religiosas semíticas.[101] A observação de dom Salvatierra, bispo de Segóvia (Espanha), em referência aos mouros, delata tal *parentesco*: "Eles [os muçulmanos] conservam e guardam, com uma incorrigível e abominável obstinação, a Lei de Moisés, vivendo e perseverando na Lei de Maomé" porque "a seita de Maomé participa e é semelhante à Lei de Moisés".[102]

Quanto a Sabatai, cremos que exerceu alguma influência – talvez ressonâncias longínquas – na formação do misticismo português do tipo sebastianista e, por consequência, no misticismo nordestino. Há semelhanças entre práticas dos sabataístas e dos sebastianistas de Canudos. No Nordeste, o messianismo jamais assumiu a configuração material na figura de um Messias. Todos os fenômenos messiânicos, ou quase, se caracterizaram como prelúdio do advento do Ungido. Portanto, seria mais correto designar as eclosões do milenarismo no Nordeste como fenômenos para, peri, proto, neo ou filomessiânicos; mas nunca como fenômeno messiânico, no sentido literal e estrito do termo. O papel de Antônio Conselheiro, por exemplo, mais sebastianista que messiânico, poderia ter paralelo, no máximo, com a missão de João Batista. Tal interpretação que o próprio Conselheiro tem de si fornece a real dimensão da fé *messiânica* do povo nordestino, que nunca resvalou para o delírio individual ou coletivo que chegasse ao paroxismo de proclamar a messianidade de seus líderes espirituais.

Notas ao Capítulo 4

1. SALVADOR, José Gonçalves. *Cristãos-novos, jesuítas e inquisição:* aspectos de sua atuação nas Capitanias do Sul. São Paulo: Pioneira/Edusp, 1969. p. XIX.
2. CASCUDO, Luís da Câmara. *Mouros e judeus na tradição popular do Brasil*. Recife: Secretaria da Educação e Cultura de Pernambuco, 1978. p. 19; e Idem. *Mouros, franceses e judeus:* três presenças no Brasil. São Paulo: Perspectiva, 1984. p. 27.
3. Cf. ESPÍRITO SANTO, Moisés. *Origens orientais da religião popular portuguesa*. Lisboa: Assírio & Alvim, 1988. p. 52.
4. Cf. ORNELLAS, Manoelito. *Gaúchos e beduínos:* a formação étnica e a formação social no Rio Grande do Sul. Rio de Janeiro: José Olympio, 1956. p. 361.
5. Apud POLIAKOV, Léon. *De Maomé aos marranos:* história do antissemitismo II. São Paulo: Perspectiva, 1984. p. 93.
6. Cf. CASCUDO. *Mouros, franceses e judeus*, op. cit., p. 112.
7. Cf. Ibidem, p. 30.
8. ESPÍRITO SANTO, op. cit., p.3.
9. Ibidem, p. 51.
10. Ibidem, p. 52.
11. Ibidem, p. 21.
12. Cf. Ibidem, p. 46.
13. Ibidem.
14. Cf. Ibidem, p. 47.
15. Ibidem.
16. Apud SALVADOR, op. cit., p. 20.
17. Cf. ESPÍRITO SANTO, op. cit., p. 49.
18. Ibidem, p. 54.
19. Cf. Ibidem, p. 151.
20. "História da Princesa Teodósia", cordel composto e publicado no início do século XX, por Leandro Gomes. Transcrito em LOPES, Ribamar (Org.). *Literatura de cordel:* antologia. Fortaleza: Banco do Nordeste do Brasil, 1982. v. 14. p. 469, versos 16 e 17.
21. Cf. CASCUDO. *Mouros e judeus na tradição popular do Brasil*, op. cit., p. 33.
22. NEFZAUI, Xeique. *O jardim das delícias*. Rio de Janeiro: Cátedra, 1981. p. 27.

23 Ver SOLER, Luiz. *As raízes árabes na tradição poético-musical do sertão nordestino*. Recife: UFPE, 1978.
24 Ver FREYRE. *Sobrados e mucambos*, op. cit., p. 695.
25 MARIANNO FILHO, José. *Influências muçulmanas na architectura tradicional brasileira*. Rio de Janeiro: A Noite, [193-?].
26 Ibidem, p. 29.
27 Cf. Ibidem, p. 32.
28 Ibidem, p. 27.
29 Cf. Ibidem, p. 34.
30 TALIB, Kaizer. *Sheelter in Arabia Saudi*. London: Academy Editions, 1984.
31 MANDEL, Gabriel. *Como reconhecer a arte islâmica*. São Paulo: Martins Fontes, 1985.
32 VERRIER, Michelle (Introd.). *The orientalists*. London: Academy Editions, 1979.
33 Apud VITA, Álvaro de. *Sociologia da sociedade brasileira*. São Paulo: Ática, 1989. p. 65-66.
34 VALENTE, Waldemar. *Misticismo e religião*: aspectos do sebastianismo nordestino. 2. ed. rev. e aument. Recife: Asa Pernambuco, 1986. p. 9.
35 Cf. Ibidem, p. 10-11.
36 Ver BARROS, Souza. *Messianismo e violência de massa no Brasil*. Rio de Janeiro: Civilização Brasileira, 1986. p. 58ss.
37 Cf. VALENTE, op. cit., p. 17.
38 JEREMIAS 24:5-7.
39 ASHERI, Michael. *O judaísmo vivo:* as tradições e as leis dos judeus praticantes. Rio de Janeiro: Imago, 1987. p. 257.
40 Cf. NAHAÏSE, Giuseppe. "Maimônides: vida e obra". In: MAIMÔNIDES, Moisés. *Os 613 mandamentos:* Tariag ha-mitzvoth. São Paulo: Nova Stella, 1990. p. 18. Ver ainda HADDAD, Gérard. *Maimônides*. São Paulo: Estação Liberdade, 2003.
41 Cf. BEN HAKANA, Nehuniá. *Bahir: o livro da criação*. Rio de Janeiro: Imago, [s.d.]. p. 41.
42 Ibidem, p. 101.
43 SCHOLEM, Gershom. *As grandes correntes da mística judaica*. São Paulo: Perspectiva, 1972. p. 160.
44 BENSION, Ariel (Ed.). *O Zohar: o livro do esplendor*. São Paulo: Polar, 2006. p. 204.
45 ISAÍAS 11:2. In: *Bíblia hebraica*. São Paulo: Sêfer, 2006. p. 405.
46 Cf. ISAÍAS 11:6-7. In: Ibidem, p. 405-406.
47 AUZOU, Georges. *A tradição bíblica*. São Paulo: Duas Cidades, 1971. p. 135.
48 Cf. Ibidem, p. 166.
49 ELIADE, Mircea. *História das crenças e das ideias religiosas*. Rio de Janeiro: Zahar, 1979. p. 18. Tomo II. v. 2.
50 Ibidem, p. 87.

51 Cf. VALENTE, op. cit., p. 26.
52 Ibidem.
53 MÉTRAUX, Alfred. *A religião dos tupinambás e suas relações com a das demais tribos tupis*. 2. ed. São Paulo: Edusp/Nacional, 1979. p. 175-196.
54 Ibidem, p. 175.
55 Ibidem.
56 Apud Ibidem, p. 181.
57 Ibidem, p. 182.
58 Ibidem, p. 184. Observe-se que é Métraux quem coloca a interrogação entre aspas, para indicar a incerteza sobre a nacionalidade portuguesa daquele "certo feiticeiro" a que faz referência.
59 Ibidem, p. 186.
60 Cf. Ibidem, p. 187.
61 Apud ESPÍRITO SANTO, op. cit., p. 180 (grifo nosso).
62 Cf. WIZNITZER, Arnold. *Os judeus no Brasil colonial*. São Paulo: Pioneira/Edusp, 1994. p. 127.
63 Ver ORO, Pedro A. *Na Amazônia um messias de índios e brancos:* traços para uma antropologia do messianismo. Petrópolis: Vozes, 1989.
64 Ler, por exemplo, BRANDÃO, Ambrósio Fernandes. *Diálogos das grandezas do Brasil*. Recife: Imprensa Universitária/UFPE, 1966. p. 56ss.
65 Cf. GONSALVES DE MELLO. "Introdução". In: BRANDÃO, op. cit., p. XXXI.
66 Cf. WIZNITZER, op. cit., p. 23.
67 Por exemplo, em ALMEIDA, G. G. de. *Heróis indígenas do Brasil:* memórias sinceras de uma raça. Rio de Janeiro: Cátedra, 1988. p.16.
68 MORAIS, Vamberto. *Pequena história de antissemitismo*. São Paulo: Difel, 1972. p. 226.
69 PESSOA, Alfredo Leite. *História da civilização da Arábia e do Brasil desde a Idade Média*. Rio de Janeiro: Achiamé, 1983.
70 EBAN, Abba. *A história do povo de Israel*. 4. ed. Rio de Janeiro: Bloch, 1982. p. 201.
71 Consultar o mais completo estudo sobre tal personagem da lavra em SCHOLEM, Gershon. *Sabatai Tzvi:* o messias místico. São Paulo: Perspectiva, 1995-1996.
72 Cf. EBAN, op. cit., p. 203ss; e POLIAKOV, op. cit., p. 220.
73 POLIAKOV, op. cit., p. 221.
74 Cf. Ibidem, p. 74; GONSALVES DE MELLO, José Antônio. *Tempo dos flamengos:* influência da ocupação holandesa na vida e na cultura do Brasil. Recife: Massangana/Fundaj, 1987. p. 250; DINES, Alberto. *O baú de Abravanel*. São Paulo: Companhia das Letras, 1987. p.129.
75 Cf. WIZNITZER, op. cit., p. 150 (grifos nossos).
76 DINES, Alberto. *Vínculos do fogo:* Antônio José da Silva, o Judeu, e outras histórias da inquisição em Portugal e no Brasil. São Paulo: Companhia das Letras, 1992. p. 230 (nota 163).
77 GONSALVES DE MELLO, op. cit., p. 27 (grifos nossos).

78 Cf. POLIAKOV, op. cit., p. 224.
79 Ibidem, p. 204.
80 Cf. DINES, op. cit., p. 126 (nota 193), p. 230 (nota 162).
81 Cf. POLIAKOV, op. cit., p. 222 (grifos nossos).
82 ELIADE, op. cit., p. 205.
83 Ibidem, p. 204.
84 Ver HADDAD, op. cit.
85 LEWIS, Bernard. *Judeus do Islã*. Rio de Janeiro: Xenon, 1990. p. 82.
86 Cf. POLIAKOV, op. cit., p. 223 (grifos nossos).
87 LEWIS, op. cit., p. 76 (grifos nossos).
88 Ibidem, p. 91.
89 Cf. Ibidem, p. 67.
90 Cf. Ibidem, p. 76.
91 Ibidem, p. 91.
92 Ibidem, p. 137-138.
93 Cf. Ibidem, p. 108.
94 Cf. Ibidem, p. 115.
95 Ibidem.
96 Mais dados em Ibidem, p. 113.
97 WIZNITZER, op. cit., p. 55-56.
98 POLIAKOV, op. cit., p. 54-55.
99 Cf. Ibidem, p. 55.
100 Ver ASHERI, op. cit., p. 16-17.
101 Cf. POLIAKOV, op. cit., p. 280.
102 Apud Ibidem.

Capítulo 5

Sebastianismo: o messianismo redivivo

O sebastianismo é a crença que o rei dom Sebastião, de Portugal (morto ou *desaparecido* na batalha de Alcácer-Quibir, em 1578), voltará para estabelecer um reinado de justiça. Nas palavras de Antonio Telmo, que foi professor da Universidade de Brasília:

> O mito do Encoberto em Portugal conta-se em poucas palavras. Durante a batalha derradeira, em Alcácer-Quibir, D. Sebastião morre sem deixar cadáver atrás de si e, em novo corpo, mora agora numa ilha bem-aventurada donde regressará numa manhã de nevoeiro para ressuscitar o seu povo que é o seu exército, o que foi derrotado e o que somos todos nós sempre que confiamos na estrela sobrenatural da filosofia.[1]

O jovem impetuoso, mas, sobretudo, inexperiente rei lusitano havia invadido o Marrocos para combater os *infiéis* muçulmanos. Sua missão foi escarnecida pelos judeus marroquinos, descendentes dos judeus expulsos de Portugal, que o consideravam um flagelo e se rejubilaram com sua morte trágica.[2] Entretanto, o sebastianismo existia em Portugal antes de o próprio rei dom Sebastião vir ao mundo, conforme sustenta Waldemar Valente.[3] Nessa mesma linha interpretativa, Moisés Espírito Santo assegura que o sebastianismo tem diversas origens e estabelece três hipóteses.

"Estamos certos de que a corrente messiânica chamada *sebastianismo* deriva, não da esperança do regresso do rei, que morreu no deserto africano, mas do culto português do divino mártir."[4]

Esse *divino mártir* a que se refere é São Sebastião, morto a flechadas por ordem do imperador Diocleciano. Consta que Sebastião havia ressuscitado e se apresentado ao imperador, sendo condenado pela segunda vez ao martírio. O culto a São Sebastião, muito reverenciado pelos portugueses, era uma expressão de fé judaica porque "a ressurreição do herói é uma esperança messiânica do judaísmo popular, messiânico. O culto de São Sebastião foi criptojudaico", garante Espírito Santo.[5]

"Seria interessante averiguar se 'Rei Sebastião' por quem esperavam os sebastianistas era o rei português descerebrado ou o *Sebastius-Sebaoth* de Israel, que virá como um rei à frente do seu exército."[6]

Ora, *Sebaoth* significa, em hebraico, "Deus dos Exércitos", que é um dos teônimos com os quais os judeus se referem ao "Senhor-Bendito-Seja", divindade cuja vocalização do nome é proibida, exceto quando existia o Templo de Jerusalém, e durante uma única solenidade anual. Já *Sebastius* era um nome de uma divindade da Ásia Menor, cuja significação é "Sublime", que se tornou um "título dado por certas comunidades da Diáspora ao Deus de Israel" porque confundiram *Sebaoth* com *Sebastius*.[7]

"A esta confusão deve ter-se agregado ainda outra, mais *teológico-mística*: [uma] corrente profética chamada *sabatianista*: acreditava-se na vinda de um Messias, (...) Sabbatai Zevi, um profeta extático."[8]

Como o leitor já sabe quem é Sabatai Tzvi, cabe apenas acrescentar alguns dados interessantes sobre esse *profeta extático*. Sua morte ocorreu na Albânia, durante peregrinação a Meca, onde iria cumprir o quinto pilar do Islã. Entretanto, sua morte não arrefeceu o movimento sabataísta. Moisés Espírito Santo afirma que "o movimento profético continuou e foi encabeçado pelo português beirão Abraham Miguel Cardoso, teólogo e teórico do marranismo".[9]

Mircea Eliade explica que "o teólogo sabbatianista Cardozo" encontrou o fundamento cabalístico da apostasia, pois "só a alma do Messias é bastante forte para suportar tal sacrifício, ou seja, descer ao fundo do abismo".[10] Podemos conjecturar que a apostasia Sabatai e sua conversão ao Islã representava, na imaginação messiânica do século XVII, uma metáfora da conversão forçada dos judeus ibéricos ao cristianismo.

Desse modo, os judeus de Portugal e da Espanha "foram particularmente sensíveis à heresia sabatianista, e a influência dos marranos sobre essa corrente profética foi decisiva", sustenta Espírito Santo, para em seguida lançar o inquietante questionamento: "até que ponto os *sebastianistas* portugueses não eram, unicamente, *sabatianistas*?".[11]

Temos, portanto, três hipóteses para o sebastianismo, além da versão clássica, oficial e geralmente aceita, que prevalece em nossos meios eruditos e populares, segundo a qual o sebastianismo é a crença no retorno do rei dom Sebastião, morto por sua própria estultícia e teimosia em afrontar e enfrentar os marroquinos nos desertos tão íntimos aos magrebinos quanto desconhecidos dos lusitanos.

No Brasil a esperança sebastianista foi bastante frutífera, engendrando uma série de importantes movimentos sociais, políticos e religiosos que devem ser relacionados entre si. Todos tiveram como palco exclusivo o Nordeste, comprovando mais uma vez as teorias que apontam a região como herdeira das etnias, das crenças e das tradições semitas.

A santa de pedra da serra do Rodeador

Uma rebelião de caráter sebastianista ocorreu em Bonito, em 1820, sob liderança de Silvestre José dos Santos. "Foi em Pernambuco", escreve Valente, "que se desencadeou o primeiro surto coletivo de sebastianismo", quando em 1819 um místico se instalou na serra do Rodeador.[12]

Entre os principais cronistas dessa saga messiânica no agreste pernambucano se destaca, em primeiro lugar, o marechal Luiz do Rego Barreto[13] que, como governador, ordenou a repressão ao movimento sebastianista e escreveu um memorial sobre este; depois, o general Abreu e Lima,[14] que analisou o conflito de uma perspectiva militar; e, por fim, o desembargador Francisco Benício das Chagas,[15] natural de Bonito, que publicou setenta anos depois do episódio um artigo no qual "procurou construir a imagem de Silvestre como um homem alfabetizado, resoluto e perspicaz", não tendo encontrado nele "nenhum vínculo com embustes".[16]

Sabe-se que Silvestre José dos Santos – ou *Mestre Quiou*, como era conhecido pelos discípulos ou, ainda, *Silvestre César*, como era chamado pelos familiares – conseguiu aglutinar a seu redor grande número de adeptos que esperavam a volta de dom Sebastião. Silvestre era um ex-soldado que se tornara pregador. Após ser expulso de Alagoas, se estabeleceu na serra do Rodeador, onde pretendia fundar a *Cidade do Paraíso Terrestre*.[17] Estabelecido no local, formou a Irmandade do Bom Jesus da Lapa, organizada em gradações hierárquicas, cujos seguidores acreditavam que uma santa localizada na pedra supostamente falava com Silvestre, a quem transmitia inspirações e ordens.[18]

Por ser a primeira e autêntica manifestação sebastianista no Brasil, Ariano Suassuna identificou Silvestre, personagem do seu *Romance d'A Pedra do Reino*, com Silvestre José dos Santos: "Olhe, veja quem está aqui, ressuscitado: Silvestre, o Guia, aquele mesmo Rei e Profeta da Serra do Rodeador! É o nosso Silvestre Quiou, O Enviado".[19]

A *cidade do paraíso terreal* da serra do Rodeador era comandada por Silvestre (*Mestre Quiou*) e por seu cunhado Manoel Gomes das Virgens, que ostentavam o título de *procuradores de Cristo*. Seu séquito era constituído por doze homens que portavam o título de *sabidos* e participavam da ritualística. Por fim, na base piramidal da irmandade, estavam os *ensinados*, "que deveriam atingir a mil antes da marcha cruzada que sairia daquele sítio para libertar os lugares santos de Jerusalém com a chegada de dom Sebastião, realizando-se o paraíso na terra inteira com a instalação do milênio".[20]

Segundo narram os cronistas, Silvestre e Manoel afirmavam ouvir a voz da "Santa Milagrosa" proveniente de uma grande pedra. Afirmavam que lhes fora revelado que o rei Sebastião e seu exército reapareceriam através daquela pedra encantada. Após o desencantamento de dom Sebastião, este monarca tornaria Silvestre e Manoel em príncipes do novo reino. Além disso, tornaria ricos os seguidores do *Mestre Quiou*. A voz da *Santa da Pedra* teria garantido ainda que, se fossem atacados, dom Sebastião faria que ficassem invisíveis para não sofrerem nenhum tipo de ferimento.[21]

Muitas pessoas foram atraídas por relatos de que milagres estavam ocorrendo na serra do Rodeador, "principalmente seduzidas pelo surgimento de Nossa Senhora e dom Sebastião, foram se instalando num arraial ali fundado, nomeado de Cidade ou Reino do Paraíso Terreal", escreve Flávio Cabral, citando os autos da devassa.[22]

A comunidade cresceu e formava uma espécie de vila, com casas de taipa distribuídas em ruas regulares, como se fosse uma cidade. Os moradores de Bonito, incomodados e sentindo-se ameaçados pelo agrupamento de *fanáticos*, solicitaram providências às autoridades estaduais. Então, o governador Luiz do Rego Barreto, "acreditando que a irmandade da Cidade do Paraíso Terrestre estivesse ligada a conspiradores antigovernistas com origens na recente e sangrenta Revolução [de 1817] enviou uma milícia para atacar os rebeldes",[23] embora nunca tenha existido uma relação entre os revolucionários de 1817 e os seguidores do mestre Quiou.

Em 22 de março de 1820 foi enviado à região um contingente militar sob ordens do marechal Luís Antonio Salasar Moscoso, com o objetivo de atacar a comunidade. O combate foi travado assim que a força militar chegou ao local. Na invasão do arraial foram mortos velhos, mulheres, crianças, além dos homens adultos. Mais de quinhentas mulheres e crianças foram levadas ao Recife, na condição de prisioneiras. Pelo elevado número de mulheres e crianças é possível estimar um número mais elevado de homens combatentes. Essa foi a primeira carnificina praticada, no Nordeste, contra movimentos místicos e messiânicos.

Interessante notar que o local sagrado para os seguidores do movimento sebastianista era uma grande rocha, conhecida por *Pedra do Rodeador*, localizada em uma das bandas da serra onde existiam algumas fendas, "espécies de abrigos naturais nos quais, segundo se dizia, ouviam-se vozes humanas, manejos de armas, instrumentos tocando, eis por que era o local conhecido por 'Lugar do Encanto' [na expressão de Luiz do Rego Barreto]".[24]

Para Flávio Cabral, apesar das diferenças entre o sebastianismo português e o brasileiro, "a figura central nunca deixou de ser o Rei Desejado", entretanto o elemento novo na irmandade da pedra do Rodeador – e depois no *Reino da Pedra Bonita* – "é a valorização das rochas".[25] Seria demasiado observar que os dois lugares mais sagrados para o judaísmo e para o islamismo estão relacionados a rochas?

Enquanto os judeus assentaram o local mais sagrado do templo de Jerusalém sobre a rocha na qual Abraão iria imolar seu filho e onde Jacob repousou a cabeça antes de lutar contra o anjo-sem-

-nome, os muçulmanos construíram, nos anos 691-694, o *Haram al Sharif* ou Santuário Venerável, no qual sobressai a Cúpula Dourada que protege a *pedra fundamental,* ou umbigo do mundo. Sem esquecer que em Meca o ponto axial da veneração é a pedra negra localizada na Caaba, cuja circunvolução é o principal objetivo das peregrinações muçulmanas.

A eleição de uma pedra ou um rochedo para ser objeto de veneração integra antigas tradições semíticas, cristalizadas tanto no judaísmo e no islamismo quanto no cristianismo, pois não se pode esquecer que a Igreja do Santo Sepulcro foi construída por sobre o túmulo escavado na pedra.

Portanto, o apego às rochas sempre esteve direta ou indiretamente ligado às religiões semíticas, que o digam os judeus que decidiram denominar a primeira sinagoga das Américas, em Recife, com o sugestivo nome de *Kahal Kadosh Zur Israel*, a *Santa Congregação o Rochedo de Israel*, rochedo que poderia ser uma alusão aos arrecifes que emprestam seu nome à cidade, supõe Wiznitzer, sem apresentar nada que corrobore essa hipótese.[26]

Por último, no que se refere ao arquétipo judaico no imaginário nordestino, é importante destacar uma frase muito expressiva do *arcabouço messiânico* dos sebastianistas da serra do Rodeador, que consta no depoimento de um dos seguidores do mestre Quiou, de nome José Fernandes, segundo o qual a irmandade do Paraíso Terreal planejava "tomar Pernambuco e resgatar os Lugares Santos de Jerusalém".[27]

O Reino da Pedra Bonita

O conflito político, religioso e social de inspiração sebastianista iria se repetir alguns anos mais tarde e da forma mais bárbara possível porque na Pedra Bonita o banho de sangue foi cometido por ambos os lados. Esse episódio sebastianista – mencionado *en passant* por Euclides da Cunha, em *Os sertões*[28] – se destacou pela *mística do terror*, por assim dizer.

Vamos ao cenário, às personagens e aos fatos: aconteceu em Vila Bela, num local onde se erguem dois monólitos semelhantes a torres. Hoje, essa localidade pertence ao município de Flores, no sertão do Pajeú, interior de Pernambuco.

Transcorria o ano de 1836 quando um homem chamado João Antonio dos Santos começou a pregar a volta iminente do rei dom Sebastião. João Antonio intitulava-se *rei e profeta*. Conseguiu fazer os primeiros prosélitos entre os membros de sua família. Exibia algumas pedras brilhantes que dizia haver retirado de um tesouro que lhe fora mostrado pelo próprio dom Sebastião, destinado a tornar ricos seus seguidores.

Espalhou a notícia que existia um *Reino da Pedra Encantada* no local onde se erguia, por obra da natureza, três pedras, sendo uma piramidal e duas torres "como dois minaretes", diz Waldemar Valente, comparando-as às torres das mesquitas nas quais o *muezzim* chama os crentes à oração.[29] Entre as duas torres, de aproximadamente 33 metros de altura, havia grutas naturais que penetravam fundo no interior da terra. O local parecia ser muito propício ao misticismo ingênuo dos sertanejos.

O autoproclamado "rei e profeta" parece ter-se aproveitado da ingenuidade dos sentimentos místicos e messiânicos dos nordestinos do interior de Pernambuco, por onde deambulou por algum tempo, expondo a nova doutrina, resumida em um cordel no qual narrava "a lenda de Sebastião que dizia que o encantamento que aprisionava o rei seria quebrado 'quando João desposasse Maria' [e assim terminou ganhando] um crescente número de seguidores, além de uma esposa".[30]

Deu-se, então, início um movimento religioso de inspiração sebastianista que iria ser marcado por rituais macabros e sanguinolentos. Mas, antes disso, João Antonio foi persuadido por um missionário a cessar suas pregações, tendo o *rei e profeta* abandonado o local e sua missão. Dois anos depois, em 1838, seu cunhado de nome João Ferreira – que havia substituído o *profeta* João Antonio dos Santos – deu continuidade às pregações e às profecias relativas ao retorno de dom Sebastião. Cerca de trezentas pessoas acreditaram no novo "rei e profeta" e se estabeleceram junto às duas torres graníticas.

Durante a celebração dos rituais era consumido "o vinho encantado, um alucinógeno feito sob a supervisão de Ferreira a partir de raízes ou cascas de árvores", afirma Carole Myscofiski.[31] Seria uma espécie do *santo daime* sertanejo, provavelmente usando jurema, manacá e, talvez, outras plantas alteradoras da consciência.

Outro ritual relacionado ao desencantamento de dom Sebastião era a celebração de casamentos: "João tinha introduzido a prática da poligamia entre seus seguidores e persuadia as pessoas a se casarem antes da quebra do encantamento real" e, além disso, "João também se reservava o direito de passar a primeira noite com cada uma das noivas", escreve Myscofiski.[32]

Aqui temos o ressurgimento da poligamia, tão cara aos semitas – judeus e árabes – quanto aos nordestinos, como ficou demonstrado. Também ressurge o *jus primae noctem*, o direito à primeira noite, que dava ao soberano ou senhor feudal o direito de desfrutar as primícias do amor conjugal, de cada uma e de todas recém-casadas.

Durante os rituais, o falso profeta dizia que para o reino de dom Sebastião ser *desencantado* e o rei pudesse voltar à terra, era necessário que as pedras fossem regadas a sangue. O apetite hematofágico daquelas rochas devia ser muito eclético, pois os sacrifícios incluíam homens, animais e crianças.

Nesse aspecto, esse ritual tinha antecedentes históricos no arcabouço inconsciente da nossa formação semita. Lembremo-nos que, no reino de Judá (933-587 a.C.), "em alguns momentos (...) o povo se inclinou para a adoração de ídolos, a realização de **cerimônias religiosas em lugares altos** (...) quando **eram oferecidos sacrifícios de crianças**".[33]

Há toda uma simbologia semita que relaciona o movimento sebastianista da Pedra do Encantado com algumas correntes heréticas do misticismo judaico. A predileção por lugares altos e por pedras, rochas e rochedos como herança das nossas raízes semitas e cananeias já foi identificada anteriormente. Quanto ao sacrifício de sangue – de sangue animal, frise-se –, era comum entre os povos da região e o próprio judaísmo o praticou até a destruição do segundo Templo de Jerusalém.

Apesar de tão nobre ascendência, tais questões não estavam colocadas aos seguidores do falso *rei e profeta* João Ferreira. Então um vaqueiro de nome José Gomes, tendo presenciado esse caleidoscópio de horrores, não concordou com o que estava acontecendo no *Reino da Pedra Encantada* e foi contar a seu patrão tudo o que vira e ouvira, com o intuito de evitar a continuação daqueles crimes.

Segundo o relato de José Gomes, no dia 14 de maio de 1838, o *rei* João Ferreira anunciou aos súditos que estivera durante toda a noite com dom Sebastião e este exigiu mais sacrifícios para propiciar seu *desencantamento* e a restauração do reino. Para tanto, era necessário fazer sacrifício de maior número de pessoas.

Seguiu-se uma orgia de assassinatos, durante a qual até os próprios pais levavam seus filhos de colo ao altar improvisado na pedra em forma de pirâmide, onde esfacelavam o crânio das crianças, "lambuzando as pedras com o sangue das vítimas".[34]

O vaqueiro confirmou o uso do **vinho encantado**, acrescentando que eram distribuídos "cachimbos que davam poderes de vidente", que nos rituais eram pronunciadas "**palavras cabalísticas**" e que as "beberagens eram feitas com a mistura de jurema e manacá", com "poderes entorpecentes e eufóricos", explica Valente.[35]

A matança denunciada continuou nos dias 15 e 16 de maio, ao fim dos quais João Ferreira lavou as bases das duas torres com sangue de trinta crianças, doze homens, onze mulheres, além de catorze cachorros. Portanto, foram cometidos 53 homicídios a sangue-frio.

Revoltado com tantos assassinatos – sobretudo de suas irmãs –, um seguidor de nome Pedro Antonio (que também era irmão de João Antonio dos Santos, o fundador do *Reino da Pedra Encantada*) subiu ao trono e proclamou que dom Sebastião havia conversado com ele também, para comunicar que, para quebrar o *encantamento*, faltava apenas o sacrifício de uma única pessoa. E o sacrifício que dom Sebastião exigia era o do próprio *rei* João Ferreira. Diante dessa nova revelação, o povo se apressou em amarrar o falso rei, que foi executado com centenas de facadas.

As autoridades só reagiram no fim de 1838, quando o arraial foi invadido por tropas da polícia, provocando outra carnificina. Os fanáticos, acreditando que nesse momento dom Sebastião iria ressurgir, lutaram com invulgar destemor, enfrentando as tropas e sendo praticamente dizimados. No relatório oficial consta a morte de 24 *fanáticos*. O fundador original do movimento, *profeta* João Antonio dos Santos, não participou desses acontecimentos dramáticos porque abandonara a comunidade havia dois anos, a pedido de um missionário enviado pela Igreja Católica. Mesmo assim, foi preso em Serra Talhada, onde estabelecera residência.

Consta do processo sobre o *Reino Encantado* que, quando a tropa escoltava João Antonio dos Santos, ao passar diante de uma lagoa nas proximidades do arraial, o *profeta* começou a entoar uma canção (encantada?) que provocou mal-estar físico nos oficiais de justiça, causando a morte de um deles. O relato do cabo que comandava o destacamento é revelador:

> Ao nos aproximarmos do lago de Vila Bela, o preso começou a cantar uma melodia desconhecida, **cujas palavras não entendemos porque não era língua de cristão**. Os oficiais do Sr. Juiz caíram de seus cavalos e eu mesmo comecei a passar mal. Então disparei, junto com os soldados, contra João Antonio, e só quando ele morreu é que pude respirar e vi que escapara de morrer ali.[36]

Dessa forma, terminou o segundo movimento de inspiração messiânica e sebastianista que eclodiu em Pernambuco. O terceiro, último e mais importante de todos dessa natureza, viria a eclodir meio século depois, na região de Canudos, localizada nos sertões profundos da Bahia. Porém, a saga do reino encantado da Pedra Bonita ainda não terminou. Teve continuidade na literatura popular e clássica que se inspirou na história do reino sebastianista da Pedra Bonita.

Destacam-se, no romance regionalista, dois livros nos quais José Lins do Rego conta uma mesma história, dividida em duas partes: *Pedra Bonita*, de 1938, e *Cangaceiros*, de 1953. Nessas obras, Lins do Rego aborda com liberdade ficcional muito *colada* à realidade os acontecimentos do chamado *Reino da Pedra Bonita*.[37] Mas, nesse particular, é a literatura de Ariano Suassuna que mais se destaca graças ao seu delirante realismo fantástico, cuja síntese magnífica é o clássico *Romance d'A Pedra do Reino*, agora popularizado por versões e *releituras* (quase pós-modernas) no teatro e na televisão.

Ariano Suassuna reconstitui, com muita perspicácia, o imaginário armorial e a metapsicologia do homem engendrado e endoculturado no seio da civilização nordestina. Conseguiu sintetizar e *interpretar* o amálgama étnico – isto é, genético e cultural – do homem *produzido*, forjado, moldado, pela civilização do couro e do açúcar.

O principal personagem do *Romance d'A Pedra do Reino* é dom Pedro Dinis Ferreira Quaderna ou *dom Pedro IV*, "Rei do Quinto Império" sebastianista. É o principal *alterego* de Ariano, mas não o único. O escritor de Taperoá usa a *persona* dos personagens para desvelar seu sertão iluminado de imagens arquetípicas de antigas raças e povos (árabe, godo, negro, judeu, malgaxe, suevo, berbere, fenício, latino, ibérico, cartaginês, troiano e cário-tapuia), que produziram o homem e a cultura nordestina.

Em relação à interpenetração étnica e a simbiose cultural judaico-cristã que ocorreu no Nordeste, Ariano Suassuna afirma, pela boca do comendador Basílio Monteiro, que "na Paraíba foram muitos os casamentos de homens e mulheres da terra com pessoas de sangue judaico – os chamados 'cristãos-novos' [por isso] a Inquisição teve que *atuar*, aqui na Paraíba, *com mais energia* do que em Pernambuco".[38]

Essa afirmação de hibridismo genético e miscigenação que forjou o homem nordestino é parte da resposta a Pedro Diniz Quaderna, o *alterego* de Ariano e personagem central do romance, que havia perguntado ao comendador se ele "nunca ouviu algum pernambucano atrevido dizer que nós, paraibanos, temos cotoco". Após chamar atenção para o casamento interétnico e exogâmico entre paraibanos e judeus, o comendador esclarece:

> Segundo eles [os pernambucanos que inventaram essa história], todos os paraibanos têm sangue judaico e, consequentemente, parte com o Diabo, motivo pelo qual herdamos um pequeno pedaço de rabo, o cotoco, transmitido pelo sangue judaico ancestral. Isso é dito pelos pernambucanos em tom pejorativo, é verdade. Mas não deixa, também, de ser um elogio, porque, segundo eles, é o cotoco diabólico que nos torna irrequietos, ativos e astutos.[39]

No transcurso de 750 páginas do *Romance d'A Pedra do Reino*, Ariano se refere, diversas vezes, às raízes semitas, sempre em tom de elogio, como ao exaltar "o orgulho judaico-sertanejo", e faz Quaderna confessar com ares de superioridade: "a dose de sangue judaico que eu tenho é maior do que a dos paraibanos comuns".[40]

Nosso escritor de Taperoá e da Academia Brasileira de Letras se refere a Castro Alves, que exaltou uma espécie de judeu errante brasileiro e sertanejo. Mais adiante, o estrambótico rei dom Pedro Dinis Ferreira Quaderna revela sua *porção judaica* (herança dos Garcia-

-Barreto), misturada com sangue árabe, godo, suevo e negro, não exatamente nessa ordem.

Em relação à onipresença dos metais, pedras e rochedos nas *epifanias sebastianistas*, Quaderna ou dom Pedro IV fazia a *Oração da Pedra Cristalina de Jerusalém*.[41] Em determinado momento, Ariano afirma que Pedra Bonita estimulou o surgimento de novos sebastianistas. Ao mesmo tempo, denominou o sertão de *Deserto Judaico* e confessou, pela boca do narrador dos feitos, que leu os escritos deixados pelo *"Profeta e santo Peregrino do Sertão, o Regente do Império do Belo Monte de Canudos, Santo Antonio Conselheiro"*.[42]

No que interessa a uma etnografia – ou mitografia – semítico--sertaneja e judaico-nordestina, merece destaque o fascínio que as "artes místicas" judaicas despertavam no sertanejo nordestino. Tal fascínio pode ser observado quando Pedro Quaderna afirma ser "dono da Chave da Cabala". Além do mais, ele, Pedro Quaderna ou *dom Pedro IV*, usava chapéu de couro adornado com o *signo de Salomão*, cujo simbolismo ultrapassa o nível da utilização meramente estética.

No seu delírio místico-literário, Ariano Suassuna preconiza uma síntese do monoteísmo ao afirmar que a divindade sertaneja "é o mesmo Deus mouro, judaico e católico", *Adonai*, seu Deus "judaico--tapuia e mouro-sertanejo". E tece elogio inusitado ao islamismo – denominado de forma inadequada – quando afirma que "o maometismo [sic] é uma religião deleitosa: permite que a gente mate os inimigos e tenha muitas mulheres".[43]

Para Suassuna, o profeta Ezequiel e o apóstolo João de Patmos eram "os Conselheiros judaicos", o sertão nordestino era "assírio e judaico", verdadeiro "deserto judaico e sertanejo". Compara Antonio Conselheiro a "Moisés pregando pelo Sertão" e diz que o profeta Samuel, por ser judeu, "era meio-sertanejo, meio-mouro, meio-comunista e meio-maçom".[44]

Obra do realismo fantástico delirante de Ariano Suassuna, o *Romance d'A Pedra do Reino* realiza a síntese de todas as influências étnicas e culturais das quais o Nordeste é o mais fiel tributário do período colonial brasileiro. Essa obra é a nossa gesta civilizacional porque cristaliza as principais tendências psíquicas do *homem sertanejo* e sua singular visão de mundo.

O ANACORETA DE CANUDOS

Na época em que se desenrolavam os acontecimentos sebastianistas da *Pedra do Reino*, um menino então com seus dez anos de idade, chamado Antonio Vicente Mendes Maciel, vivia normalmente os doces anos da infância sem saber que estava destinado a protagonizar um dos mais importantes capítulos da história política, religiosa, social e militar do Nordeste e do Brasil. Esse menino, quando na maturidade, se tornou peregrino e passou a ser conhecido pelo epíteto de *Conselheiro*. Era, então, o Antonio Conselheiro a quem acorriam todos os deserdados dos sertões. Antonio Conselheiro nasceu em 1828, na cidade de Quixeramobim. As vicissitudes de sua vida levaram-no a se embrenhar sertões adentro lá pelos idos de 1876. Então começa uma das mais instigantes e intrigantes sagas da nossa história.

Sua vida ainda está para ser convenientemente pesquisada, mas Antonio Conselheiro teve em Euclides da Cunha, se não um biógrafo, pelo menos um relator para suas aventuras sebásticas. Embora Cunha e muitos outros cometam o equívoco de enquadrar fenômenos místicos em categorias psicopatológicas, prenunciando um tipo de *fascismo científico* que visa a estigmatizar, com rótulo infamante de *patologia mental*, fenômenos espirituais que desafiam a compreensão e, mais ainda, a interpretação científica. É bom lembrar que se essa regra normatizadora fosse aplicada ao longo da história da humanidade, nenhum santo, místico, mártir, profeta, avatar ou enviado divino, seria considerado mentalmente são. Seriam, todos eles, elos de uma cadeia de loucos, alucinados, alienados, lunáticos, psicóticos. Esse tipo de interpretação é de uma arrogância quase... *metafísica*!

Na descrição de Waldemar Valente, Antonio Conselheiro julgava-se "enviado de Deus, portador de mensagens sagradas".[45] Mas essa convicção, segundo Valente, só ocorreu na segunda fase de seu "delírio", ou seja, na fase messiânica. Bem que Abraão, Moisés, Jesus e Maomé poderiam se enquadrar em tal categoria nosológica, a das convicções delirantes produzidas por surtos psicóticos.

As descrições desse anacoreta apresentam um velho, de barbas longas, vestindo túnica de brim, caminhando apoiado num bastão, cultivando uma vida ascética, se alimentando com frugalidade, dormindo no chão e combatendo o luxo. Eis uma imagem nitidamente bíblica, claramente semita, inconscientemente judaica, embora formalmente católica não-lá-muito-ortodoxa. Seu aspecto evoca, de modo inequívoco, um profeta bíblico, como aqueles que povoam as narrativas do Antigo Testamento.

Com tal figura caminhando e predicando pelos desertos dos sertões nordestinos, rezando, construindo capelas, reformando cemitérios, praticando obras de caridade, era natural que muitos sertanejos seguissem o taumaturgo iluminado. Antonio Conselheiro teve tanto êxito em suas pregações que logo multidões acompanhavam sua figura austera e profunda. Mas, na mesma proporção que aumentava o número de adeptos, Conselheiro também fez inimigos entre as autoridades eclesiásticas e seculares.

Foi, então, preso. Quando seus discípulos mostraram disposição para reagir, Conselheiro os demoveu da ideia. Afirmou que iria preso e disse o dia que voltaria. De fato, a previsão se concretizou e, com isso, aumentou seu prestígio taumatúrgico. Valente atribuiu ao acaso a concretização da previsão: "Considerado inocente, Antonio Conselheiro retornou, *por coincidência*, no dia que havia prometido para seu reaparecimento".[46]

Para seus seguidores, aconteceu exatamente o que Conselheiro havia previsto e predito. Interpretar a sincronicidade dos acontecimentos como resultado aleatório é possível, mas longe de esgotar a questão, deixa-a sem solução. O fato é que a ciência contemporânea aceita a intuição como uma realidade empírica, ainda que não tenha instrumental teórico ou laboratorial para isolar o fenômeno e, assim, submetê-lo à análise. Não obstante, a intuição permite, em determinadas circunstâncias, a possibilidade de perscrutar o futuro, o que se chama predição. Ao que parece, Antonio Conselheiro tinha esse dom.

Não obstante, Valente reconhece que o povo venerava Conselheiro por ver nele um santo que passava o tempo todo rezando e "em suas alucinações [sic] julgava estar em conversa constante com Deus".[47]

Essa interpretação de Waldemar Valente, acerca do suposto caráter alucinatório e da convicção delirante de estar em conversa íntima com Deus, é bastante preconceituosa, no sentido científico da melhor e da pior tradição racional-positivista. Todos os estudiosos das religiões, Mircea Eliade em primeiro lugar, reconhecem ser possível a *conversa constante* com a divindade (ainda que tal divindade não existisse). O demiurgo ou o *duplo* – como pretende uma certa antropologia da religião com sotaque etnomarxista[48] – se comunica através de muitos sinais e, se assim não fosse, o próprio sentido de religião (*re ligare*) quedaria fulminado. Isso porque, se fosse para classificar a comunicação mística entre o taumaturgo e o demiurgo como *alucinação*, seria necessário incluir na categoria dos *alucinados* todos os místicos extáticos, como Juan de la Cruz, Tereza de Ávila, Joana d'Arc, Al-Hallaj, Ibn Arabi, Sabatai Tzvi e tantos outros.

Observe-se ainda que uma análise etimológica do vocábulo **alucinado** demonstra que o afixo latino **a**, variante assimilada de **ad,** tem o sentido básico de aproximação; a partícula **luci**, vem de **lux**, daí **lucen**, significando *luz*; e o sufixo **ado**, provém da raiz **agere**, ato de fazer, *ação*.[49] *Alucinado* no sentido etimológico é aquele que realizou **o ato de se aproximar da luz**. Vários movimentos místicos usaram esse vocativo para autoidentificação (os *allumbrados*, da Espanha; os *illuminati* da Baviera), bem como o próprio racionalismo ocidental produziu seu *iluminismo* (ou *Aufklärung*), associado a uma concepção materialista do mundo, preconizando o triunfo da *luz* da experiência e da razão.[50] Portanto, diagnosticar como *alucinação* a devoção que, em Antônio Conselheiro, levou ao êxtase religioso é uma tentativa de impor *uma* interpretação *iluminista* (isto é, racionalista) sobre *outra* interpretação *iluminada* (isto é, extática, mística, mas não irracionalista).

Quando Antonio Conselheiro instalou o arraial de Canudos, afluíram milhares de deserdados. O arraial teve de enfrentar quatro expedições militares lançadas contra os conselheiristas, entre os anos de 1896 e 1897, cuja ação foi analisada por Frederico Pernambucano de Mello, em recente livro intitulado *A guerra total de Canudos*. Mas foi seu primeiro intérprete, Euclides da Cunha, quem vislumbrou a herança asiática na ação demiúrgica de Antonio Conselheiro, ao escrever que seu profetismo tinha "o mesmo tom que despontou na Frígia, avançando para o Ocidente. Anunciava, idêntico, o Juízo de Deus, a desgraça dos poderosos, o esmagamento do mundo profano, o reino de mil anos e suas delícias".[51]

O próprio Euclides questiona se "não haverá, com efeito, nisto, **um traço superior de judaísmo?**", ao que ele mesmo responde: "Não há [como] encobri-lo. (...) **É o permanente refluxo do judaísmo para o seu berço judaico**",[52] provando o que Nietzsche e Eliade, cada um a seu modo e método, afirmaram sobre o eterno retorno de todas as coisas.[53]

Segundo o cronista de Canudos, esse permanente fluxo e refluxo do judaísmo – através de um tipo de misticismo cristão e sebastianista – terminou **reproduzindo** "na mesma rebeldia contra a hierarquia eclesiástica, na mesma exploração do sobrenatural, e no mesmo ansiar pelos céus, **a feição primitivamente sonhadora da velha religião**".[54] Entretanto, nada disso acontecia sem que a Igreja católica acompanhasse os fatos. E esta não demoraria a se manifestar, por intermédio do arcebispo da Bahia que, em 1882, dirigiu uma circular a seus párocos, alertando-os de:

> [um] indivíduo denominado Antonio Conselheiro [está] pregando ao povo (...) doutrinas supersticiosas e uma moral excessivamente rígida [o que não pode continuar porque] competindo na igreja católica, somente aos ministros da religião, a missão santa de doutrinar os povos, um secular (...) não tem autoridade para fazê-lo.[55]

Observa-se nessa carta circular o farisaísmo católico, que pretende exercer o *monopólio da pregação*. Considerar excessiva a moral do Conselheiro é esquecer que os essênios da comunidade de Qumran, às margens do Mar Morto, seguiam um modo de vida ainda mais ascético que aquele pregado e praticado pelo anacoreta nordestino.

Aliás, Antonio Conselheiro é um típico profeta semita. Quando o Conselheiro resolveu abandonar as peregrinações pelos sertões sem fim, "os crentes acompanharam, reatando a marcha, **a bégira do profeta**. Não procuravam mais os povoados, como dantes. Demandavam os sertões", relata Euclides.[56]

Percebe-se que a expressão *bégira do profeta* é uma alusão direta e inequívoca ao profeta Maomé, que enfrentou violenta resistência em Meca (semelhante àquela que sofreu Antonio Conselheiro), provocando sua fuga para Al-Yatrib, a atual Medina. Todos os fundadores ou reformadores de religiões tiveram o mesmo destino. Lembremo-nos das migrações (in)voluntários de Abraão (de Ur à Canaã), de Moisés (do Egito à Canaã), de Jesus (de Canaã ao Egito, quando criança), de Pedro (da Palestina à Roma), de Maomé (de Meca à Medina), comparáveis ao êxodo no interior dos sertões que Conselheiro realizou, desde Quixeramobim a Canudos, onde sua epopeia teve infeliz desfecho sebastianista.

O que sucedeu em Canudos, no decurso da quarta expedição militar, é de conhecimento geral: em 1897 foi perpetrado um terrível e indiscriminado massacre de combatentes, velhos, mulheres e crianças. Massacre do qual Antonio Conselheiro foi poupado por morte natural (anterior à queda do arraial), tornando-se, assim, arquétipo do peregrino nordestino em busca da *terra sem males*.

Conselheiro faleceu no dia 22 de agosto ou 22 de setembro. Euclides não sabe precisar a data exata, mas indica essas duas como as mais prováveis.[57] Por outro lado, o assalto final ao arraial de Canudos aconteceu em 5 de outubro de 1897. Mas a sanha irracional da *vindita* não foi estancada com o massacre. Os militares queriam o trunfo final: o corpo do Conselheiro.

Então, após identificar o local da sepultura, os militares mandaram exumar os restos mortais do líder religioso, pretextando a necessidade de fotografá-lo. Mas, em seguida, foi dada ordem para degolar o cadáver e levar a cabeça do Conselheiro para ser exposta em Salvador, à guisa de troféu. Assim terminou a odisseia conselheirista. Além da obra de referência, *Os sertões*, que traz o relato fiel de uma testemunha ocular da ignomínia, os leitores podem entrar na densidade dramática dos acontecimentos através da leitura do romance *A guerra do fim do mundo*, de Mário Vargas Llosa, que retrata com muita fidelidade – aliada à liberdade ficcional do romancista – a gesta sebastianista de Canudos.[58]

Quanto às influências semíticas na personalidade e na formação mística de Antonio Conselheiro, um texto de sua lavra é muito elucidativo por trazer *marcas* da influência sebastianista na cosmovisão do Conselheiro, que escreveu de próprio punho as seguintes palavras:

> Em verdade vos digo, quando as nações brigam com as nações, o Brazil com o Brazil, a Inglaterra com a Inglaterra, a Prússia com a

Prússia, ***das ondas do mar D. Sebastião sahirá com todo o seu exército***. Desde o princípio do mundo que encantou com todo seu exército e o restituio em guerra. E quando encantou-se afincando a espada na pedra, ella foi até os copos e elle disse: – Adeus mundo! Até mil e tantos a dois mil não chegarás![59]

Tais afirmações, transcritas segundo a ortografia da época na qual foram redigidas, impõem duas reflexões. A primeira reflexão diz respeito à semelhança do sebastianismo de Conselheiro com o sabataísmo judeu-islâmico do qual "ainda há crentes a rezar nas praias da Turquia para implorar a volta de Sabatai, para lançar ao Messias o apelo ritual: Sabatai Tzvi, esperamos por ti?".[60]

Nessas duas versões místico-messiânicas – o sabataísmo e o sebastianismo –, espera-se um rei justo que sairá do mar, com a missão de estabelecer uma era de justiça e paz. Para a versão sabataísta, **o rei era o Messias**; ao passo que para a versão sebastianista o rei não era o Messias. Essa é uma diferença fundamental entre esses dois tipos de messianismos heterodoxos. A segunda reflexão imposta pelo texto do próprio Conselheiro leva-nos a diferenciar e desvincular o sebastianismo português de seu símile religioso protagonizado pelo beato de Canudos. Isso porque, se considerarmos que o "encantado" que o Antonio Conselheiro aguardava sumiu "desde o princípio do mundo", ele seria outra pessoa que não *el-rey* dom Sebastião, morto em 1578, portanto muitíssimo tempo depois do *princípio do mundo*.

Nessa linha de interpretação do imaginário conselheirista, no que tem de mais atávico e arquetípico, somos levados à afirmação de Moisés Espírito Santo, segundo a qual a raiz do sebastianismo é a crença judaica que espera a intervenção de **Sabaoth**, o "Deus dos Exércitos", do qual falamos anteriormente. Essa é uma possibilidade a ser investigada à luz da antropologia do imaginário,[61] partindo da reconstituição das influências étnicas e culturais que forjaram a arquitetura psíquica de Antonio Conselheiro e de seus seguidores. Enquanto tais pesquisas não forem encetadas, contentemo-nos com as rútilas observações de Euclides da Cunha, ao descrever o homem nordestino, afirmando ser:

da mesma gente que após o Alcácer-Quibir, em plena "catexia nacional" (...) procurava, ante a ruína iminente, como salvação única, a fórmula superior das esperanças messiânicas. (...) considerando as desordens sertanejas, hoje, e os *messias insanos* que a provocam, irresistivelmente nos assaltam, empolgantes, as *figuras proféticas peninsulares de outrora* (...). Esta justaposição histórica calca-se sobre três séculos. Mas é exata, completa, sem dobras. Imóvel sobre a rústica sociedade sertaneja. (...) Nem lhe falta, para completar o símile, **o misticismo político do sebastianismo. Extinto em Portugal, ele persiste todo, hoje**, de modo singularmente impressionante, **nos sertões do norte** [Nordeste].[62]

O próprio Antônio Conselheiro tinha, inscrito em seu inconsciente, o desejo de realizar justaposições ainda mais arcaicas. Ele reivindicava o privilégio de sua anunciação, pois "como os antigos, o predestinado atingia a terra pela vontade divina", assegurou Euclides da Cunha.[63] Disse ainda que em Antonio Conselheiro, um de seus escritos, afirmava:

> Na hora nona, descansando no monte das Oliveiras um dos seus apóstolos perguntou: Senhor! Para o fim desta edade que signaes vós deixaes? Elle respondeu: muitos signaes na Lua, no Sol e nas Estrellas.
> Hade apparecer um Anjo mandado por meu pae terno, pregando sermões pelas portas, fazendo povoações nos desertos, fazendo egrejas e capellinhas e dando seus conselhos.[64]

Desse modo, consciente ou inconscientemente, Antônio Conselheiro procurou se inscrever na tradição dos místicos messiânicos da linhagem semita. Nele, assomam várias características de alguém destinado ou predestinado à profecia. Caso tivesse nascido no Oriente e tivesse sido martirizado como Jesus ou Al-Hallaj, Antonio Conselheiro seria hoje um *amigo de Deus* conhecido, respeitado e reverenciado por muitas pessoas pelo mundo afora.

Entretanto, como é verdadeiro aquele lamento do Nazareno, segundo o qual nenhum profeta é bem recebido em sua própria terra, era previsível que Antonio Conselheiro viesse a ser tão maltratado e tão mal lembrado (no mais das vezes como *fanático*) pelos cronistas da história do Nordeste e do Brasil.

Quase sem exceção, os historiadores têm uma visão deturpada, algo rudimentar, em parte derivada do texto euclideano, de que Antonio Conselheiro foi tratado ora como fanático, ora como louco. A personalidade desse peregrino nordestino ainda não foi analisada à luz da psicologia das profundezas e da antropologia do imaginário. Autores menos preconceituosos, como Alexandre Otten, acreditam que, no tocante às pesquisas sobre movimentos messiânicos, "firma-se a posição da religião como ponto de acesso à compreensão e como fator de protesto".[65]

Acreditamos que todos os campos epistêmicos têm algo a dizer sobre Antonio Conselheiro: desde a antropologia religiosa à psicologia de massa, passando pela teologia comparada e pela sociologia política até chegar à *intra-história* (na feliz expressão de Unamuno) da vida oculta do anacoreta de Canudos.

Parece-nos que a mística de Antonio Conselheiro foi como que uma cristalização de uma tradição semita imorredoura, perene, que se perpetua geração após geração. Ao que tudo indica, a mística messiânica está no cerne da alma e no sangue do sertanejo porque – parafraseando Euclides da Cunha – o nordestino é, antes de tudo, um semita.

Notas ao Capítulo 5

1. TELMO, Antonio. "Do Encoberto (mito sebástico)." In: *As linhas míticas do pensamento português*. Lisboa: Fundação Lusíada, 1995. p. 55-58.
2. Cf. ESPÍRITO SANTO, Moisés. *Origens orientais da religião popular portuguesa*. Lisboa: Assírio & Alvim, 1988. p. 153.
3. VALENTE, Waldemar. *Misticismo e religião:* aspectos do sebastianismo nordestino. 2. ed. rev. e aument. Recife: Asa Pernambuco, 1986. p. 35 e p. 70.
4. ESPÍRITO SANTO, op. cit., p. 179.
5. Ibidem.
6. Ibidem, p. 180.
7. Ibidem, p. 179.
8. Ibidem, p. 180.
9. Ibidem.
10. ELIADE, Mircea. *História das crenças e das ideias religiosas*. Rio de Janeiro: Zahar, 1979. p. 205.
11. Cf. ESPÍRITO SANTO, op. cit.
12. Cf. VALENTE, op. cit., p. 49.
13. Consultar a edição fac-similar do relatório de BARRETO, Luiz do Rego. *Memória justificativa sobre a conduta do marechal de campo Luiz do Rego Barreto durante o tempo em que foi governador de Pernambuco e presidente da Junta Constitucional do Governo da mesma província*. Recife: Conselho Estadual de Cultura de Pernambuco, 1971.
14. Ler ABREU E LIMA, José Inácio. Combate do Rodeador ou da Pedra (1820). *Revista do Instituto Arqueológico, histórico e Geográfico de Pernambuco*, Recife, n. 57, 1903.
15. Ver CHAGAS, F. B. das. Descrições do município do Bonito no anno de 1881. *Revista do Instituto Arqueológico, histórico e Geográfico de Pernambuco*, Recife, n. 37, 1890.
16. CABRAL, Flávio. *Paraíso terreal:* a rebelião sebastianista na serra do Rodeador – Pernambuco – 1820. São Paulo: Annablume, 2004.
17. Cf. QUEIROZ, Maria Isaura Pereira de. *O messianismo no Brasil e no mundo*. 3. ed. São Paulo: Alfa-Omega, 2003.; RIBEIRO, René. O episódio da Serra do Rodeador (1817-1820). *Revista de Antropologia*, v. 8, n. 2, p. 133-144, dez. 1960 apud NARBER, Gregg. *Entre a cruz e a espada:* violência e misticismo no Brasil rural. São Paulo: Terceiro Nome, 2003. p. 47-49.
18. Cf. VALENTE, op. cit., p. 50.

19 Ver SUASSUNA, Ariano. *Romance d'A Pedra do Reino e o Príncipe do Sangue do Vai e Volta*. 5. ed. Rio de Janeiro: José Olympio, 2004. p. 441.
20 CABRAL, op. cit., p. 79.
21 Cf. VALENTE, op. cit., p. 48.
22 Ver CABRAL, op. cit., p. 66.
23 Cf. NARBER, op. cit., p. 48.
24 Cf. CABRAL, op. cit., p. 74-75.
25 Cf. Ibidem, p. 59.
26 Apud GONSALVES DE MELLO, José Antônio. *Gente da nação:* cristãos-novos e judeus em Pernambuco (1542-1654). Recife: Massangana/Fundaj, 1989. p. 230.
27 Apud RIBEIRO, René; QUEIROZ, Maria Isaura Pereira de. Cf. NARBER, op. cit., p. 48 e p. 180 (nota 149).
28 Ver CUNHA, Euclides da. *Os sertões:* campanha de Canudos. São Paulo: Abril Cultural, 1982. p. 110-111.
29 Ver VALENTE, op. cit., p. 54.
30 NARBER, op. cit., p. 49.
31 MYSCOFISKI, C. *When men walk dry:* portuguese messianism in Brazil. Atlanta: Scholars Press, 1988. p. 170-171 apud NARBER, op. cit., p. 49-50.
32 Ibidem.
33 ARRUDA, J. J. *História antiga e medieval*. São Paulo: Ática, 1990. p. 96.
34 Cf. ABREU, Aurélio. Reino encantado: messianismo e morte no sertão. *Revista Planeta*, São Paulo, p. 46ss, [s.d.].
35 VALENTE, op. cit., p. 56.
36 Ibidem (grifos nossos).
37 Ler de REGO, José Lins do. *Pedra Bonita*. 12. ed. Rio de Janeiro: José Olympio, 1992; e Idem. *Cangaceiros*. 10. ed. Rio de Janeiro: José Olympio, 1999.
38 SUASSUNA, op. cit., p. 343 (itálicos do autor).
39 Ibidem.
40 Cf. Ibidem, p. 334.
41 Cf. Ibidem, p. 65, p. 351, p. 411, p. 421, p. 473, passim.
42 Cf. Ibidem, p. 461, p. 482, p. 541 e p. 543.
43 Cf. Ibidem, p. 544, p. 545, p. 550 e p. 551.
44 Cf. Ibidem, p. 296, p. 563, p. 566, p. 567, p. 576, p. 706.
45 Cf. VALENTE, op. cit., p. 66.
46 Ibidem, p. 67.
47 Ibidem, p. 68.
48 Ver BALANDIER, Maurice. *O enigma do dom*. Rio de Janeiro: Civilização Brasileira, 2001.

48 Consultar de VIARO, Mário Eduardo. *Por trás das palavras:* manual de etimologia do português. São Paulo: Globo, 2004. p. 30-31, p. 312 e p. 153, respectivamente.
50 Neste particular, ver KOCH, Paul. *Illuminati.* São Paulo: Planeta, 2005. p. 41ss; e BLACKBURN, Simon. *Dicionário Oxford de filosofia.* Rio de Janeiro: Jorge Zahar, 1987. p. 30 e p. 196.
51 CUNHA, op. cit., p. 129.
52 Ibidem, p. 130.
53 Neste particular, NIETZSCHE, Friedrich, *Ecce Homo* (São Paulo: Companhia das Letras, 1995, p. 64), remete o leitor ao seu *Also Sprach Zarathustra*, afirmando: "A doutrina do 'eterno retorno', ou seja, do ciclo absoluto e infinitamente repetido de todas as coisas – essa doutrina de Zaratustra *poderia* afinal ter sido ensinada também por Heráclito". Por outro lado, Mircea ELIADE, em *O Mito do Eterno Retorno* (São Paulo: Mercuryo, 1992, p. 126), reconhece que "estamos sendo testemunhas da reabilitação das ideias de ciclo [e que] na filosofia, o mito do eterno retorno é reavivado por Nietzsche".
54 CUNHA, op. cit., p. 130.
55 Apud Ibidem, p. 131.
56 Ibidem, p. 135.
57 Conferir em Ibidem, p. 391 e p. 328.
58 Ver LLOSA, Mario Vargas. *A guerra do fim do mundo.* Rio de Janeiro: Alfaguara, 2008.
59 Apud CUNHA, op. cit., p. 129 e VALENTE, op. cit., p. 70.
60 POLIAKOV, Léon. *De Maomé aos marranos:* história do antissemitismo II. São Paulo: Perspectiva, 1984. p. 224.
61 Ler, sobre antropologia do imaginário, de DURAND, Gilberto. *As estruturas antropológicas do imaginário.* São Paulo: Martins Fontes, 1997.
62 CUNHA, op. cit., p. 109.
63 Cf. Ibidem, p. 129.
64 Ibidem, p. 109.
65 OTTEN, Alexandre. *Só Deus é grande:* a mensagem religiosa de Antonio Conselheiro. São Paulo: Loyola, 1990. p. 80.

Capítulo 6

O Nordeste das três religiões semitas

Assim como Espanha e Portugal, a história da colonização do Nordeste também recebeu os influxos e as influências das três religiões semíticas e monoteístas: o judaísmo, o cristianismo e o islamismo. Por mais paradoxal que pareça, foi no Nordeste que a síntese dessas crenças se manifestou de forma bastante permanente, impregnando tanto a cultura colonial quanto a atual. Isso porque no Nordeste do Brasil podemos perceber o *revival* do judaísmo ancestral e inextirpável, do cristianismo oficial das igrejas romana e reformadas, e do islamismo subjacente na etnografia, na insurgência malê e na ressurgência de comunidades muçulmanas criadas nos últimos anos em várias capitais nordestinas.

O Nordeste foi colonizado pelo elemento europeu, utilizando ou inutilizando brasilíndios e africanos na exploração econômica e sexual. A população euro-nordestina ou ibero-nordestina ou luso-nordestina trazia, portanto, as marcas indeléveis de um judaísmo pré-diáspora, pois, como vimos, a presença judaica em Portugal antecede mouros, visigodos e romanos. E o elemento árabe-mouro, muçulmano, contribuiu com sua elevada cultura para o desenvolvimento técnico da península, como indica Gilberto Freyre, ao longo de sua obra. Em *Casa-grande & senzala* diz que apenas procurou "salientar aqueles traços de influência moura que nos parecem ter aberto predisposições mais fundas no caráter e na cultura do povo português para a colonização vitoriosa nos trópicos".[1]

Assim, a tríplice formação etnocultural das culturas semitas também se enraizou no Nordeste, desde as primeiras ações de colonização da região. Nela se estabeleceram os cristãos-velhos, de origem celtíbera ou visigótica, que, por serem loiros de olhos azuis, deram origem aos nordestinos claros, denominados *galegos*, apodo evocativo ao patronímico dos naturais da Galícia, ao norte do rio Douro.

Também no Nordeste estabeleceram-se em profusão os onipresentes cristãos-novos, de origem hebraica, além dos judeus holandeses, todos pertencentes à *gente da nação* com caracteres fenótipos bem definidos: tez morena, cabelos negros, ondulados, nariz aquilino (que Gilberto liga à especialização quase biológica para a usura), com notável tendência ao nomadismo e ao comércio tanto fixo quanto ambulante.

As três religiões monoteístas e semitas estão subjacentes no inconsciente dos nordestinos: são evidências imateriais, imaginárias, simbólicas, do *caldo de cultura* proporcionado pela miscigenação, pela hibridização multiétnica, resultando na conformação de uma região fortemente influenciada pelas contribuições de judeus, mouros e cristãos, velhos e novos.

Da mesma forma que Léon Poliakov se refere à "Espanha das três religiões",[2] também podemos nos referir à nossa região como o "Nordeste das três religiões", na qual é impraticável excluir qualquer uma delas quando de uma interpretação multidisciplinar ou transdisciplinar das gentes, dos hábitos, dos usos e dos costumes da população nordestina.

ARQUITETURA PSÍQUICA JUDAICA

À influência étnica e religiosa dos judeus temos dedicado constantes referências ao largo deste ensaio. Desde a própria descoberta, o elemento judeu representado pelo cristão-novo Gaspar da Gama estava presente na frota do almirante Pedro Álvares Cabral.[3] No Nordeste a presença judaica está fixada no sangue, no caráter e na religiosidade tipicamente messiânica do povo. Os judeus eram conhecidos como *gente da nação*, tradicionalmente ligada aos negócios. Foram antipatizados por muitos, por vezes não sem razão porque, também no Nordeste, os judeus exerceram atividades impopulares, como cobrança de impostos e agiotagem.

Sua presença mais marcante, quase sua idade de ouro, aconteceu durante o período holandês. Após a derrota e expulsão das forças batavas, a maioria dos judeus e dos cristãos-novos *reconversos* ao judaísmo preferiu o *eterno retorno à errância*, uns voltando à Holanda, outros indo para as Antilhas, alguns aportando na América inglesa, onde se integraram à comunidade judaica do que viria a ser Nova York. Porém sua presença não se apagou com o fim da dominação holandesa. Pelo contrário. Acredita-se que muitos judeus, cristãos-novos judaizantes e mesmo holandeses afeiçoados à terra, preferiam ficar e se embrenharam nos sertões profundos, onde deram origem a muitas famílias tradicionais, sobretudo no vale do Seridó, interior do Rio Grande do Norte.

No estudo da etnicidade, Sonia Bloomfeld Ramagem afirma que o movimento étnico-religioso de habitantes do vale do Seridó provocou repercussões no judaísmo brasileiro e se tornou importante para o aprofundamento das pesquisas sobre identidade judaica no Brasil. Ela escolheu como caso concreto para submeter à análise o estabelecimento de uma comunidade judaica formada por "descendentes, reais ou imaginários" de cristãos-novos. Segundo Ramagem, a pertinência ao grupo judeu é determinada por três níveis de conteúdo: cognitivo (*sabe* que é judeu), afetivo (*sente* que é judeu) e comportamental (*age* como judeu).[4]

Entretanto, na medida em que a identidade judaica é proveniente do nascimento de mãe judia (ou **pai judeu,** dizem os reformistas) ou do processo de conversão, o maior desafio enfrentado pelas comunidades de *judeus-novos* é obter reconhecimento, por parte das autoridades religiosas, da *condição judaica* desses grupos que afirmam ter antepassados judeus *et pour cause* reivindicam o *retorno* (e não a conversão) ao judaísmo.

Ocorre que sem conversão não há retorno, pois a *judaicidade* é, para o judaísmo ortodoxo, herança matrilinear: **é judeu quem nasce** (de um ventre judaico) **ou quem se converte** ao judaísmo, o que não é nem um pouco fácil, considerando que o judaísmo é uma religião que evita o proselitismo e trata com desconfiança o prosélito.

No direito talmúdico, o marco jurídico que regulamenta as conversões se encontra no tratado *Shulchan Aruch* ("Mesa Posta"), o mais autorizado da *Halacha* (codificação das leis judaicas), escrito no século XVI.[5] Seu autor, José Caro, um judeu sefardi, se baseou em três predecessores (dois sefarditas), além de se manter fiel à codificação de Maimônides, também sefardi, filho de Córdoba, no coração da Andaluzia. Portanto, o *Shulchan Aruch* é fruto quase exclusivo da reflexão do hebraísmo ibérico, dos judeus sefardim.

Sobre José Caro há um fato curioso: natural da Espanha, foi uma das vítimas da expulsão de 1492 e se estabeleceu em Safed, cidade com forte tradição cabalística, ao norte da Palestina. Caro participou de vários grupos cabalistas, mas não estudou com Isaac Luria, que reuniu em torno de si os maiores cabalistas e descobria o nível de elevação espiritual de uma pessoa examinando sua testa. Então, José Caro procurou Luria querendo ser seu discípulo, mas "Luria disse-lhe que ele não tinha as qualificações necessárias, e **toda vez que Caro assistia a uma palestra de Luria, caía no sono**".[6]

Pois bem, é no código *Shulshan Aruch*, especificamente no *Yoreh Deah* (uma de suas quatro subdivisões), que estão consignadas as leis da conversão. Ali estão as regras que determinam como se faz a conversão, a posição do converso na comunidade e como "escolher", entre os candidatos à conversão, aquele que merece ser aceito no judaísmo.[7]

Sônia Ramagem indica que há um conflito de interpretação do capítulo 268 do *Yoreh Deah* por partes dos rabinos, em razão de suas diferentes formações em *yeshivot* (academias rabínicas) ortodoxas, liberais ou conservadoras e reformistas. Rabinos formados em *yeshivot* ortodoxas são muito mais rigorosos e literalistas no cumprimento das exigências e formalidades ritualísticas, se comparados aos provenientes de academias conservadoras ou reformistas.[8] Abraham Shustermann expõe a posição mais heterodoxa:

> Em 1892 a Conferência Central dos Rabinos Americanos (Reformistas) concordou em que qualquer rabino, com anuência de dois associados, pode aceitar na fé judaica "qualquer pessoa honrada e inteligente sem

qualquer rito iniciatório". As únicas condições eram que a pessoa procurasse sua posição de membro livremente, fosse de bom caráter, e que fosse suficientemente conhecedora da fé [e] das práticas do judaísmo e que mostrasse um interesse sincero em: **1. Adorar o único e Eterno Deus; 2. Viver por suas leis; 3. Aderir na vida e na morte pela causa sagrada de Israel.** Este ponto de vista continua sem mudanças. Até hoje é a posição aceita pela ala reformista do judaísmo.[9]

Em sua dissertação, Ramagem demonstra que a tradição judaica, tanto franco-alemã (asquenaze) quanto espanhola (sefardi), reconhecia que o *marrano* cristão-novo e o criptojudeu mantinham sua condição judaica (desde que tenham-se convertido sob coação) e como tal deveriam ser recebidos quando do seu *retorno*.[10] Além disso, escreve Ramagem, o *retorno* geralmente era encetado por descendentes dos conversos à força, algumas gerações depois: "Estes 'retornos' ocorriam com certa frequência e comumente era feito não apenas pelos marranos, mas por seus filhos e mesmo netos, os quais clamavam possuir a identidade judaica e pediam a aceitação total das comunidades nas quais buscavam asilo".[11]

Alguns rabinos reconheciam tal *pertencência judaica* da perspectiva da lei judaica, a *Halakha*. Entretanto, outras autoridades rabínicas rejeitavam tal interpretação, considerando os *marranos* uma categoria diferenciada, a meio caminho entre judeus e *goyim* (gentios). Ramagem afirma, com base na *Encyclopaedia Judaica*, que as populações judaicas em geral aceitavam os *marranos* que queriam ser reintegrados à comunidade, independentemente da interpretação dos rabinos.

Mas é fato histórico que milhares de judeus convertidos à força não conseguiram abandonar os países ibéricos. Assim, tiveram de ficar na Espanha ou em Portugal e se acostumar a viver com a máscara criptojudaica, que ia se diluindo a cada geração, *pari passu* ao aumento da intolerância e intensificação da onivigilância do Santo Ofício. Desse modo, "com o passar do tempo, tendo suprimido qualquer forma de exercitar o seu judaísmo, a identidade acabava caindo no esquecimento das gerações que se sucediam: [a seguinte] mantinha um judaísmo mesclado por elementos cristãos", afirma Ramagem.[12]

Idêntico processo de *etnocristianização*, no sentido antropológico de uma aculturação forçada ao meio social cristão, ocorreu também em Portugal, como revela o autor da *Consolação às tribulações de Israel*, informando sobre a *desjudaização* dos hábitos cotidianos, embora no segredo de suas almas – e no de sua inconsciência, depois – continuassem judeus, como lamenta Samuel Usque:

> Haviam-se os novos cristãos tanto engolfado no mundo e seus enganos que quasi iam esquecendo sua antigua lei e perdiam o temor daquela fonte donde nos mana a vida, com a muita riqueza que adquiriam dignidades e ofícios nobres que no reino alcançavam e acharem-se já pacíficos porque imitavam muito ao povo cristão, dado caso que o secreto de suas almas nunca o mudaram.[13]

Sônia Ramagem testemunhou o mesmo fenômeno em Caicó, no vale do Seridó, sertão profundo daquelas terras potiguares onde o famigerado Jacó Rabi andou fazendo muitas estripulias, presepadas e malvadezas, no tempo dos holandeses.[14] Os estudos de Ramagem reforçam, por metodologia etnológica, as observações e as conclusões de diversos estudiosos do *fenômeno Caicó* – de natureza antropológica, sociológica, luso-tropical –, como a obra do rabino Jacques Cukierkorn, cuja tese será exposta mais adiante.[15]

Na conclusão de sua dissertação, Sônia Ramagem insiste no fato de que, ante o surgimento de grupos formados por nordestinos que reivindicam ter uma identidade *histórica* de marranos (portanto, de judeus), as comunidades judaicas são unânimes em reafirmar que tal identidade só pode ser adquirida (já que não foi por nascimento) por conversão. Além disso, no judaísmo ortodoxo a conversão implica também a adoção de um estilo de vida judaico. Essa é a posição adotada pela Federação Israelita de Pernambuco, que "insiste para que a comunidade [de Natal, Rio Grande do Norte] se converta 'direito'".[16] Ramagem encerra sua investigação, afirmando que:

> A apreensão dos mecanismos que legitimam a identidade judaica no Brasil, seja ela adquirida por um processo "natural" – através do nascimento – ou por um processo "cultural" – através de conversão – faz com que se possa entender de maneira mais profunda este tema tão relegado a segundo plano em nosso país: o fenômeno judaico, de quem tantos brasileiros são produtos indiretos, mesmo sem conhecimento.[17]

Seguindo as perspectivas de Sônia Ramagem, mas abordando o mesmo objeto de pesquisa da ótica de uma *teologia* judaica, o rabino Jacques Cukierkorn dedicou sua tese de ordenação rabínica à questão dos cristãos-novos do vale do Seridó e de Natal, capital do Rio Grande do Norte, onde está instalada a maioria dos, por assim dizer, *neojudeus*.

A comunidade de cristãos-velhos/judeus-novos potiguares não foi apenas um mero objeto de estudo do rabino Cukierkorn. A *obra do retorno* no Nordeste brasileiro tem recebido entusiástico apoio de Cukierkorn, formado pela academia rabínica da *Hebrew Union College*, de Cincinnatti, Ohio. Quando da escolha do objeto de pesquisa, para elaboração da dissertação prévia à formação rabínica, Cukierkorn elegeu o fenômeno marrano no Rio Grande do Norte.

Após descrever e analisar o fenômeno em sua tese, o então candidato ao rabinato afirmou que a situação dos marranos no Rio Grande do Norte era verdadeiramente interessante. Propõe realização urgente de estudos mais aprofundados sobre esse *phenomenon*: "*This group of Marranos can't be further ignored. They are real, and have very strong and legitimate claims to their Jewish heritage*", afirma Cukierkorn.[18] O rabino termina por afirmar que:

> *My research definetely indicates that the Marranos claim for their Jewish origin is completely veracious. This group had a very tragic fate through Jewish History. (...) It has been shown in my research that the Marraanos in Rio Grande do Norte are the descendants of the early Portuguese New Christians Who settled area seeking pastures for raising cattle. The Inquisitorial activities and repression that existed in other parts of the country, but not in Rio Grande do Norte, might have been the main reason for their establishing themselves in that area.*[19]
>
> [Minha pesquisa indica definitivamente que a reivindicação de marranos para sua origem judaica é completamente verossímil. Este grupo teve uma experiência muito trágica da história judaica (...). Fica demonstrado em minha pesquisa que os marranos do Rio Grande do Norte são descendentes dos cristãos-novos portugueses que procuravam área de pasto para levar o gado. As atividades e a repressão inquisitorial, que existiam em outras partes do país, mas não no Rio Grande do Norte, pode ter sido a razão principal para seu estabelecimento nessa área.]

Tal conclusão coroou de êxito a tese elaborada sob orientação do douto rabino Ellis Rivkin, uma das maiores autoridades no assunto.[20] Com esse trabalho acadêmico, Jacques Cukierkorn deu uma importante contribuição aos estudos posteriores sobre o tema dos **judeus renascidos**, para usar uma terminologia do rabino Rivkin, para quem "os cristãos-novos de Portugal nunca cessaram de ser judeus".[21]

Com o passar dos anos, o rabino Jacques ultrapassou sua condição de autoridade acadêmica nesse tema, para se transformar em um dos maiores incentivadores do *retorno*, estimulando e apoiando candidatos e conversos em vários estados brasileiros (Rio Grande do Norte, Paraíba, Pernambuco, São Paulo, Tocantins, Rondônia) e em outras partes do mundo. O rabino deixa muito claro, em seu livro *HaMadrij*, que nem ele nem o judaísmo têm interesse em proselitismo, e sim em ajudar "*a los miles de judíos descendientes de criptojudíos que en todo el Norte de Brasil fundaron sinagogas e instituciones*".[22]

De fato, sua ajuda tem sido das mais valiosas, visto que grande parte dos *retornados* ao judaísmo, fizeram a *aliah* (a *subida* à Casa de Israel) por obra da ação rabínica de Jacques Cukierkorn, a quem os *judeus-novos* do Nordeste brasileiro devem muito, não só por ter sido seu primeiro intérprete rabínico, mas, sobretudo, pelo apoio a tais comunidades *neojudaicas* compostas por descendentes dos cristãos-novos que encontraram refúgio nas terras áridas do sertão nordestino e nas terras pegajentas do massapê litorâneo.

CRISTIANISMO DO OFICIAL AO FORMAL

O Nordeste é, aparentemente, uma região onde o cristianismo se tornou a religião quase oficial, sobretudo na sua versão católico-romana, embora o recente crescimento acentuado e acelerado das igrejas evangélicas, sobretudo neopentecostais, tenha provocado redimensionamento da presença das igrejas romana e evangélicas no Nordeste e no Brasil.

A própria colonização contribuiu para a predominância do cristianismo romano. Exceto os 24 anos de dominação batava, quando o reformismo calvinista foi ativo graças à presença dos holandeses e de alguns raros prosélitos, a história eclesial do Nordeste foi determinada pelo catolicismo romano, até o século XIX.

Não é, pois, de surpreender que as grandes manifestações do misticismo nordestino estejam ligadas ao catolicismo, até então monolítico graças à aliança política entre a coroa e o clero. Mesmo quando tais fenômenos místicos ocorriam à margem da influência clerical, ainda assim estavam sob a égide do catolicismo. É o caso de Antonio Conselheiro que, avesso à hierarquia eclesiástica, jamais se rebelou a ponto de estabelecer uma nova igreja ou criar uma doutrina cismática em relação à ortodoxia católica.

Algo semelhante ocorreu no misticismo estabelecido em torno do Padre Cícero Romão Batista. O patriarca de Juazeiro nunca contestou a autoridade papal, não obstante ter sido ele próprio vítima da hierarquia romana. Mesmo assim, esse *cura d'alma* cearense sempre teve o cuidado de se comportar segundo os cânones católicos.

A superestrutura da fé nordestina é, digamos assim, catolicizada. Mesmo em suas derivações sebastianistas, místicas, messiânicas, tão comuns na história religiosa nordestina, nunca houve um movimento de secessionismo eclesiástico. Sempre, bem ou mal, a religiosidade da maioria da população, sobretudo a euro-nordestina, foi e permanece ligada ao catolicismo romano.

Isso não impediu que a religião oficial, em diversos momentos da *colonização clerical* do Nordeste, tomasse o aspecto de resistência do tipo apontado por Vittorio Lanternari, naquilo que ele denomina de *movimentos messiânicos neobrasileiros*.[23] Para esse autor, os movimentos ocorridos em Canudos de Antônio Conselheiro, ou em Juazeiro do Padre Cícero, são representações brasileira do que ele chama de *profetismos modernos*. Para Vittorio Lanternari, "estes movimentos messiânicos no terreno católico, professando-se totalmente católicos eles próprios e fiéis ao Papa (...) na prática se contrapõem ao Cristianismo oficial e ao mesmo tempo à sociedade constituída".[24]

Tendo como principal referência os trabalhos de Maria Isaura Pereira de Queiroz, autora do clássico *O messianismo no Brasil e no mundo*,[25] Lanternari afirma que os movimentos messiânicos surgiram em regiões ecologicamente heterogêneas porque, como apontado por Pereira de Queiroz, tais movimentos se difundem em regiões "de modesta agricultura e criação, raramente em zonas de grandes propriedades de cana-de-açúcar e de café".²⁶ O substrato da cultura religiosa presente nesses *movimentos messiânicos neobrasileiros* é um "**Catolicismo bastardo** (...) fortemente tingido de paganismo", na expressão um tanto severa de Maria Isaura, citada por Lanternari.²⁷

Nessa questão em particular, Euclides da Cunha coincide em seu julgamento – quase sempre injusto ou caricato – da figura e da religiosidade do Conselheiro. Mas está longe de definir como *bastardo* o catolicismo talvez rudimentar, talvez hibridizado com paganismo afro-indígena, portanto uma *religião mestiça*, para usar uma expressão própria de Euclides, que se expressa nestes termos: "Não seria difícil caracterizá-las como uma mestiçagem de crenças. Ali estão, francos, o antropismo selvagem, o animismo africano e, o que é mais, o próprio aspecto emocional da raça superior, na época do descobrimento e da colonização".²⁸

Sua descrição de Antonio Conselheiro oferece a imagem de um *profeta monstruoso*, que estaria recuado no tempo, preso entre o paganismo e o cristianismo: "Era truanesco e pavoroso. Imagine-se um bufão arrebatado numa visão do Apocalipse. A multidão [sucumbia] sob o estranho hipnotismo daquela insânia formidável. E o grande desventurado realizava o seu único milagre: conseguia não se tornar ridículo".²⁹

As teorias *sociologizantes* tão a gosto do positivismo em moda na época e adotadas pelo autor de *Os sertões* "não ajudam Euclides da Cunha a captar o fenômeno, devido à sua carga ideológica, não abrem o caminho para o entendimento da figura do Conselheiro, são muito mais sinais de perplexidade diante do fenômeno que meios de explicação", assegura Alexandre Otten, um dos melhores intérpretes da figura de Antonio Conselheiro, em tese de doutoramento defendida e aprovada, em 1987, na Universidade Gregoriana de Roma.³⁰

No bojo desse cristianismo *primitivo* (primitivo não no sentido eclesial, mas no etnocêntrico da teologia oficial e *culta*) se encontra a espera do Messias e a crença na instauração de um Novo Mundo (ou a *restauração* do Velho Mundo, do paraíso perdido, da idade do ouro). Vários estudos indicam mais de trinta movimentos messiânicos que teriam ocorridos no Brasil desde a segunda metade do século XIX, surgidos em regiões e épocas de grandes mudanças sociais, políticas e econômicas.

Benno Brod, em artigo sobre messianismo no Brasil, considera os episódios da *Cidade Santa* na serra do Rodeador e os da *Pedra Bonita* tão somente explosões de fanatismo e histeria, diferentes daqueles ocorridos em Canudos, Juazeiro, Contestado e Caldeirão (todos no Nordeste, exceto Contestado). Na interpretação aceita por Alexandre Otten, Canudos, Juazeiro, Contestado e Caldeirão "demonstraram o **messianismo mais autêntico** quanto a sua 'estatura humana, religiosa e social'."[31]

Otten acredita que Padre Cícero tinha "ideias messiânicas", quereria fazer de Juazeiro "a Cidade de Deus" – Juazeiro que Lanternari denominara *Nova Jerusalém*[32] –, configurando a valorização da religião no fato de que "o catolicismo rústico dá o ideário ao movimento messiânico [porque] faz parte do ideário messiânico do povo pobre a verdade da fé cristã de que todos os homens são iguais".[33] Para ele, houve uma transformação dentro dos movimentos messiânicos ocorridos no seio do catolicismo brasileiro, sobretudo nordestino, pois, embora tais movimentos esperassem como Messias o rei Sebastião, em alguns deles os seus líderes, profetas, beatos ou santos substituíram o Messias. Seria o caso de, entre outros, Antonio Conselheiro, Padre Cícero e Beato Lourenço, em cujas personalidades estariam concentradas as esperanças messiânicas, latentes do sertanejo pobre. Alexandre Otten conclui que no catolicismo popular "manifestam-se 'lampejos escatológicos' na devoção aos santos e as 'primícias' escatológicas nas esperanças apocalípticas e messiânicas", pois é o catolicismo rústico o berço dos movimentos religiosos que, através das eclosões messiânicas, realizam um protesto social.[34]

No que diz respeito ao Padre Cícero, uma das figuras mais controvertidas da Igreja Católica, e certamente o mais venerado *santo* popular do Brasil, parece um pouco forçada a hipótese de Padre Cícero ter tomado o lugar do *Messias*. Nem seus melhores defensores nem seus maiores detratores apontam tal usurpação. Muito menos no que se refere ao beato José Lourenço, este sim, um sertanejo rude e ignaro, mas dotado do que alguns sociólogos chamam carisma, outros, *mana*. Por mais sedutora que seja a tentação, não podemos entrar nessa interessante discussão, para não fugir ao propósito deste ensaio.

Em relação ao Padre Cícero, entre centenas de obras, duas são indicadas, sendo uma favorável e outra nem tanto, ambas produzidas por sacerdotes católicos, naturais da região do Cariri. Em *O patriarca de Juazeiro*, o padre Azarias Sobreira realiza quase uma hagiografia do padre Cícero, mas mesmo assim é uma fonte indispensável porque o autor foi testemunha ocular de muitos dos acontecimentos ali narrados.[35] Por outro lado, em *Falta um defensor para o padre Cícero*, o padre Antonio Feitosa elabora um discurso dúbio em relação ao patriarca do Juazeiro, sugerindo a necessidade da produção de estudos mais analíticos e mais críticos em relação ao padre Cícero.[36]

E em relação ao beato José Lourenço – cuja saga tem inspirado romances e filmes – a obra mais indicada é *Caldeirão*, romance sobre os eventos que tiveram lugar no arraial da Santa Cruz do Deserto, no lugar chamado Caldeirão, onde os seguidores do beato José Lourenço foram massacrados pela força pública. *Caldeirão*, de Cláudio Aguiar, foi publicado na Rússia, o que testemunha a qualidade estética desse romance histórico sobre os trágicos eventos do Caldeirão.[37]

Já em relação a Antônio Conselheiro, a interpretação de Alexandre Otten aponta para o reconhecimento de que haveria, no clima penitencial de Canudos, *expressões messiânicas*, talvez como consequência do "clima messiânico" que vigorava nos sertões, nos quais Canudos estava encravada. Otten acredita que Antonio Conselheiro sempre se considerou apenas um peregrino. O depoimento de um prisioneiro de Canudos parece dar razão ao novo intérprete do Conselheiro, pois "desfaz as suspeitas messiânicas".

Otten se refere ao relato de Euclides da Cunha, em *Canudos: diário de uma expedição*, sobre o depoimento de um jovem jagunço que foi preso e levado a Salvador. Diante de militares e jornalistas, o jagunço surpreendeu a todos com o óbvio. Conta Euclides da Cunha:

> Terminamos o longo interrogatório inquirindo acerca dos milagres do Conselheiro. Não os conhece, não os viu nunca, nunca ouviu dizer que ele fazia milagres. E ao replicar um dos circunstantes que aquele declarava que o jagunço morto em combate ressuscitaria – negou ainda. Mas o que promete afinal ele aos que morrem? A resposta foi absolutamente inesperada: Salvar a alma.[38]

Resposta inesperada para quem? Para um Euclides adepto do fetichismo racionalista da filosofia positivista? Para os militares, que beberam nas mesmas fontes filosóficas de Benjamin Constant? Para os jornalistas soteropolitanos e cariocas, imersos na vida sibarita de Salvador e do Rio de Janeiro?

A força de Antônio Conselheiro residia no fato de sua mística sacrificial representar as mesmas estruturas arquetípicas do catolicismo rude, quase instintivo, impregnado de sabores pagãos daqui e d'alhures, próprio do sertão nordestino.

Em suas conclusões, Otten ressalta o fato de muitos estudos sociológicos qualificarem o movimento de Canudos como *messiânico* ou *milenarista*. Ele próprio acredita na existência de um clima "potencialmente messiânico", entretanto, apesar desses traços, Canudos "não chega a ser puramente apocalíptico nem messiânico".[39]

Termina por concluir que a Igreja não estava pronta para acolher o profetismo de Antônio Conselheiro pelo simples fato de a Igreja como instituição ser inclinada a suprimir o elemento profético. Daí porque "o ministério dos sacerdotes tinha que abafar a pregação carismática do profeta". O resultado trágico de tal concepção eclesial levou a Igreja católica a participar, contra o profetismo sertanejo do cristianismo conselheirista, de um "clamoroso pacto com os inimigos mortais, sacrificando-lhes o movimento de Canudos", lamenta Alexandre Otten.

Portanto, o cristianismo de massa do Nordeste traz em seu bojo uma impregnação muito intensa de uma mística messiânica, escatológica, milenarista, sebastianista, profética, mistura de influências múltiplas – judaica, cristã, moura, pagã, indígena e africana –, que resultou na religião semissincrética que é o catolicismo *mestiço* dos sertões nordestinos. Esse tipo de catolicismo popular é muito sensível aos apelos místicos de profetas e peregrinos de ontem e de hoje, como se pode constatar nas grandes romarias de Juazeiro do Padre Cícero, de São Francisco do Canindé, do Bom Jesus da Lapa, de Frei Damião em São Joaquim e tantas outras.

É a *arquitetura psíquica* pulsando com forma semelhante àquelas figuras extraídas do imaginário veterotestamentário, que deambulavam pelos desertos da Palestina, clamando contra as injustiças do mundo e proclamando a iminente chegada do *Ungido*, do *Desejado*, do *Prometido*, do *Esperado*, do *Encoberto*, do *Aguardado*, seja o *Messias*, seja o *Mahdi*, seja a parusia do *Crucificado*, anelados cada um à sua maneira por judeus, cristãos e muçulmanos, e por portugueses sebastianistas, brasileiros conselheiristas e pernambucanos suassunistas.

Confluências islâmicas

Rememoremos, de modo sucinto, a colonização da península Ibérica. Os historiadores afirmam que na área hoje dividida entre Portugal e Espanha viviam tribos autóctones muito primitivas, que tiveram contatos com fenícios. Durante o primeiro milênio antes da era atual, os celtas penetraram nas terras lusitanas e sobrepujaram as tribos locais graças ao uso do ferro, cuja técnica de forja era conhecida dos celtas.

Os romanos só apareceram em cena no ano 219 a.C., encontrando os povos autóctones (iberos) já misturado com os celtas, originando os *celtiberos*. Os romanos encontraram resistência quando, entre 147 e 139 a.C., o chefe lusitano Viriato impôs pesadas derrotas às forças romanas, e só após a morte de Viriato é que Roma conseguiu dominar completamente a Lusitânia.

A organização política e administrativa dos romanos em terras lusíadas foram destruídas pelas invasões "bárbaras", pois em 411 d.C. os **alanos** (povo caucasiano), os **vândalos** (povo germano-escandinavo) e os **suevos** (povo germano-anglo-saxão) penetraram no território. Apenas os suevos conseguiram fundar uma organização política duradoura e uma dinastia que governou até 416 d.C., ano em que os **visigodos** (povo ariano, proveniente do rio Vístula, na atual Polônia) invadiram a Lusitânia e dominaram-na. Mas só em 585 é que a monarquia sueva desapareceu completamente e o território ficou sob total domínio visigótico.

Do ponto de vista religioso, os visigodos eram cristãos, mas não católicos. Seguiam a chamada *heresia ariana*, pois eram adeptos do bispo Arius, defensor da tese segundo a qual Jesus era humano com uma missão divina na terra. Muitos anos depois, os visigodos se tornaram católicos para melhor conviver com os descendentes dos suevos romanizados. Essa situação perdurou até 711 quando os exércitos árabe-islâmicos, formados por soldados berberes em sua maioria, penetraram na Ibéria e dominaram completamente o sul da península, sobrando aos reinos cristãos os confins ao norte, acima do rio Douro.

Tais apontamentos indicam o grau de miscigenação, de hibridização da cultura ibérica, formada por diversas etnias e culturas, resultando num amálgama composto por diversas *camadas étnicas*, produzindo uma síntese multicultural que, no futuro, facilitaria a fixação do homem lusitano nos trópicos. Essa capacidade de hibridização culminaria, aqui, na *metarraça* nordestina, brasileira, e alhures, na triunfante civilização *luso-tropical* que se expandiu em terras para além da Europa, América, África e da Ásia, se esparramando por todo o globo terrestre.

A *reconquista* cristã começou quando, em 809, o norte do Ebro ficou em poder dos antigos senhores de sangue suevo-visigótico. Porto e Braga também caíram nas mãos dos cristãos em 868. Coimbra, em 1064. Lisboa foi reconquistada em 1147 pelo futuro rei Afonso Henriques. O Algarve permaneceu em poder dos muçulmanos até cerca de 1250. Com a reconquista da totalidade do território português, os elementos árabes e berberes, ambos de cultura islâmica, não desapareceram como que num passe de mágica. Foram incorporados à sociedade, muitos como escravos. "Nunca devemos esquecer da influência do mouro através do português, nem da [influência] do muçulmano", lembra o sempre perspicaz Gilberto Freyre.[40]

Assim, para Gilberto Freyre, João Lúcio de Azevedo não estaria correto em afirmar que, no desenvolvimento do povo português, estivesse uma *aristocracia de fundo nórdico* dominando uma *plebe indígena, penetrada fortemente de sangue mouro e berbere* porque, diz Freyre, "em nenhum país (...) tem sido maior a mobilidade de uma classe para outra e, digamos assim, de uma raça para outra, do que em Portugal".[41]

Gilberto assegura mesmo que "o muito de mouro que persiste na vida íntima dos brasileiros", desde os tempos coloniais, "ainda hoje persiste até mesmo no tipo físico", assegura o mestre lusotropical, quase lusotropicalista na sua maneira inovadora e irreverente de escrever.[42]

Outro grande mestre da etnografia nordestina, Luís da Câmara Cascudo, afirmou que, através de Portugal, "o mouro viajou para o Brasil na memória do colonizador. E ficou. Até hoje sentimos sua presença na cultura popular brasileira".[43] O Nordeste é a única região do Brasil que permanece fiel étnica e culturalmente às suas raízes históricas da época colonial, em contraposição às regiões Sul e Sudeste, que receberam fluxos migratórios a partir do século XIX, cujo resultado foi uma maior miscigenação na qual a presença e a cultura portuguesas foram se misturando com a italiana, a espanhola, a alemã, a polonesa, a japonesa e, mais recentemente, a coreana, a chinesa e até mesmo a boliviana.

Portanto, o Nordeste é, do ponto de vista antropológico, sociológico e até mesmo psicológico, um *laboratório* para estudar o homem brasileiro mais genuíno, porque aquela *melhor aristocracia rural* recebeu influxos daquela multimiscigenação experimentada por lusitanos, fenícios, celtas, suevos, godos, romanos, judeus e árabes muçulmanos, cuja síntese está cristalizada no homem e na cultura nordestina.

A cultura nordestina é, sem dúvida, uma das mais ricas e criativas do Brasil. Em seus motivos estão presentes a cultura árabe-islâmica. No idioma, temos mais de oitocentos vocábulos árabes. Na culinária herdamos desde o cuscuz até o hábito de comer com as mãos, fazendo o famoso *capitão*, mistura de feijão, arroz e farinha feita com a mão, e por ela levada à boca, hábito tão comum nos sertões.

Câmara Cascudo afirma, em antecipação aos estudos de Luiz Soler, que os cantadores nordestinos são herdeiros da tradição poética deambulante dos árabes. O *aboio* dos nossos vaqueiros, marcados em vogais, em tons ondulantes e intermináveis, é um "longo e assombroso testemunho da legítima melodia em neumas, **recordando a prece da tarde, caindo do alto dos minaretes**" das mesquitas muçulmanas.[44]

A própria cultura da cana-de-açúcar é árabe em sua origem, cujo conhecimento das técnicas de plantio atravessou a Sicília, depois se implantou na ilha da Madeira, de onde foi transplantada ao Brasil. Nesse labor, a inteligência e a engenhosidade dos judeus ajudaram no processo de desenvolvimento da cultura açucareira, como já apontado. Mas o próprio Gilberto reconhece a contribuição árabe-

-mouro-islâmica à civilização nordestina: foram os mouros os responsáveis pela introdução do cultivo da laranjeira, do algodão e do bicho-da-seda, e a oliveira e a vinha foram aumentadas "de valor e utilidade pela ciência dos mouros", ensina Gilberto, aduzindo:

> E não só o algodão, o bicho-da-seda e a laranjeira introduziram os árabes e mouros na Península: desenvolveram a cultura da cana-de-açúcar que, transportada depois da Ilha da Madeira para o Brasil, condicionaria o desenvolvimento econômico e social da colônia portuguesa na América, dando-lhe organização agrária e possibilidades de permanência e fixidez. O mouro forneceu ao colonizador do Brasil os elementos técnicos de produção e utilização econômica da cana.[45]

Por outro lado, observando o espectro da influência cultural dos árabes no Nordeste brasileiro, Luiz Soler, professor da Universidade Federal de Pernambuco, destaca outra herança árabe, afirmando que "a tradição poético-musical do sertão nordestino é herança proveniente da cultura árabe implantada e desenvolvida pelo Islão na península Ibérica".[46] Em continuação, Luiz Soler evoca Gilberto Freyre, para demonstrar que sob "esse substrato étnico infiltrado de semitismo" subjaz uma significativa participação do sangue mouro.[47] No que se refere à influência semita no Nordeste brasileiro, Soler escreveu:

> Não tem sido avaliado – e uma pesquisa neste sentido seria interessante – o quanto pode ter de semita o sertanejo. Não somente pelo que ele teria de árabe, como também pelo que poderá ter de judeu, o outro tronco da mesma raça. Concretamente de sefardita (ou sefardim), a comunidade judia expulsa da Espanha na hora exata do descobrimento da América.
> Traços judeus na racialidade das populações sertanejas é um pressentimento nosso de longa data, motivado pela observação das características etnográficas, de temperamento e de hábitos. [Uma pesquisa histórica] veio reforçar nossas suposições (...) para esclarecer a implantação de características de vida árabe, no sertão, mesmo porque os sefarditas partilhavam e se identificavam com a cultura e os hábitos dos muçulmanos muito mais do que os próprios cristãos peninsulares.[48]

Essa influência semita, tão vasta e profunda, se enraizou no inconsciente nordestino de modo que até o tradicional amor aos cavalos, tão presente nas populações sertanejas, teria sido herdado dos árabes. Cascudo chega a afirmar que o estribo de caçamba, a espora de roseta e o chicote de couro são de origem árabe. Chicote cujos alguns sinônimos são étimos árabes: azorrague, açoite, assim como a alpercata, que é um utensílio e um vocábulo árabe.

O próprio pandeiro é o mesmo *adufe* árabe, bem como *mouras legítimas* são "as exclamativas de desesperação e desabafo, vulgaríssimas entre nós: Arra! Arre! Irra!", diz Cascudo, sem acrescentar que o cearense usa e abusa da famosa interjeição **arre égua!**, como uma vocalização de arcaísmos árabes, cujas origens dormitam desconhecidas na imensidão da inconsciência coletiva. Um outro autor, também nordestino do Piauí, chega aos extremos de afirmar que o patronímico *Ceará* não teria origem tupi; seria deturpação fonética de *Saara*, que por via de múltiplas deformações se transformou até chegar à sua fonetização atual.[49]

Até aqui, falamos da influência árabe mourisca através dos contatos Ibéria-Magreb. Outra torrente islâmica impactou em nossa civilização nordestina. Aconteceu graças à migração forçada dos escravos africanos, trazidos ao Brasil. Gilberto Freyre, em *Casa-grande & senzala*, cita vários autores que reconheciam a *pertenência* islâmica de muitos povos africanos, alguns deles "fornecedores" de escravos para o Brasil. Os escravos da Bahia eram mais difíceis de serem dominados porque provinham da Costa do Ouro, dotados de maior energia mental "devido talvez a suas íntimas relações com os árabes", testemunhou George Gardner, após visita à Bahia em 1836 – um ano após o levante dos malês –, informando ainda que "entre eles há muitos que leem e escrevem o arábico".[50]

Em relação aos malês, Gilberto Freyre lhes dedicou algumas páginas memoráveis de *Casa-grande & senzala*, em que abordou a questão com um *pathos* positivo. Apesar de se referir aos muçulmanos como *maometanos* – equívoco comum entre acadêmicos desde Ruth Benedict[51] até a erudita Karen Armstrong,[52] passando por Ariano Suassuna,[53] Mário Hélio,[54] Roger Bastide[55] e Will Durant –[56] Gilberto Freyre descreveu os sudaneses, de forma muito empática, como vinculados à organização religiosa dos "maometanos" [sic], participando não só da sublevação malê de 1835, mas de diversas revoltas de menor porte, ocorridas em senzalas.

Gilberto atribui aos escravos das etnias *fula* e *haúça* a liderança das revoltas de escravos muçulmanos na Bahia da primeira metade do século XIX: "Vinham eles dos reinos de Wurno, Sokotô, Gandô, de organização política já adiantada; de literatura religiosa já definida – havendo obras indígenas escritas em caracteres arábicos".[57]

Lembrando o abade Étienne, Gilberto destaca que esse prelado notou que "o Islamismo ramificou-se no Brasil em seita poderosa, florescendo no escuro das senzalas. Que da África vieram mestres e pregadores a fim de ensinarem a ler no árabe os livros do Alcorão" e que existiam escolas e casas de oração dos muçulmanos na Bahia.[58]

Arthur Ramos, citando os trabalhos de Manoel Querino, Gilberto Freyre e Nina Rodrigues, reafirma a certeza de que o Islã foi introduzido no Brasil por escravos procedentes da Costa do Ouro: "foi o aluvião do Islã que, caindo em cheio, no Sudão, através dos Berberes nômades do deserto, desagregou o grande império de Ghana", ensina Ramos citando a si mesmo.[59] Acredita que foram os negros sudaneses, responsáveis pela introdução do islamismo entre os negros da Costa do Ouro, da subárea da Guiné. Entre os sudaneses, destacam-se os *haussá* (*hauçá, ussá, suçá*), provindos dos emirados muçulmanos de Sokoto, Katsina, Kano e Zaria, ao norte da Nigéria,[60] talvez mestiçados com os *fulahs*, como queria Nina Rodrigues.[61]

Os muçulmanos foram responsáveis por várias rebeliões e não foi apenas a grande revolta de 1835. Ramos enumera os anos em que ocorreram insurreições dos *haussá* e dos *nagôs* na Bahia: 1807, 1809, 1813, 1816, 1826, 1827, 1828, 1830 e a grande revolução de 1835. Esclarece que essas insurreições tinham caráter diferente das revoltas quilombolas: "Na Bahia, essas insurreições [muçulmanas] foram nada mais, nada menos, do que a continuação de longas e repetidas lutas religiosas e de conquista levadas a efeito pelos negros islamizados do Sudão".[62]

Roger Bastide também presta tributo aos malês. Em *As religiões africanas no Brasil*, Bastide dedica o capítulo VII, intitulado "O Islã negro no Brasil", no qual afirma que a Bahia concentrava a maior população de escravos muçulmanos e que o Rio de Janeiro "era, depois da Bahia, o segundo grande centro do *maometismo* [sic]".[63]

Entretanto, afirma que "o *maometanismo* [sic] desapareceu no Brasil em virtude da morte de seus antigos fiéis, tendo perdido toda possibilidade de rejuvenescimento ou de propagação",[64] referindo-se naturalmente ao Islã negro, trazido pelos escravos, e não ao por assim dizer *Islã árabe*, trazido pelos imigrantes sírio-libaneses a partir do final do século XIX e início do XX. Mas a principal contribuição trazida pelo estudo de Roger Bastide é a problematização do conflito entre o islamismo e os cultos fetichistas, mostrando como eles se resolveram de modo diferente no Brasil e na África. Diz ele:

> No Brasil ocorreu justamente o contrário do que sucedeu no continente negro. Enquanto na África Ocidental o islamismo triunfa sobre o "fetichismo", fá-lo recuar em todos os lugares (...) e é quase sempre vitorioso; aqui, pelo contrário, desapareceu e a liderança religiosa passou ao gêge-nagô ou ao cristianismo. Como explicar, pois, esse contraste sociológico?[65]

A resposta seria porque os *haussás* e demais etnias afro-islamizadas seriam muçulmanos convertidos "e não semitas puros" e, também, porque seriam puristas, evitando contatos com outros escravos *idólatras*.[66] Ao formar um mundo à parte, com o fracasso da revolta de 1835, os malês ficaram mais isolados ainda, pois as principais lideranças foram dizimadas no confronto e os sobreviventes foram presos, fuzilados ou degredados.

Atualmente, o mais celebrado estudo sobre os malês é *Rebelião escrava no Brasil*, de João José Reis, professor da Universidade Federal da Bahia. Sua primeira edição, de 1987, teve grande aceitação nos meios acadêmicos. Depois, mereceu nova edição revista e ampliada, publicada em 2003. Trata-se de obra fundamental e, até este momento, definitiva sobre o assunto.

Reis narra em detalhes a noite da batalha, em 25 de janeiro de 1835, quando um juiz acompanhado por patrulha armada notou "movimentos suspeitos de pretos" no sobrado de número 2, da ladeira da Praça, em Salvador, onde encontraram "cinquenta a sessenta africanos, que saíram atirando, agitando suas espadas, aos gritos de 'mata soldado' e palavras de ordem supostamente em língua africana".[67]

Esse foi o começo inopinado da revolta malê, planejada para ser deflagrada no início da manhã, mas que foi antecipada devido às denúncias de vizinhos e a subsequente investida das autoridades. Isso provocou desarticulação dos grupos e certamente foi um – não único – motivo que facilitou a repressão que se abateu a seguir, contra cerca de oitocentos a mil rebeldes. Teve como resultado final cerca de 150 a 170 escravos assassinados e apenas quatro brancos (três soldados e um civil) mortos,[68] além dos dezesseis escravos condenados à morte (mas só quatro foram executados[69]), dezesseis à prisão, oito às galés, 45 ao açoite e 34 ao degredo.[70]

Na opinião de Reis, a revolta malê não foi assunto exclusivo de muçulmanos porque escravos de diversas etnias tiveram participação: "A rebelião foi planejada como uma aliança entre malês rebeldes e demais africanos [e] não foram apenas os malês que saíram às ruas naquela madrugada de 25 de janeiro, nem é certo que todos os muçulmanos o tivessem feito", escreve Reis, embora deixe muito claro que não nega a hegemonia dos malês no movimento rebelde.[71]

Importantes intelectuais se debruçaram sobre a revolta malê. Nina Rodrigues ("primeiro estudioso competente dos malês"[72]), o jesuíta Étienne Brazil, Arthur Ramos, Pierre Verger e Roger Bastide, só para citar os mais célebres entre os autores brasileiros e abrasileirados, além de uma nova geração inspirada na historiografia africanista contemporânea, com uma interpretação menos religiosa, entendendo o levante como expressão da resistência de africanos (muçulmanos ou não, de diferentes etnias) submetidos à escravidão.[73]

Dois questionamentos se impõem. Primeiro, se o levante malê foi uma *jihad* ("esforço", no sentido de *guerra santa*) islâmica; e, segundo, quais teriam sido as influências dos escravos muçulmanos na cultura brasileira.

Quanto à primeira questão, há uma discussão muito insistente sobre a natureza do levante malê: teria sido *jihad* (guerra "santa") ou teria sido *harb* (guerra "profana")?

Para deslindar essa questão, Reis evoca o "viajante turco" Al-Baghdadi, que esteve no Brasil no início da segunda metade do século XIX.[74] Na verdade, trata-se do *Imam* Abdurrahman Bin Abdulah al--Baghdadi, súdito do Império Otomano mas natural do Iraque, cujas memórias foram publicadas no Brasil – no circuito não comercial[75]

– somente alguns anos após o estudo de Reis, que o cita de segunda mão, a partir da divulgação pioneira de Rosemarie Quiting-Zoche.[76]

Na opinião de Reis, a natureza de *guerra santa* da rebelião malê não está esclarecida. Acredita que a revolta foi um *movimento complexo* que buscava em primeiro lugar a liberdade. Por outro lado, Quiting-Zoche aponta para o fato de que os malês não denominaram sua revolta como *jihad*, mas como *harb*. Seu argumento é que os malês que haviam fugido para o Rio de Janeiro tiveram conversas frequentes com o imã Al-Baghdadi, que escreveu uma passagem reveladora, evocada por Quiting-Zoche e Reis. Relata Al-Baghdadi:

> Com frequência lhes perguntei pelo motivo por que escondem tanto sua religião, embora os países garantam todas as liberdades que se queiram. E eles me relataram que houvera uma guerra entre eles e os cristãos. Os negros tinham a intenção de controlar as terras, mas a vitória ficou com os cristãos. Era publicamente conhecido entre eles que a raiz desse levante estava em uma comunidade muçulmana que havia entre os grupos dos negros. Foram eles que decidiram essa coisa entre si, pois existem diversas religiões [entre os africanos]. Os muçulmanos inclusive negam sua religião até mesmo hoje [1865, trinta anos depois], por temor do perigo de que os cristãos, se notarem que alguém segue o Islã, talvez o matem, o deportem ou o encarcerem para o resto da vida.[77]

Seria o argumento definitivo, segundo Quiring-Zoche, contra a interpretação da revolta malê como guerra santa porque, se assim o fosse, os próprios remanescentes teriam orgulho, diante do imã Al-Baghdadi, de expressar a dimensão de *jihad* se esta tivesse sido a principal motivação do levante. Portanto, a rebelião malê se inscreveria, nessa perspectiva, no espectro mais comum de uma *guerra social* e não de uma *guerra religiosa*. Para Reis, entretanto, a dúvida permanece.[78]

Em relação ao segundo questionamento, sobre quais teriam sido as influências dos escravos muçulmanos na cultura brasileira, há vagas referências a tais influxos interculturais. Para Reis, depois de 1835 o Islã não desapareceu da Bahia, mas a religião se tornou clandestina e "seus alufás passaram a disputar o mercado espiritual comuns às religiões tradicionais, dedicando-se à produção de amuletos, adivinhando, combatendo a feitiçaria".[79]

João José Reis mostra ainda que os malês expandiram sua influência religiosa, alcançando os adeptos dos orixás, que os procuravam em busca de apoio espiritual. Citando Nina Rodrigues, Reis afirma que mesmo no fim do século XIX era possível encontrar negros que ainda se mantinham fiéis ao Islã, realizando suas práticas religiosas. Para Nina Rodrigues, os muçulmanos com os quais teve contato eram tidos pelos outros negros como especialistas em alta magia e em feitiçaria.[80]

Embora o denso estudo de Reis seja de natureza historiográfica e não etnográfica, podemos identificar algumas influências que os muçulmanos impingiram à cultura do recôncavo baiano. Por exemplo, nos documentos relativos à devassa do levante foi descrito que os malês usavam abadá e roupas de cor branca.[81] Nesse particular, Reis evoca Kathleen Stasik, que, em seu estudo sobre o Islã praticado pelos iorubás do século XIX, "define o abadá como uma indumentária branca usada especificamente pelos muçulmanos".[82]

Os malês tinham o hábito de cobrir a cabeça com "uma tira de pano branco como uma trunfa", espécie de turbante ou *carapução*, que, segundo o dicionarista Antonio de Moraes Silva, era uma "espécie de turbante, ou carapuça grande, que usam os mouros".[83] Além disso, o hábito muito baiano de usar anéis – para Freyre, *muito judaico* se anel de bacharel – seria uma herança malê. João José Reis diz que Manoel Querino registrou, no início do século XX, que os malês baianos ainda usavam tais anéis de prata, mas então apenas como alianças de casamento e não mais como um distintivo rebelde. Antes, diz Reis, há "indícios de que, mesmo no contexto de 1835, tal como os amuletos, esses anéis estivessem circulando além das hostes malês, quase como uma nova moda entre os negros da Bahia".[84]

Os nomes adotados pelos escravos baianos eram de origem islâmica, ainda que após deturpações fonéticas. Assim *Ahuna* seria Haruma ou "nosso Arão"; *Buremo* seria Buraimo, Abraão; *Alyiu*, seria Ali, o quarto califa e genro do profeta Maomé; *Sule*, síncope de Suleiman ou Salomão; *Mama* ou *Maman* é a contração de Muhammad ou Maomé; *Bilal*, nome de um escravo negro que se tornou muçulmano e foi um dos primeiros discípulos de Maomé.

Ademais, certos amuletos (*patuás*), roupas (*abadás*), anéis (*kendéss*) e nomes pessoais de inspiração islâmica eram sinais distintivos (ou *sinais diacríticos*, assinala Reis) dos negros muçulmanos, verdadeiras *marcas de identidade* da sociedade malê na Bahia. Waldemar Valente, em *Sincretismo religioso afro-brasileiro*, tomando por referência Nina Rodrigues, afirma que os malês usavam como amuletos versículos do Alcorão e "palavras e rezas cabalísticas".[85] Supomos ser evidente que a referência a orações *cabalísticas* é no sentido popular da cabala como *ars mágica* e não no sentido da mística judaica.

Fazendo referência à *Casa-grande & senzala*, Valente lembra que o catolicismo brasileiro estava impregnado dessa *influência maometana* [sic], pois Gilberto Freyre afirmara haver encontrado "traços de influência maometana nos papéis com oração para livrar o corpo da morte e a casa dos ladrões (...) que ainda se costumam atar ao pescoço das pessoas (...) no interior do Brasil", mas que tais influências também derivavam de animismos e fetichismos dos índios e africanos, "menos cultos" que os muçulmanos.[86]

Valente acredita que traços da influência negro-muçulmana ficaram marcados na Bahia e no Rio de Janeiro. Diz que em Pernambuco e no Nordeste essas *sobrevivências* são fracas e em pequeno número, algumas "de origem caracteristicamente islâmica" e outras "islâmico-fetichistas".

Entre as reminiscências, *islâmico-fetichistas* identificadas por Valente nos costumes nordestinos, está o costume de pendurar no pescoço sacos contendo versículos do Alcorão que, misturado com catolicismo sertanejo, se transformou nas *orações fortes* para fechar o corpo contra bala e punhal, escritas em papel, colocadas em sacos e pendurados ao pescoço, tal qual os *patuás* usados pelos malês muçulmanos. Tal costume foi comum entre os mais célebres cangaceiros, de Antonio Silvino a Lampião, e até mesmo entre os beatos pois, segundo Valente, **todos eles** usavam "orações poderosas guardadas dentro de saquinhos pendurados ao pescoço".[87]

Valente atribui a Gilberto Freyre "o mérito de ter sido o primeiro estudioso a descobrir vestígios do Islã em Pernambuco, e particularmente nos grupos de culto afro-brasileiros", ao se referir à festa dos mortos, realizada em Penedo, que Nina Rodrigues havia considerado como fruto de indiscutível influência muçulmana, e que Freyre diz ter observado semelhanças em rituais da seita *Adoradores dos Astros e da Água*, sediada no bairro do Fundão, em Recife. Para Valente, tais "marcas apontadas por Gilberto Freyre, e identificadas com as que foram descobertas em Penedo, são indiscutivelmente de procedência maometana [sic]".[88]

Uma etnografia dos cultos afro-brasileiros, seguindo as orientações contidas na obra gilberteana, teria facilidade para fazer um levantamento das *sobrevivências* islâmica ou negro-muçulmanas nas "seitas africanas" em Pernambuco. Por exemplo, foi observado que fiéis das *seitas africanas* entram descalços em alguns *terreiros* e em todos *pejis*. Em outros *terreiros* o banquete das *obrigações* é servido aos comensais sentados no chão com as pernas "muçulmanamente cruzadas"; a faixa de pano que Manuel Querino se referia em relação ao malê "ainda hoje é usada nos *terreiros* pernambucanos"; e as "rodilhas ou turbantes muçulmanos" fazem parte da "indumentária religiosa das mulheres dos *xangôs* de Pernambuco".[89]

Por último, Valente destaca que em um determinado *xangô* pernambucano, denominado com o nome muito sugestivo de *Senhor do Bonfim*, "surpreendemos o uso de longa túnica branca, semelhante ao *abadá* (...), indumentária típica do Sudão maometano [sic] e muito em voga entre os malês [e] o gorro, com a faixa branca pendente, lembrando o *filá* dos malês",[90] dando razão à plêiade de pesquisadores que reconhecem e atestam a contribuição islâmica à formação de uma multicultural *civilização nordestina*, civilização do açúcar e do couro, agrária e pastoril, patriarcal e falocrática, endogâmica e poligínica. Tal civilização medrou na Nova Lusitânia, a mais lusotropical das (ex-)colônias de Portugal.

Embora retirados da memória coletiva dos baianos, "os malês teriam permanecido em seu inconsciente coletivo, numa presença celebrada e vitoriosa" cujos costumes se perpetuaram no uso massivo de roupas brancas nas sextas-feiras (dia sagrado para o Islã). Até mesmo a maior celebração dos soteropolitanos tinha raízes islâmicas porque "a festa do Bonfim seria também, secretamente, uma celebração muçulmana", afirma João José Reis na primeira versão de sua *Rebelião escrava no Brasil*, afirmação que não encontramos na edição revista e ampliada.[91]

Observe-se que foi no *xangô* (no sentido de *terreiro*) *Senhor do Bonfim*, em Pernambuco, que Waldemar Valente verificou o uso de longa túnica branca, semelhante ao *abadá* usado pelos malês, e do gorro com a faixa branca pendente, lembrando o *filá* dos malês.[92] Nesse caso, é perceptível a concordância entre Waldemar Valente e João José Reis, quando este atribui natureza *criptoislâmica* à festa do Bonfim, na qualidade de celebração muçulmana dissimulada pelo *verniz* cristão da liturgia exotérica. Nesse caso, tanto na Bahia quanto em Pernambuco, a figura do *Senhor do Bonfim* pode ter servido para ludibriar as autoridades eclesiásticas e/ou policiais. Com o passar do tempo, a máscara das crenças secretas se transformou no próprio rosto de quem a usava, inconsciente das origens de tais costumes e crenças tradicionais.

É importante destacar que nas duas versões da obra de Reis está consignada a hipótese segundo a qual "é possível que os malês pretendessem um dia instalar um califado exclusivo na Bahia"[93] ou, dito de outra forma na edição revista, "é possível que os **líderes** malês **sonhassem** um dia instalar um **Estado exclusivamente muçulmano** na Bahia",[94] mas não em 1835, acredita Reis, e sim em um futuro ora pretendido, ora sonhado, por todos os malês ou apenas por seus líderes.

De todos os modos, alguns muçulmanos lutaram e morreram acalentando o sonho de trazer Alá para cá, para as terras do massapé baiano. Embora derrotados, proporcionaram a incorporação de costumes da religião islâmica à tradicional cultura nordestina, sobretudo (mas não exclusivamente) aquela com maior presença das raízes africanas.

Além dessas indicações, herdadas da multiétnica sociedade malê, existem muitas outras *marcas islâmicas* na cultura popular nordestina, mas decorrentes das múltiplas fontes de influência, derivadas da intensa comunicação entre o Magreb e a Ibéria, sobretudo a partir do século VIII. Tais evidências receberam amplo destaque nas obras de Câmara Cascudo, Gilberto Freyre, José Marianno Filho, Ariano Suassuna e tantos outros autorizados intérpretes da cultura popular nordestina e brasileira.

Notas ao Capítulo 6

1. FREYRE, Gilberto. *Casa-grande & senzala*. Rio de Janeiro: Record, 1990. p. 208.
2. POLIAKOV, León. *De Maomé ao marranos:* história do antissemitismo II. São Paulo: Perspectiva, 1984. p. 97-108.
3. Ver LIPINER, Elias. *Gaspar da Gama:* um converso na frota do Cabral. Rio de Janeiro: Nova Fronteira, 1987.
4. Nesse particular, há estudos bastante precisos sobre a presença judaica no sertão do Rio Grande do Norte e na Paraíba. Ler, por exemplo, RAMAGEM, Sonia Bloomfield. *A fênix de Abraão:* um estudo sobre cristãos-novos retornados ao judaísmo de seus ancestrais. Brasília: Universidade de Brasília, 1994; e CUKIERKORN, Jacques. *Retornando/Coming Back:* a description and historical perspective of the crypto-jewish community of Rio Grande do Norte, Brazil. Cincinatti: Hebrew Union College – Jewish Institute of Religion, 1994.
5. Cf. UNTERMAN, Alan. *Dicionário judaico de lendas e tradições*. Rio de Janeiro: Jorge Zahar, 1992. p. 248.
6. Cf. Ibidem, p. 58 e p. 156.
7. Cf. RAMAGEM, op. cit., p. 58.
8. Ver ASHERI, Michael. *O judaísmo vivo:* as tradições e as leis dos judeus praticantes. Rio de Janeiro: Imago, 1987. p. 266. Dentre as três academias indicadas, se encontra a The Hebrew Union College, onde Jacques Cukierkorn defendeu tese sobre os "retornados" de Caicó.
9. SHUSTERMAN, A. "The last two centuries". In: EICHHORN, David Max et al. *Conversion to Judaism:* a history and analysis. New York: KTVA Publishing House, 1965. p. 148 apud RAMAGEM, op. cit., p. 59.
10. Ver RAMAGEM, op. cit., p. 61-62.
11. Ibidem, p. 62.
12. Ibidem, p. 63.
13. USQUE, Samuel. *Consolação às tribulações de Israel*. Lisboa: Calouste Gulbekian, 1989. fl. Ccviv, p. 227 (com a grafia da época).
14. Ver BARLÉU, Gaspar. *História dos feitos recentemente praticados durante oito anos no Brasil*. Belo Horizonte: Itatiaia; São Paulo: Edusp, 1974. p. 269 e p. 394-395, onde se lê: "Isso consta dos escritos do alemão João Rabi [Joham Rab ou Iacobi Rabbi]". Ver ainda MOREAU, Pierre; BARO, Roulox. *História das últimas lutas no Brasil entre holandeses e portugueses e relação da viagem ao país dos tapuais*. Belo Horizonte: Itatiaia; São Paulo: Edusp, 1979. p. 44 e p. 99-100.

15 CUKIERKORN, op. cit.
16 Cf. RAMAGEM, op. cit., p. 124-127.
17 Ibidem, p. 134.
18 CUKIERKORN, op. cit., p. 87.
19 Ibidem, p. 88.
20 Ler, por exemplo, de RIVKIN, Ellis. "Uma história de duas diásporas". In: NOVINSKY, Anita; KUPERMAN, Diane (Orgs.). *Ibéria-Judaica:* roteiros da memória. Rio de Janeiro: Expressão e Cultura; São Paulo: Edusp, 1996. p. 267-275.
21 Cf. Ibidem, p. 274.
22 Cf. CUKIERKORN, Jacques. *HaMadrij:* la guía de los valores y prácticas del judaísmo moderno. USA: European Association of Jewish Studies, 2002. p. 8 e 10.
23 Ver LANTERNARI, Vittorio. *A religião dos oprimidos:* um estudo dos modernos cultos messiânicos. São Paulo: Perspectiva, 1974. p. 202-210.
24 Cf. Ibidem, p. 468-469.
25 Ler de QUEIROZ, Maria Isaura Pereira de. *O messianismo no Brasil e no mundo*. 3. ed. São Paulo: Alfa-Omega, 2003.
26 LANTERNARI, op. cit., p. 205.
27 Apud Ibidem (grifos nossos).
28 Cf. CUNHA, Euclides da. *Os sertões:* campanha de Canudos. São Paulo: Abril Cultural, 1982. p. 108 apud WANDERLEY, Vernaide; MENEZES, Eugenia. *Viagem ao sertão brasileiro:* leitura geossocio-antropológica de Ariano Suassuna, Euclides da Cunha e Guimarães Rosa. Recife: Cepe/Fundarpe, 1997. p. 125.
29 CUNHA, op. cit., p. 113 apud OTTEN, Alexandre. *Só Deus é grande:* a mensagem religiosa de Antônio Conselheiro. São Paulo: Loyola, 1990. p. 55.
30 Ver OTTEN, op. cit., p. 58.
31 Cf. BROD, Benno. "O messianismo no Brasil". In: PADIM, Cândido et al. *Missão da Igreja no Brasil*. São Paulo: [s.n.], 1973. p. 121 apud OTTEN, op. cit., p. 133.
32 Ver, por exemplo, LANTERNARI, op. cit., p. 208.
33 Cf. OTTEN, op. cit., p. 133-135.
34 Cf. Ibidem, p. 140.
35 Ler, portanto, SOBREIRA, Azarias. *O patriarca de Juazeiro*. Petrópolis: Vozes, 1969.
36 Ver FEITOSA, Antonio. *Falta um defensor para o padre Cícero*. São Paulo: Loyola, 1983.
37 AGUIAR, Cláudio. *Caldeirão*. 4. ed. Rio de Janeiro: Calibán, 2005.
38 Apud OTTEN, op. cit., p. 180.
39 Ibidem, p. 366.
40 FREYRE. *Sobrados e mucambos*, op. cit., p. 195.
41 Idem. *Casa-grande & senzala*, op. cit., p. 209.

42 Ibidem, p. 211.
43 CASCUDO. Luís da Câmara. *Mouros, franceses e judeus:* três presenças do Brasil. São Paulo: Perspectiva, 1984. p. 15.
44 Ibidem, p. 25.
45 FREYRE. *Casa-grande & senzala*, op. cit., p. 212.
46 SOLER, Luiz. *As raízes árabes na tradição poético-musical do sertão nordestino*. Recife: UFPE, 1978. p. 29.
47 Ibidem, p. 40.
48 Ibidem, p. 70.
49 Ver PESSOA, Alfredo Leite. *História da civilização da Arábia e do Brasil*. Rio de Janeiro: Achiamé, 1983.
50 Apud FREYRE. *Casa-grande & senzala*, op. cit., p. 391.
51 Ver BENEDICT, Ruth. *O crisântemo e a espada*. São Paulo: Perspectiva, 2007. p. 20.
52 Ver ARMSTRONG, Karen. *Jerusalém, uma cidade, três religiões*. São Paulo: Companhia das Letras, 2000. p. 13, p. 257, p. 263, p. 269-271, p. 273-277, p. 279-210, p. 286, p. 288, p. 292 e mais quarenta vezes, totalizando 66 denominações equivocadas do apelativo *maometano*.
53 Ver SUASSUNA, Ariano. *Romance d'A Pedra do Reino e o Príncipe do Sangue do Vai e Volta*. 5. ed. Rio de Janeiro: José Olympio, 2004. p. 551.
54 Ver HÉLIO, Mário. *O Brasil de Gilberto Freyre*. Recife: Comunigraf, 2000. p. 180.
55 Ver BASTIDE, Roger. *As religiões africanas no Brasil*. 3. ed. São Paulo: Pioneira, 1989. p. 203.
56 Ver, por exemplo, DURANT, Will. *A idade da fé:* história da civilização medieval. 2. ed. Rio de Janeiro: Record, [s.d.]. p. 298, passim.
57 Cf. FREYRE. *Casa-grande & senzala*, op. cit., p. 310.
58 Cf. Ibidem.
59 Ver RAMOS, Arthur. "As culturas negro-maometanas". In: Idem. *As culturas negras no novo mundo*. 4. ed. São Paulo: Companhia Editora Nacional, 1979. p. 213-222; e Idem. "Negros maometanos: o grupo malê". In: Idem. *Introdução à antropologia brasileira*. 2. ed. Rio de Janeiro: Casa do Estudante do Brasil, 1951. p. 316-333.
60 Cf. Idem. *Introdução à antropologia brasileira*, op. cit., p. 325.
61 Cf. RODRIGUES, Nina. *Os africanos no Brasil*. São Paulo: Casa do Estudante/Brasiliana, 1932. p. 166 apud RAMOS. *As culturas negras no novo mundo*, op. cit., p. 214.
62 Ibidem, p. 214.
63 BASTIDE, op. cit., p. 208.
64 Ibidem.
65 Ibidem, p. 217.
66 Cf. Ibidem.
67 Ver REIS, João José. *Rebelião escrava no Brasil:* a história do levante dos malês em 1835. Ed. rev. e amp. São Paulo: Companhia das Letras, 2004. p. 129-130.

68 Ver a matéria "de interesse da Bahia" publicada nos jornais americanos *New York Commercial Advertiser* (21 abr. 1835) e *New The Liberator* (9 maio 1835). Apud REIS, op. cit., p. 521-522.
69 Cf. Ibidem, p. 468. Embora Nina Rodrigues se refira a cinco execuções, Reis encontrou provas relativas a quatro delas, dos seguintes nagôs: Jorge da Cruz Barbosa (liberto), Pedro, Gonçalo e Joaquim (escravos). Ibidem, p. 468-469.
70 Cf. Ibidem, p. 457.
71 Cf. Ibidem, p. 269-271.
72 Ibidem, p. 176.
73 Cf. Ibidem, p. 272-273.
74 Ver REIS, op. cit., p. 280.
75 Consultar, de AL-BAGHDADI, Abdurrahman. *Deleite do estrangeiro em tudo que é espantoso e maravilhoso*. São Paulo: CEA/USP, 2008.
76 Consultar, de QUIRING-ZOCHE. Luta religiosa ou luta política? O levante dos malês na Bahia segundo uma fonte islâmica. *Afro-Ásia*, n. 19-20, p. 229-238, 1997. Cf. REIS, op. cit., p. 280 e p. 632.
77 Apud QUIRING-ZOCHE, op. cit., p. 234. In: REIS, op. cit., p. 281.
78 Cf. REIS, op. cit., p. 282.
79 REIS, op. cit., p. 548.
80 Cf. Ibidem, p. 549.
81 Cf. Ibidem, p. 206.
82 Apud Ibidem.
83 Apud REIS, op. cit., p. 211.
84 Cf. Ibidem, p. 213.
85 Apud VALENTE. *Sincretismo religioso afro-brasileiro*. São Paulo: Companhia Editora Nacional, 1977. p. 47.
86 Apud Ibidem, p. 48.
87 Ibidem, p. 49.
88 Ibidem, p. 51.
89 Ibidem, p. 50-52.
90 Ibidem, p. 52.
91 Cf. REIS. *Rebelião escrava no Brasil:* a história do levante dos malês (1835), op. cit., p. 154-155. Ver a supressão das quatro últimas páginas (p. 152-155 na primeira edição) do capítulo "Um califado baiano?" em Idem. *Rebelião escrava no Brasil:* a história do levante dos malês em 1835, op. cit., 1987/2003. p. 271ss.
92 VALENTE, Waldemar. *Misticismo e religião:* aspectos do sebastianismo nordestino. 2. ed. rev. e aument. Recife: Asa Pernambuco, 1986. p. 52.
93 Cf. REIS, op. cit., p. 150.
94 Cf. Ibidem, p. 269.

Poslúdio
O Gilberto Freyre – também semita – de *Nordeste*

O *problema* identidade, tanto individual quanto coletiva, é de magna importância para a realização de um projeto civilizacional. Com *Nordeste*, Gilberto Freyre ofereceu uma das interpretações mais criativas em relação ao estabelecimento e adaptação do homem ibérico situado na região mais tropical do Brasil.

Seguindo as trilhas abertas por Gilberto, concordando ou discordando dele, muitos foram os que se aventuraram no desafio de decifrar os enigmas da nossa formação étnica e cultural, enigmas que remontam aos primórdios da ocupação humana na Ibéria e, sobretudo, na Lusitânia *in illo tempore*: "não há dúvida de que o território português serviu de ponto de encontro a gentes de várias origens, que nele acabaram por se mesclar e confundir, porque aqui ( ) o mar formava uma barreira intransponível", ensina José Hermano Saraiva.[1]

A ocupação do território português durante o período neolítico, há 6 mil anos, deu ensejo ao desenvolvimento da cultura megalítica, expressa nos numerosos dólmenes, que teriam sido construídos por populações oriundas da Ásia Menor. Durante a Idade do Bronze (2000 a 800 a.C.) novos movimentos migratórios penetraram o território. Nesse sentido, diz Saraiva, "o povo português resultou assim de um milênio de processo de miscigenação de sangue e de sucessivas sobreposições culturais. A pré-história modelou um determinado tipo humano, **mas não definiu uma raça**".[2]

As grandes levas de invasores celtas se mesclaram às populações locais, formando um novo povo. Quando os romanos invadiram a Península, em 219 a.C., encontraram no noroeste um povo chamado *Calaicos*, ou *Kelticoi*, nome com que os romanos denominavam os celtas, termo que resultou no gentílico *galego*, natural da Galícia. No território que fica entre os rios Douro e Tejo, os romanos depararam com os *Lusitanos*, a quem se referiam como resultado da fusão dos celtas com os iberos.

Depois vieram os suevos (411 d.C.), os visigodos (416 d.C.) e, finalmente, os árabes e berberes (711 d.C.). Quanto à presença judaica na Península, considera-se que eles já estavam nela instalados quando da conquista romana. Assim, a fusão de todos esses povos foi sintetizada por "três matrizes contraditórias [que] contribuíram para a cultura que inseminava a população portuguesa" nos primórdios do segundo milênio da nossa era: a católica, a islâmica e a hebraica, ensina Hermano Saraiva, para quem "essa contradição teria influência duradoura na modelação do espírito português",[3] um espírito em luta contra si mesmo, como costuma proclamar o sábio professor Rui Dias Guimarães, da Universidade de Alto Douro e Trás-os-Montes.[4]

Quando os representantes dessa cultura e dessa *neoetnia* portuguesa (já mesclada das várias matrizes étnicas, culturais e religiosas) aportam no Nordeste do Brasil, experimentam novo período de adaptação multicultural, de hibridização inter-racial, de mestiçagem desbragada, acrescentado ao seu *estoque genético* novas dotações provenientes dos povos ameríndios e dos africanos subsaarianos.

Essa mistura de gentes, cores, raças e credos resultou em um novo tipo de homem, que se desenvolveu no espaço ecológico do massapê e da caatinga. Produzindo um novo homem, produziu uma nova cultura e uma nova identidade. Deriva dessa mestiçagem de todos com todos um novo tipo sociobiológico e uma nova cultura que, ao mesmo tempo, estabelece uma identidade ao mesmo tempo social e cultural.

Tais pesquisas relativas à identidade levaram os estudiosos a pensar de um modo diferente sobre o que é o Nordeste, quem são os nordestinos e qual destinação está reservada ao povo e à região mais genuína, no sentido de mais arcaica ou arquetípica, do país.

Refletindo sobre essas questões, Laércio Souto Maior chega a cogitar que os nordestinos seriam uma minoria étnica com características culturais e biológicas bem demarcadas, em relação à sociedade brasileira.⁵ De modo análogo, ainda que sob a égide do conceito de identidade nas sociedades complexas, Maura Penna também se ocupa da questão identitária dos nordestinos, mas para ela a *identidade nordestina* é uma abstração, e não uma qualidade intríseca, esclarece a autora,⁶ para logo depois acrescentar:

> Dessa forma, os nordestinos – seja o "povo nordestino" ou qualquer número de pessoas que compartilhem dessa identidade regional – diferenciam-se entre si, enquanto a atribuição de uma identidade comum, a inclusão em uma mesma categoria os "iguala", por sobre as diferenças de classe, social, entre o meio agrário e urbano etc. Cabe ao pesquisador, portanto, considerar necessariamente a relação contraditória entre a diferenciação concreta e a representação homogeneizante.⁷

Não obstante a necessária diferenciação, por exigência metodológica, entre as representações sociais e o imaginário individual, o fato é que o sentimento de diferença que o nordestino sente em relação ao restante do país é notável. Sentimento que possibilitou a eclosão de diversos movimentos revolucionários e separatistas que tiveram lugar no Nordeste, sobretudo aqueles ocorridos em Pernambuco, como as gloriosas revoluções de 1817, de 1824 e de 1848. Inspirado nessa tendência quase genética à rebeldia, Jacques Ribemboim chegou a produzir quase uma cartilha política sobre as teses separatistas que habitam no inconsciente político dos nordestinos.⁸

Assim, cremos ser evidente a existência de uma representação de identidade social, coletiva, muito demarcada no Nordeste. Tal identidade individual e coletiva não implica, obrigatoriamente, vocação ou volição independentista. Mas a realidade sociológica, antropológica, exige uma *interpretação* diferenciada do Nordeste e dos nordestinos. De todo modo, cremos ser verdadeira uma consciência de diferença entre nordestinos e não nordestinos. Um antropólogo francês, François Laplantine, parece ter compreendido a divisão cultural do Brasil, ao descrever o Nordeste nestes termos:

De volta de uma missão científica no Nordeste do Brasil, posso relatar o seguinte: uma população constituída em sua maioria de descendentes de europeus (...) soube criar formas de sociabilidade plenamente originais, encontráveis no menor comportamento da vida cotidiana, e que não se deixa levar de forma alguma pelos modelos culturais vigentes em Paris, Londres ou Chicago [de modo que] a cultura popular não só resiste notavelmente à cultura dominante, como também, frequentemente, consegue se impor a esta, de uma maneira dificilmente imaginável no Ocidente.[9]

Para existir tal resistência é necessário que as matrizes culturais em choque sejam antagônicas, como é o caso das culturas semitas e anglo-saxônicas. Essa parece ser uma diferença fundamental entre o Nordeste e as demais regiões brasileiras, sobretudo o Sul e o Sudeste, porque seu fundamento é a forte herança judaico-mourisca que se perpetuou no homem e na cultura do Nordeste.

Pesquisas recentes provam a atualidade e a importância do tema. O fenômeno marrano tem sido objeto de muitos artigos e investigações, reunidos por Lina Gorenstein e disponíveis na internet.[10] Hélio Daniel Cordeiro, fundador da Sociedade Hebraica para Estudos do Marranismo, descreveu a angústia dos marranos que, a partir dos anos 1980, começaram a trilhar o caminho do retorno ao judaísmo.[11]

Na mesma linha de pesquisa se destaca Marcos Silva, professor da Universidade Federal de Sergipe, que procurou historiar o movimento de retorno dos marranos nordestinos, especificamente o grupo de **bnei anussim** (*Filhos dos Forçados* [à conversão cristã]) do Rio Grande do Norte que, a partir dos anos 1970, retomaram sua identidade judaica ancestral e revitalizaram a comunidade hebraica de Natal, que havia fenecido na década anterior.[12]

Nelson Menda, em artigo que circulou no grupo de discussão Saudade-Sefarad, descreveu diversos costumes que foram "importados" [sic] do judaísmo. Ele diz que é de origem hebraica as mesas com gavetas, nas quais ficavam escondidas as comidas preparadas conforme preceitos dietéticos judaicos (comida *kasher*), "no caso de chegar alguma visita inesperada", quando então eram servidos comida *taref* (imprópria para o consumo judaico). Segundo o autor, essa seria a origem da fama de *pão-duro* atribuído aos judeus.

Também por motivos dietéticos, criaram a *alheira*, uma espécie de embutido, uma falsa linguiça, sem carne de porco, inventada pelos israelitas portugueses da Beira Alta e de Trás-os-Montes. Além disso, Nelson Menda identifica no hábito de passar a mão na cabeça das crianças, como reminiscência da patriarcal bênção hebraica, concedida com a colocação de ambas as mãos por sobre a cabeça do abençoado. Também o brasileiríssimo costume de oferecer bebida ao santo, seria herança do hábito de deixar um cálice de vinho para *Elyahi Hanavi*, o profeta Elias, porque durante a ceia da Páscoa, ele tem um lugar à mesa em todos os lares judaicos e criptojudaicos.[13]

Mas a grande autoridade e matriarca dos estudos sobre inquisição no Brasil é, sem dúvida, Anita Novinsky. Com uma produção intelectual imensa, reconhecida dentro e fora do Brasil, Novinsky é autora de inúmeros artigos, livros e ensaios sobre o tema.[14] Entretanto, uma de suas maiores contribuições foi o depoimento muito emocionado que essa professora aposentada da Universidade de São Paulo escreveu sobre os marranos de Campina Grande, na Paraíba. Nesse depoimento, Anita Novinsky afirmou ter encontrado no Nordeste "famílias brasileiras que nunca souberam que seus hábitos e costumes cotidianos eram judaicos".

Anita Novinsky relata que foi convidada para participar de uma cerimônia de *Kabalat Shabath* por um grupo intitulado "Amigos da Torá", de Campina Grande. Esse grupo tinha como *rosh* ("cabeça", líder) Davi Meneses, e era constituído por uma centena de pessoas, "gente culta, letrada, escritores, historiadores, poetas, políticos", diz a professora Novinsky, que acrescenta:

> Fiz duas descobertas na minha trajetória intelectual e nas duas descobri um "outro" Brasil, subterrâneo e velado. Na primeira [descoberta] registrei os nomes de descendentes de judeus que ajudaram a construir o Brasil. Sabemos hoje que cristãos-novos foram os primeiros escritores, poetas, médicos, comerciantes, agricultores, políticos e artesão na sociedade colonial. Na segunda [descoberta], presenciando a revivescência após cinco séculos de vida clandestina (...) encontrei um "outro" Brasil que palpita nas franjas da sociedade brasileira, cuja história ainda tem de ser desvendada por aqueles que a vivem, e escrita pelos antropólogos e historiadores que a ouvirem.[15]

Novinsky encerra seu comovente depoimento afirmando que considera os marranos legítimos judeus, e alerta: "Polêmicas e mais polêmicas têm surgido em torno desses brasileiros cristãos-novos que hoje se chamam de judeus. Críticas partem de vários setores do judaísmo, protestos de rabinos, dúvidas dos próprios judeus, que negam a esse brasileiro a liberdade de escolherem o que querem ser".[16]

Cremos que tal posicionamento seria ratificar a política do Santo Ofício e assim fazer triunfar o labor inquisitorial. Caso o *stablishment* judaico mantenha as portas, os olhos e os corações fechados para os *anussim*, para os *marranos*, para os cristãos-novos que decidiram retornar ao judaísmo, então teria coberto de glória aqueles zelosos dominicanos que dedicaram suas vidas a *atanazar* a vida dos judeus e criptojudeus. A recuperação de nossas tradições, tão em voga na pós-modernidade, implica reconhecer o impacto genético dos judeus na população nordestina e brasileira. Com a realização de tal resgate etnocultural, um novo trabalho deve ser realizado para *reinterpretar* o Nordeste e sua cultura.

Igual preocupação em *interpretar* o Nordeste, seu povo e sua cultura, está presente em toda imensa e profunda obra de Gilberto Freyre. A ele devemos as mais criativas especulações sobre nossa cultura, as mais saborosas descrições dos hábitos da nossa colonização, as mais ousadas reflexões sobre os benefícios da miscigenação, da hibridização das culturas e das gentes.

Entretanto, um homem por mais profundo que venha a ser, nunca será um oceano de saberes. Necessita de novas gerações de pesquisadores, para que suas ideias sejam aprofundadas e seu pensamento resgatado, submetido ao crivo da crítica e ao confronto com a realidade sempre metamórfica. Nesse sentido, pensando em contribuir para o aprofundamento das *interpretações* gilberteanas, escrevemos o presente ensaio. Temos consciência que se trata de um trabalho em todos os sentidos incompleto. Nosso objeto de estudo necessita, pois, de novas investigações, tanto de campo quanto teóricas, que proporcionem mais amplos e mais profundos estudos sobre a cultura e o homem luso-tropical, situado e adaptado na região Nordeste.

A vastidão epistêmica necessária à análise e interpretação das características de cada uma e de todas as culturas que contribuíram para a formação das civilizações do açúcar e do couro no Nordeste brasileiro, por sua própria imensidão, exige esforço multidisciplinar. Necessário, pois, o empenho não de um, mas de vários pesquisadores trabalhando no mesmo projeto. É tarefa monumental que pressupõe articulação teórica entre vários campos do saber, incluindo história, antropologia, sociologia, psicologia, filologia, geografia, economia, entre outras áreas científicas.

O leitor terá observado que nosso marco teórico foi estabelecido pelo ensaio *Nordeste*, de Gilberto Freyre. Apesar de o *mar conceitual* disperso no conjunto de sua obra exigir trabalho analítico muito mais extenso, sobretudo na identificação dos elementos judaicos e árabes constantes em sua prolífica bibliografia, conseguimos cotejar – em diferentes escritos – as reflexões relativas ao nosso objeto de estudo, que é a presença do elemento semita na formação étnica e cultural do Nordeste brasileiro.

Gilberto Freyre realizou o mais profundo mergulho na alma lusitana do homem nordestino e brasileiro. Entretanto, o que nos propusemos neste ensaio – ainda que por limitação de *cronos* e *topos* não tenhamos esgotado o tema –, foi dar um mergulho ainda mais profundo e mais radical: uma imersão nas camadas abissais da cultura semita que subjaz na (e é anterior à) etnia luso-tropical instalada e adaptada ao Nordeste do Brasil.

Na busca da elucidação das nossas raízes mais profundas, o auxílio da genética pode ser fundamental. Dois artigos publicados na revista *IstoÉ* indicam como as pesquisas com DNA pode ajudar na decodificação da nossa herança genética. Na seção ciência & tecnologia, Norton Godoy afirma:

> Mesmo sendo quase só europeia e muito semelhante à distribuição em Portugal, essa patrilinhagem apresenta curiosamente uma grande variedade. O que se deve [segundo o geneticista Sérgio Danilo Pena, da UFMG] à alta diversidade genética dos ibéricos, fruto de muitas invasões e imigrações para aquela região: celtas, fenícios, gregos, romanos, suevos, visigodos, judeus, árabes e berberes. O que ajuda a explicar uma taxa alta de cromossomo Y que ocorre em toda a área mediterrânea, **mas atinge frequências máximas entre judeus e libaneses**. Até o final do século XIV havia grande quantidade de judeus na Península

Ibérica. No século seguinte, a discriminação e perseguição católica aos judeus aumentaram até o ponto de serem expulsos de Portugal. Embora fossem proibidos de migrar para as Américas, muitos que se converteram ao cristianismo (cristãos-novos) acabaram vindo para o Brasil.[17]

Logo depois, a mesma revista publicou uma entrevista com Eduardo Cruz, professor da Pontifícia Universidade Católica de São Paulo, na qual afirma: "Um quarto da população brasileira é formado por cristãos-novos, judeus convertidos à força que vieram da Europa".[18] Estamos, pois, falando da dotação genética que grande parte da população brasileira compartilha com os semitas, de um modo geral, e com os judeus em particular.

Gil Guerra Júnior, livre-docente da Faculdade de Ciências Médicas da Universidade Estadual de Campinas, escreveu importante artigo sobre genética molecular dos cristãos-novos, em referência ao caso de anões da cidade de Orobó, Pernambuco. Diz o autor que, no final do século XVI, "quando da primeira visitação do Santo Ofício ao Brasil (1593-1595), já era considerável o número de cristãos-novos em Pernambuco. Numa amostragem com base nos depoimentos, pode-se estimar em 14% da população desta capitania nesta época".[19]

O artigo refere-se a pesquisas feitas em Orobó, onde seis crianças (de quatro famílias da região) com quadro clínico de síndrome de Laron foram objetos de descrição hormonal: "Em todas as crianças deste estudo foi realizado minucioso estudo molecular do gene do *GHR* (...). A avaliação complementar de 4 regiões intragênicas neste gene em todos os pacientes e familiares permitiu confirmar que todos apresentavam haplótipos idênticos".[20]

Segundo o professor Gil Guerra, o mesmo haplótipo foi observado em equatorianos descendentes de espanhóis e em uma família de judeus orientais, o que sugere "a ligação da origem dos judeus do Nordeste do Brasil aos judeus sefardins".[21] Segundo o autor:

> Recentemente, em estudo avaliando a síndrome de Laron em Israel e a relação com as origens étnicas, esta mesma mutação foi identificada também em judeus marroquinos, porém a ausência de dados sobre os polimorfismos não permitem estabelecer uma ligação entre os judeus marroquinos e aqueles provenientes da Península Ibérica para

o Nordeste do Brasil e outros locais da América do Sul; porém, deve-se lembrar que os judeus sefardins também migraram da Espanha e de Portugal após 1492 para o Norte da África e Oriente Médio.²²

Embora seja bastante discutível a demarcação de *pertencimento* e identidade étnica a partir de estudos genéticos, não se pode desprezar a contribuição que a genética molecular pode oferecer aos estudos da antropologia física, no que se refere à herança judaica incrustada na cultura e na população do Nordeste brasileiro.

Há cerca de dez anos, foi apresentado e aprovado em determinada universidade federal brasileira um projeto de pesquisa no qual o antropólogo Joseph Lévy, professor da Université du Québec à Montreal, que tinha acesso pessoal a pesquisadores do projeto Genoma, para fazer um estudo comparado entre o DNA da população do Seridó e de outras regiões nordestinas, a fim de verificar se havia pertinência na reivindicação de ascendência judaica por parte dos seridoenses.

Na época, em conversa com este ensaísta, a professora Anita Novinsky rejeitou o método genético, afirmando a primazia da historiografia, lembrando o perigo político implícito em tais investigações, sobretudo devido aos crimes em nome da *genetização ideológica*, cometidos pelo regime nazista. Essa rejeição foi o principal motivo pelo qual a pesquisa não foi realizada, porque Anita Novinsky era, e continua sendo, imprescindível em qualquer investigação sobre o fenômeno cristão-novo no Nordeste brasileiro.

Não obstante a compreensível negação de Anita Novinsky a pesquisas dessa natureza, existem rabinos que as apoiam. É o caso de Iaacov Kleiman, autor do artigo *Los genes judíos*, no qual se reporta a uma pesquisa sobre a sequência de DNA entre diferentes populações da diáspora judaica, confirmando a existência de um perfil comum que identifica a ascendência judaica e sua distribuição geográfica.²³

Os pesquisadores afirmaram: "Os grupos dispersos de judeus contemporâneos são realmente descendentes dos antigos hebreus da Bíblia ou algum grupo de judeus modernos são descendentes de convertidos ao judaísmo e/ou resultantes de casamentos mistos nos quais seriam escassos os 'genes judaicos'?".²⁴

O resultado da pesquisa mostrou a permanência das características genéticas das populações judaicas, ainda que dispersas pelo mundo. O rabino Iaacov Kleiman afirma que atualmente, com os desenvolvimentos do método genético, é possível provar essas hipóteses.

Segundo o rabino Kleiman, os pesquisadores planejam continuar os estudos relativos a variações genéticas nas populações que pretendem identificar seus antepassados judeus, no caso específico da Europa. O mais importante é que o rabino afirma: "a tradição judaica, tanto escrita quanto oral, aprova estes estudos genéticos".[25] Portanto, é possível que estejamos muito próximos do dia em que, grande parte da população, com um simples exame do ácido desoxirribonucleico elucidará em definitivo os mistérios da nossa formação étnica e, por extensão, cultural.

Nesse particular, não poderia deixar de destacar um fato da mais alta relevância, ligado às raízes judaicas de Gilberto Freyre. Na busca de afirmação identitária, descendentes do mestre de Apipucos fizeram exames de DNA para averiguação de suas origens. O resultado indicou que também a família Freyre descende dos judeus ibéricos. Assim, ficou demonstrado cientificamente que o próprio Gilberto Freyre tinha ascendência judaico-sefardi, como informa o jornalista Lauro Jardim, na revista *Veja*:

> Durante décadas, o sociólogo pernambucano Gilberto Freyre foi tachado de antissemita – injustamente, ressalte-se – por causa das referências aos judeus em sua obra capital, *Casa-grande & senzala*. Bem, acaba de sair do forno os resultados de uma investigação de DNA do sociólogo, feita pelo especialista Sérgio Pena. Dois netos de Freyre cederam células bucais para a pesquisa. Ironia das ironias, descobriu-se que ele descende de judeus sefarditas, expulsos de Portugal no final do século XV. Freyre morreu sem ter tido a menor ideia dessa ancestralidade.[26]

Revelação que implica reconhecer, em Gilberto Freyre, raízes judaicas provenientes dos cristãos-novos. Portanto, nem a orgulhosa cepa espanhola dos Freyre escapou da expansividade genética da *gente da nação*. Assim, pelo fato de os exames de DNA terem comprovado a ascendência judaica da família Freyre, podemos afirmar que Gilberto e seus parentes integram a metarraça formada pelos, por assim dizer, **velhos cristãos-novos**.

Esses cristãos-novos são descendentes dos antigos judeus ibéricos, que, transplantados para o Brasil, floresceram sob o sol da civilização lusotropical situada e adaptada neste **Nordeste** que – como o próprio Gilberto Freyre – também é **semita**.

FIM
ou, como dizem os judeus,
Tam ve-lo nishlam: **Está terminado mas não completo.**

Olinda/Cairo, primavera 2008

Notas ao Poslúdio

1. SARAIVA, José Hermano. *História concisa de Portugal.* 9. ed. Mira-Sintra: Europa-América, 1984. p. 21.
2. Cf. Ibidem, p. 19-21.
3. Cf. Ibidem, p. 76.
4. Ver GUIMARÃES, Rui Dias. *Teixeira de Pascoaes e o iberismo espiritual:* metamorfoses embrionárias da renascença. Vila Real: UTAD, 1996.
5. Ver SOUTO MAIOR, Laércio. *São os nordestinos uma minoria racial?* Londrina: Arles, 1985.
6. Cf. PENNA, Maura. *O que faz ser nordestino:* identidades sociais, interesse e o "escândalo" Erundina. São Paulo: Cortez, 1992. p. 156.
7. Cf. Ibidem, p. 157.
8. Ver RIBEMBOIM, Jacques. *Nordeste Independente.* Recife: Bagaço, 2002.
9. LAPANTINE, François. *Aprender antropologia.* São Paulo: Brasiliense, 1988. p. 189.
10. Consultar de GORENSTEIN, Lina. "Brasil marrano: as pesquisas recentes", no qual a autora apresenta relatório sucinto das pesquisas relacionadas à Inquisição e aos cristãos-novos que foram realizadas em anos recentes. Comunicação apresentada no Seminário Interno do Laboratório de Estudos sobre a Intolerância, 2005. Disponível, mediante solicitação ao autor, em: <http://www.rumoatolerancia.fflch.usp.br>. Acesso em: 25 nov 2008.
11. Ver CORDEIRO, Hélio Daniel. "Marranismo no Brasil no final do século XX". Disponível em: <http://www.judaica.com.br/materias/067>. Acesso em: 25 nov 2008.
12. Ver SILVA, Marcos. "Retorno ao judaísmo no Nordeste brasileiro: o caso dos marranos potiguares". Para disponibilidade deste artigo, consultar o autor no e-mail: <silva.marcos@uol.com.br>.
13. Cf. MENDA, Nelson. "Costumes brasileiros 'importados' do judaísmo". Em artigo que circulou na comunidade <saudades-sefarad@yahoogroups.com>.
14. Além das obras já indicadas, ler ainda, NOVINSKY, Anita. Ser marrano em Minas colonial. *Revista Brasileira de História.* São Paulo, ANPUH/Humanitas, v. 21, n. 40, p. 161-176, jul. 2001; e Idem. "A sobrevivência dos judeus na visão de Baruch Spinoza: o exemplo da Paraíba". In: VAINFAS, Ronaldo; FEITLER, Bruno; LIMA, Lana (Orgs.). *Inquisição em xeque:* temas, controvérsias e estudos de caso. Rio de Janeiro: Universidade do Estado do Rio de Janeiro, 2006.
15. NOVINSKY. "Os 'marranos' de Campina Grande: uma experiência inesquecível". Artigo postado por Henrique Veltman, em mensagem na qual afirma: "Eu insistia, já em 1973, que o Brasil era

a maior nação marrana do mundo e cheguei a pensar, junto com Boris Blinder, na época presidente da Organização Sionista do Brasil, num Encontro Nacional de Marranos Judeus Brasileiros". Retransmitido por Chaim Samuel Katz, em 23 jul. 2008. Disponível, a pedido, em: <caesar@dlch.ufrpe.br>.

16 Ibidem.
17 GODOY, Norton. Pé na taba: pesquisa com DNA prova a forte herança indígena e africana na população brasileira. *IstoÉ*, n. 1.592, p. 87, 5 abr. 2000.
18 Cf. VANNUCHI, Camilo. Religião é um perigo. *IstoÉ*, n. 1.593, p. 9, 12 abr. 2000.
19 GUERRA JÚNIOR, Gil. "Cristãos-novos no Nordeste e os anões de Orobó (PE): a genética molecular ligada à história do Brasil". Disponível, a pedido dirigido ao autor, em: <gilguer@fcm.unicamp.br>.
20 Ibidem.
21 Cf. Ibidem.
22 Ibidem.
23 KLEIMAN, Rab Iaacov. "Los genes judíos: investigación confirma la ascendencia (...) del mundo judio". Disponível em: <http://www.aishlatino.com/a/cym/48419957.html>. Acesso em: 25 nov. 2008.
24 Cf. Ibidem.
25 Ibidem.
26 Cf. JARDIM, Lauro. Origem revelada. *Veja*, n. 38, 20 set. 2000.

Posfácio
Uma página esquecida da história do Brasil

A historiografia brasileira, até algumas décadas atrás, havia esquecido uma página da história do Brasil: os cristãos-novos. Com base em pesquisas recentes, sabemos que os descendentes dos judeus portugueses forçados a se converter ao Catolicismo, no reinado do rei D. Manuel (1497), aportavam no Brasil desde os descobrimentos. Difícil precisar corretamente quantos cristãos-novos viviam na colônia portuguesa nos séculos XVII e XVIII, pois havia regiões mais intensamente povoadas e outras de rala população, porém sabemos que a maioria dos cristãos-novos que deixaram Portugal foram para a América, principalmente para o Brasil. A julgar por suas atividades e a frequência com que são mencionados nos processos inquisitoriais, penso que a metade da população branca luso-brasileira, ou nascida no Brasil, era de origem judaica.

Um Tribunal foi criado em 1536, quase meio século depois da conversão, para julgar o comportamento religioso dos convertidos e esse foi o único caso na história em que foi criada uma Corte de Justiça para vigiar os atos e o comportamento de um povo. O Tribunal do Santo Ofício da Inquisição funcionou três séculos, e penitenciou milhares de portugueses acusados de heresia judaica.

O Santo Ofício, a Igreja e a Coroa compactuaram na busca dos suspeitos, e foram sacrificados homens, mulheres e jovens de catorze e quinze anos, completamente inocentes do crime de que eram acusados, conforme testemunhou o padre Antonio Vieira, que com eles conviveu, tanto na Bahia como em Portugal e na Holanda.

O comportamento dos cristãos-novos no Brasil, como em Portugal, não foi uniforme. Havia graus de fervor religioso, desde os céticos e agnósticos até os ardorosos seguidores da religião judaica. Se o Novo Mundo se abriu para alguns cristãos-novos que, escondendo sua origem, conseguiram se diluir em meio a sociedade ampla e desaparecer para o judaísmo, fechou-se para outros que persistiram na fé de seus antepassados.

Estes responderam à perseguição inquisitorial e à ferocidade do Tribunal construindo uma Segunda Vida, onde os ensinamentos de seus pais e avós eram lembrados e transmitidos de geração em geração. Constituíram verdadeiras "sociedades secretas" em todo o Brasil, se comunicavam através de símbolos e mantiveram sua identidade judaica, alimentando seus sonhos messiânicos e suas esperanças de redenção.

Na sociedade colonial os cristãos-novos estavam divididos entre aqueles que judaizavam e os cristãos-novos cristianizados. Havia ainda aqueles que não seguiam os preceitos religiosos e que em nada criam, mas se identificavam como judeus. Os totalmente cristianizados ficavam distantes e se aproximavam depois que, penitenciados, saíam da prisão. Muitos cristãos-novos eram presos sem provas, apenas por denúncias, e aprendiam as práticas judaicas com seus companheiros de cárcere.

Para o Brasil os cristãos-novos trouxeram seus costumes, suas tradições, sua dietética e sua fé em um único Deus – *Adonai*. Para o Brasil trouxeram sua aversão às imagens, à confissão e a todos os dogmas. Assim, enquanto uma parte dos cristãos-novos se afastou completamente do judaísmo, outra parte reforçou cada vez mais sua fé. Muitas tradições e muitos rituais se perderam. E, enquanto empalideciam as práticas religiosas, reforçava-se a "identidade" judaica.

Os cristãos-novos pertenciam a todas as classes sociais – desde magnatas até pobres artesãos. Os homens de negócio nem sempre eram muito ricos. Tanto entre os cristãos-novos cristianizados como entre os judaizantes encontramos uma elite culta, de profissionais diplomados na Universidade de Coimbra. Pesquisas genealógicas feitas por Paulo Valadares revelaram as origens judaicas de ilustres brasileiros, como Chico Buarque de Holanda, filho de meu saudoso professor Sérgio Buarque de Holanda, descendente de rabinos de Barcelos; de Joaquim Nabuco, o grande batalhador pela libertação dos escravos; do poeta Vinicius de Moraes; do ex-governador de São Paulo, Abreu Sodré, e tantos outros.

Uma das profissões mais procuradas no Brasil era a medicina, uma tradição entre os judeus. Segundo Licurgo Santos, quase todos os médicos da colônia eram judeus. A primeira Academia de Ciências no Brasil foi fundada no Rio de Janeiro em 1772, pelo cristão-novo dr. José Henriques Ferreira. Foi uma tentativa dos cristãos-novos de modernizar e introduzir um pensamento científico no Brasil. Henriques Ferreira acompanhou o vice-rei do Brasil, Marques de Lavradio, como seu médico particular. Trouxe consigo seu velho pai, cirurgião, que tinha acabado de sair penitenciado dos cárceres da Inquisição, e um irmão, ambos cientistas.

A ignorância da classe dirigente portuguesa não podia admitir o progresso de sua colônia, que só devia produzir riqueza para o exterior. Desiludido e sem recursos, José Henriques Ferreira fechou a Academia e com seu irmão voltou para Portugal, onde morreu.

Todos os cristãos-novos do Brasil, cujos processos examinei, eram alfabetizados. Gilberto Freyre refere-se à mania dos brasileiros de ser bacharel, andar de *pince-nez* e anel no dedo – e muitos tomam essa caracterização como negativa e estereotipada. Mas tem razão o grande antropólogo, pois o estudo é um dos maiores valores do judaísmo. Essa tendência ao estudo não foi adquirida na diáspora, como meio de ascender socialmente, mas vem dos tempos antigos. Todo judeu tem de saber ler, porque só pode ser um judeu íntegro aquele que ler a Torá.

No Brasil também grande parte das mulheres era alfabetizada. E, em muitos casos, é interessante que os filhos bastardos dos senhores de engenho cristãos-novos com escravas negras herdavam como os filhos legítimos, o que não era regra na colônia, e às vezes eram enviados para Universidade de Coimbra.

Apesar dessa inclinação para os estudos, não podemos falar em uma "mente judia" no sentido usado pelos norte-americanos, *The Je-*

wish Mind. O novo *habitat* mudou interesses, valores e hábitos. Os largos horizontes, o imenso território, perigoso e desconhecido, a luta contra a população autóctone, criaram um novo homem – o aventureiro, o guerreiro, o bandeirante intrépido e corajoso. Um exemplo que mostra como no Brasil os cristãos-novos se revelaram capazes de atitudes jamais imaginadas pelos judeus *ashkenazes*, nas regiões onde viveram, é o do bandeirante Antonio Raposo Tavares. Além das guerras que promoveu contra os jesuítas das Missões, foi violento na sua atuação contra o Provincial, matando-o, porque era Comissário da Santa Inquisição de Lima. E quando um jesuíta lhe perguntou que Lei o autorizava a matar jesuítas e destruir igrejas, Raposo respondeu "A Lei que Deus deu a Moisés no Sinai". Essa foi sua declaração de judaísmo.

No Brasil, os cristãos-novos demoliram antigos estereótipos relativos aos judeus, como, por exemplo, de que não eram capazes de dedicar-se à agricultura. Durante todo o período colonial, os cristãos-novos foram principalmente agricultores, tirando da terra sua subsistência. Muitas vezes comerciavam o açúcar que eles mesmos produziam – o que lhes trazia os maiores lucros.

Os mouros foram menos numerosos no Brasil do que os cristãos-novos, e seu papel não parece tão decisivo. Quando se deu em Portugal o fenômeno da conversão, tanto judeus como mouros foram obrigados a se converter. Deu-se então um fato bastante significativo: D. Manuel dispensou aos judeus um tratamento muito diferente ao dos árabes. Aos árabes, deu uma opção: converter-se ou sair de Portugal. Aos judeus não deu nenhuma escolha: todos foram forçados ao batismo, e proibidos de deixar o país. O humanista português Damião de Góis, autor da *Crônica ao Fidelíssimo rei D. Manoel*, explicou bem a razão dessa diferença. "Os árabes", diz Góis, "tinham impérios, reis, terras, e poderiam vingar-se dos cristãos que viviam em seus territórios. Mas os judeus não tinham nem reis, nem terras, nem impérios, e ninguém para os defender. Essa é a razão porque o Rei deixou sair os árabes e não os judeus".

Meu saudoso professor Joaquim Barradas de Carvalho costumava contar, em aula, que os árabes saíram de Portugal muito cedo, em 1212, durante a batalha de Las Navas de Tolosa, enquanto a Espanha ficou com o inimigo político em seu território até 1492. Livre de um inimigo interno, Portugal pode ser mais largo, mais generoso e menos intolerante do que sua vizinha Espanha.

Caesar Sobreira procurou nesta obra, nos passos do mestre Gilberto Freyre, resgatar o legado que o judaísmo deixou na cultura nordestina. Os resultados dos trabalhos realizados por uma equipe de pesquisadores do Laboratório de Estudos sobre a Intolerância, na Universidade de São Paulo, provam o pioneirismo dos trabalhos de Caesar Sobreira, pois, há muitos anos, recebi dele um pequeno volume, também intitulado *Nordeste semita*, no qual ele já mostrou o que nenhum autor fizera antes: que os nordestinos são descendentes de judeus.

Durante muito tempo, depois que o Tribunal da Inquisição em Portugal foi abolido (1821), pensou-se que os cristãos-novos tivessem sido absorvidos pela Igreja Católica. Onde ficaram aqueles milhares de brasileiros, vivendo gerações e gerações nos subterrâneos da história? Os cristãos-novos ficaram nos livros, mas na vida real nada se ouvia sobre eles. Alexandre Herculano, Camilo Castelo Branco no século XIX, João Lúcio de Azevedo, João Mendes dos Remédios e outros no século XX, escreveram obras importantes sobre os cristãos-novos e a Inquisição. Mas foi no Brasil que se produziram as mais belas páginas evocadoras do drama marrano. Machado de Assis foi um pioneiro com o poema "A cristã nova", no qual com sutileza e sensibilidade descreveu a história do mundo dividido dos cristãos-novos, levando ao extremo o amor e o sacrifício.

Um fenômeno estranho, no início do século XX veio despertar a curiosidade do mundo: Belmonte. Nas alturas da serra da Estrela foi encontrado, escondido, o judaísmo. Em toda a vila, viviam cristãos-novos judaizantes, "casa sim, casa não", como costumavam dizer. Velhos, pobres, morando miserável, mas dignamente, ainda sempre "encobertos", pois ninguém devia saber o que se passava no interior de suas casas. Homens e mulheres colocavam suas mercadorias sobre os burrinhos e iam vendê-las nas feiras da redondeza.

O medo não os abandonou, e quando os visitei, só acreditaram em mim depois que lhes provei que era judia. Isolados, casando sempre entre si, guardam o *shabbat* e algumas festas judaicas. Vivem – como disse Jacques Derrida – "um tempo que não quer passar..."

E o Brasil? Onde ficaram os tenazes judaizantes da Bahia, de Minas, do Rio de Janeiro, de Goiás, de Pernambuco, da Paraíba?

Hoje, passa-se um fenômeno curioso no Brasil que podemos caracterizar como um verdadeiro movimento de retorno às raízes. Em João Pessoa, Campina Grande, Recife, Fortaleza, Alagoas, Sergipe, São Luís, Natal e outros estados, encontramos indivíduos e também grupos que seguem os preceitos da religião judaica e procuram avidamente descobrir seu passado. Alguns, os mais cultos, procuram se informar sobre o significado dessas práticas, buscam conhecer a história, saber o que aconteceu com eles no passado. Alguns se converteram segundo as regras ortodoxas. Outros não querem se converter, pois dizem que seus antepassados sempre foram judeus, e negam-se a obedecer às regras dos rabinos. Há também, entre a população mais carente, os que não sabem por que fazem certas cerimônias e negam-se a ir à igreja e batizar seus filhos. Tudo de uma maneira vaga, sem saber explicar o "porquê" desses atos. Sempre repetem que seus pais, avós, uma tia ou um vizinho lhe ensinaram que a Lei de Moisés era a verdadeira e que só nela se poderiam salvar. As práticas se misturam e o Nordeste se transforma em um verdadeiro laboratório de antropologia, que merece aprofundar tais estudos.

Um professor do *Collège de France*, o antropólogo Nathan Wachtel, já há alguns anos pesquisa o comportamento dos descendentes de marranos no Brasil, que no século XXI revelam muita coisa que antes tinham medo de contar. O que foi guardado durante séculos em segredo? Em Israel encontrei diversos brasileiros do Nordeste, já perfeitamente integrados à ortodoxia judaica. Alguns estudam na Universidade, outros estão na *Yeshiva* (escolas onde o tempo integral é dedicado ao estudo da Torá) e de vez em quando são visitados pelas famílias brasileiras.

Há rivalidades e desentendimentos entre os cristãos-novos no Brasil, de uma região para outra, e às vezes entre os da mesma região. As disputas têm relação com o próprio judaísmo. Em geral nascem das desconfianças dos "retornados" mais radicais, que negam serem judeus certos grupos, apontando-os como "falsos", messiânicos ou envangélicos.

A confusão entre os cristãos-novos no Brasil aumenta ainda mais quando grupos messiânicos afirmam categoricamente que são judeus – mas creem em Jesus Cristo como o Messias. O conflito central entre o judaísmo e o cristianismo concentra-se principalmente no messianismo. O conceito de redenção no judaísmo e cristianismo são totalmente diferentes – e completamente irreconciliáveis. Procurei explicar a alguns messiânicos que um judeu pode até ser ateu, mas não pode ser cristão.

Entretanto, há dúvidas sobre o futuro dos cristãos-novos no Brasil. Qual o desfecho?

Em Belmonte encontrei uma maioria de idosos. Não vi nenhum jovem na Sinagoga. Uma doutrinação ultraortodoxa tentou incutir-lhes uma religião fanática, que lhes era estranha, e afugentou a mocidade. No Brasil, ao contrário, os mais ativos são os jovens e os de meia-idade.

Em Campina Grande, por exemplo, a religião judaica é rigorosamente obedecida. Muitos não negam que oscilaram entre vários credos, passando pelo messianismo, pelo evangelismo, até que chegaram ao judaísmo. Mas suas origens são judaicas, e é onde querem ficar e pertencer.

Em Campina Grande todos rezam em uma sinagoga improvisada, enquanto estão construindo a definitiva. Todos os membros do grupo "Amantes da Torá" colaboram na construção, e uma mulher me contou que prepara geleia caseira, e, cada três vidros que vende, compra um saco de areia para a sinagoga. O idioma hebraico é ensinado às crianças por um professor que veio de Alagoas.

Fiquei comovida ao ver, um após o outro, ao chegar à sinagoga, no sábado pela manhã, beijar a *mezuzá*. O ofício religioso foi feito inteiramente em hebraico e quando ouvi, no final, todos cantarem juntos o hino nacional de Israel – *Hatikvá* –, e em hebraico!, chorei.

Que força misteriosa interior fez brasileiros sobreviverem como judeus secretos, após tantas perseguições e humilhações?

Por fim, é triste vê-los deslocados, sem pertencer ao cristianismo nem ao judaísmo. Para os cristãos, não são cristãos, e para os judeus, não são judeus. Quinhentos longos anos de espera... ainda em vão.

ANITA WAINGORT NOVINSKY
Professora livre-docente do Departamento de História da USP, onde preside o Laboratório de Estudos sobre a Intolerância

Bibliografia

ABREU, Aurélio. Reino encantado: messianismo e morte no sertão. *Revista Planeta*. São Paulo: Planeta, s.d.

ABREU, José Capistrano de. *Capítulos da história colonial (1500--1800)*. Rio de Janeiro: SCA, 1954.

ABREU E LIMA, José Inácio de. Combate do Rodeador ou da Pedra (1820). *Revista do Instituto Arqueológico, Histórico e Geográfico de Pernambuco*. Recife, nº 57, 1903.

AGUIAR, Cláudio. *Caldeirão*. 4. ed. Rio de Janeiro: Calibán, 2005.

AL-BAGHDADI, Abdurrahman. *Deleite do estrangeiro em tudo que é espantoso e maravilhoso*. São Paulo: CEA/USP, 2008.

ALMEIDA, G. G. de. *Heróis indígenas do Brasil*: memórias sinceras de uma raça. Rio de Janeiro: Cátedra, 1988.

ANDRADE, Manoel Correia de. Uma visão autêntica do Nordeste. In: FREYRE, Gilberto. *Nordeste*. São Paulo: Global, 2004.

ANTONIL, André João. *Cultura e opulência do Brasil*. Belo Horizonte: Itatiaia; São Paulo: Edusp, 1982.

ARMSTRONG, Karen. *Jerusalém, uma cidade, três religiões*. São Paulo: Companhia das Letras, 2000.

ARRUDA, J. J. *História antiga e medieval*. São Paulo: Ática, 1990.

ASHERI, Michael. *O judaísmo vivo:* as tradições e as leis dos judeus praticantes. Rio de Janeiro: Imago, 1987.

AUZOU, Georges. *A tradição bíblica*. São Paulo: Duas Cidades, 1971.

AZEVEDO, Maria Amélia. *Incesto pai-filha: um tabu menor de um Brasil menor.* [tese de livre-docência]. São Paulo: Universidade de São Paulo, 1992.

BAKAN, David. *Freud et la tradition mystique juive*. Paris: Payot, 1977.

BALANDIER, Maurice. *O enigma do dom*. Rio de Janeiro: Civilização Brasileira, 2001.

BARLÉUS, Gaspar. *História dos fatos recentemente praticados durante oito anos no Brasil*. Belo Horizonte: Itatiaia; São Paulo: Edusp, 1974.

BARRETO, Luiz do Rego. *Memória justificativa sobre a conducta do marechal de campo Luiz do Rego Barreto durante o tempo em que foi governador de Pernambuco e presidente da Junta Constitucional do Goberno da mesma província*. Recife: Conselho Estadual de Cultura de Pernambuco, 1971.

BARROS, S. *Messianismo e violência de massa no Brasil*. Rio de Janeiro: Civilização Brasileira, 1986.

BASTIDE, Roger. *As religiões africanas no Brasil*. 3. ed. São Paulo: Pioneira, 1989.

BENEDICT, Ruth. *O crisântemo e a espada*. São Paulo: Perspectiva, 2007.

BEN HAKANA, Nehuniá. *Bahir:* o livro da criação. Rio de Janeiro: Imago, s.d.

BEN ISRAEL, Menasseh. *Esperanza de Israel*. Madrid: Hiperión, 1987.

BENSION, Ariel (Ed.). *O Zohar:* o livro do esplendor. São Paulo: Polar, 2006.

BEZERRA, Felte. *Etnias sergipanas*. Aracaju: Livraria Regina, 1950.

BÍBLIA de Jerusalém. Paulinas: São Paulo, 1987.

BÍBLIA Hebraica. São Paulo: Sêfer, 2006.

BLACKBURN, Simon. *Dicionário Oxford de filosofia*. Rio de Janeiro: Jorge Zahar, 1987.

BLANCO, Guillermo. *Camisa Limpia*. Santiago de Chile: Universitaria, 1989.

BORTNIK, Eachel. Retorno al judaizmo despues de 500 anyos: istoria de sovrevivencia, koraje i esperanza. *Aki Yersushalayim. Revista Kulturala Djudeo-espanyola*. Anyo 15, 49, Jerusalém, 1995.

BRANDÃO, Ambrósio Fernandes (Pseudoepigráfico). *Diálogos das grandezas do Brasil*. Recife: Imprensa Universitária/UFPE, 1966.

_____. (Pseudoepigráfico). *Diálogos das grandezas do Brasil*. São Paulo: Melhoramentos, 1977.

BROD, Benno. O messianismo no Brasil. In: PADIM, Cândido et al. *Missão da Igreja no Brasil*. São Paulo, 1973.

CABRAL, Flávio José Gomes. *Paraíso terreal:* a rebelião sebastianista na serra do Rodeador – Pernambuco, 1820. São Paulo: Annablume, 2004.

CALADO, Frei Manoel. *O valeroso Lucideno e o triunfo da liberdade*. 4. ed. Recife: Fundarpe, 1985.

CASCUDO, Luis da Câmara. *Mouros e judeus na tradição popular do Brasil*. Recife: Secretaria de Educação e Cultura de Pernambuco, 1978.

_____. *Mouros, franceses e judeus:* três presenças no Brasil. São Paulo: Perspectiva, 1984.

CHACON, Vamireh. *Deus é brasileiro:* o imaginário do messianismo político no Brasil. Rio de Janeiro: Civilização Brasileira, 1990.

CHAGAS, F. B. das. Descrições do município do Bonito no anno de 1881. *Revista do Instituto Arqueológico, Histórico e Geográfico de Pernambuco*. Recife, nº 37, 1890.

CORDEIRO, Hélio Daniel. Marranismo no Brasil no final do século XX. In: *Revista Judaica*. São Paulo: Sociedade Hebraica para Estudos do Marranismo, nº 67. Disponível em: <http://www.judaica.com.br/materias/067_12a14.htm>. Acesso em: 25 nov. 2008.

CUKIERKORN, Jacques. *Retornando Coming Back: a description and historical perspective of the Crypto-Jewish Community of Rio Grande do Norte, Brazil*. Thesis for Ordination. Cincinnati: Hebrew Union College – Jewish Institute of Religion, 1994.

CUKIERKORN, Jacques. *HaMadrij: La guía de los valores y prácticas del judaísmo moderno*. USA: European Association of Jewish Studies, 2002.

CUNHA, Euclides da. *Os sertões*. São Paulo: Abril Cultural, 1979.

_____. *Os sertões* – campanha de Canudos. São Paulo: Abril Cultural, 1982.

DINES, Alberto. *O baú de Abravanel*. São Paulo: Companhia das Letras, 1990.

_____. *Vínculos do fogo*: Antônio José da Silva, o Judeu, e outras histórias da inquisição em Portugal e no Brasil. São Paulo: Companhia das Letras, 1992.

DURAND, Gilbert. *As estruturas antropológicas do imaginário*. São Paulo: Martins Fontes, 1997.

DURANT, Will. *A idade da fé:* história da civilização medieval. 2. ed. Rio de Janeiro: Record, s.d.

EBAN, Abba. *A história do povo de Israel*. 4. ed. Rio de Janeiro: Bloch, 1982.

ELIADE, Mircea. *História das crenças e das ideias religiosas: De Gautama Buda ao triunfo do cristianismo – Das provações do judaísmo ao crepúsculo dos deuses*. Tomo II, v. 2. Rio de Janeiro: Zahar, 1979.

_____. *História das crenças e das ideias religiosas:* De Maomé à idade das reformas. Tomo III. Rio de Janeiro: Zahar, 1984.

_____. *O sagrado e o profano: a essência das religiões*. Lisboa: Livros do Brasil, s.d.

ESPÍRITO SANTO, Moisés. *Origens orientais da religião popular portuguesa*. Lisboa: Assírio & Alvim, 1988.

EYMERICH, Nicolau. *Manual dos inquisidores*. Rio de Janeiro: Rosa dos Ventos; Brasília: Universidade de Brasília, 1993.

FAIGUENBOIM, Guilherme; VALADARES, Paulo; e CAMPAGNANO, Anna Rosa (Orgs.). *Dicionário sefaradi de sobrenomes – inclusive cristãos-novos*. São Paulo: Fraiha, 2003.

FEITOSA, Padre Antonio. *Falta um defensor para o padre Cícero*. São Paulo: Loyola, 1983.

FERREIRA, Luzilá Gonçalves. *Os rios turvos*. Rio de Janeiro: Rocco, 1993.

FREUD, Sigmund. O futuro de uma ilusão. In: *Obras psicológicas completas de Sigmund Freud*. 2. ed. vol. XXI. Rio de Janeiro: Imago, 1897.

FREYRE, Gilberto. *Seleta para jovens*. 4. ed. Rio de Janeiro: José Olympio; Brasília: Instituto Nacional do Livro, 1980.

_____. *Insurgências e ressurgências atuais:* cruzamentos de sins e nãos num mundo em transição. Rio de Janeiro: Globo, 1986.

_____. *Interpretación del Brasil*. 2. ed. México: Fondo de Cultura Económica, 1987.

_____. Prefácio. In: MELLO, José Antonio Gonsalves de. *Tempo dos flamengos:* influência da ocupação holandesa na vida e na cultura do norte do Brasil. Recife: Massangana/Fundaj, 1987.

_____. *Sobrados e Mucambos:* decadência do patriarcado rural e desenvolvimento do urbano. 8. ed. Rio de Janeiro: Record, 1990.

_____. *Casa-Grande & Senzala:* formação da família brasileira sob o regime da economia patriarcal. 27. ed. Rio de Janeiro: Record, 1990.

_____. *Nordeste:* aspectos da influência da cana sobre a vida e a paisagem do Nordeste do Brasil. 7. ed. São Paulo: Global, 2004.

GITLITZ, David. *Secreto y engaño: la religión de los criptojudíos.* Salamanca: Junta de Castilla y León, 2003.

GODOY, Norton. Pé na taba: pesquisa com DNA prova a forte herança indígena e africana na população brasileira. *IstoÉ*, nº 1592, 05 abr. 2000, p. 87.

GORENSTEIN, Lina. Brasil marrano: as pesquisas recentes. Disponível em: <http://www.rumoatolerancia.ffclh.usp.br/node/104>. Acesso em: 26 nov. 2008.

GUIMARÃES, Rui Dias. *Teixeira de Pascoaes e o iberismo espiritual: metamorfoses embrionárias da renascença.* Vila Real: UTAD, 1996.

GUERRA Jr., Gil. Cristãos-novos no Nordeste e os anões de Orobó (PE): a genética molecular ligada à história do Brasil. Disponível sob pedido dirigido ao autor em: <gilguer@fcm.unicamp.br>.

HADDAD, Gérard. *Maimônides.* São Paulo: Estação Liberdade, 2003.

HÉLIO, Mário. *O Brasil de Gilberto Freyre.* Comunigraf: Recife, 2000.

JARDIM, Lauro. Origem revelada. In: *Veja*, nº 38, 20 set. 2000.

Judeus de novo. *Veja*, nº 639, 03 dez. 1980, [p.?].

Judeus secretos, *Visão*, nº 34, 22 set. 1980, p. 35.

KATZ, Chaim. Apresentação quase prefácio ao *Nordeste Semita.* Texto inédito.

KLEIMAN, Rab Iaacov. Los genes judíos: investigación confirma la ascendencia y el origen geográfico común del mundo judío. Disponível em: <http://www.aishlatino.com/actualidad/cienciamedicina/Los_Genes_Judios.asp #authorBottom>. Acesso em: 25 nov. 2008.

KOCH, Paul. *Illuminati.* São Paulo: Planeta, 2005.

LAMM, Maurice. *Bem-vindo ao judaísmo:* retorno e conversão. São Paulo: Sêfer, 2004.

LANTERNARI, Vittorio. *A religião dos oprimidos:* um estudo dos modernos cultos messiânicos. São Paulo: Perspectiva, 1974.

LAPLANTINE, François. *Aprender antropologia.* São Paulo: Brasiliense, 1988.

LÉVI-STRAUSS, Claude. *O cru e o cozido* – Mitológicas. Vol 1. São Paulo: Cosac & Naify, 2004.

LEWIS, Bernard. *Judeus do Islã.* Rio de Janeiro: Xenon, 1990.

_____. *Gaspar da Gama*: um converso na frota de Cabral. Rio de Janeiro: Nova Fronteira, 1987.

LIPINER, Elias. *Izaque de Castro:* o mancebo que veio preso do Brasil. Recife: Massangana/Fundaj, 1992.

LLOSA, Mário Vargas. *A guerra do fim do mundo.* Rio de Janeiro: Alfaguara, 2008.

LOPES, Ribamar (Org.). *Literatura de cordel:* antologia. Vol. 14, Fortaleza: Banco do Nordeste do Brasil, 1982.

MAIMÔNIDES, Moisés [Moshé Ben Maimon]. *Os 613 mandamentos:* Tariag ha-Mitzvoth. São Paulo: Nova Stella, 1990.

MANDEL, Gabriel. *Como reconhecer a arte islâmica.* São Paulo: Martins Fontes, 1985.

MARIANNO FILHO, José. *Influências muçulmanas na architectura tradicional brasileira.* Rio de Janeiro: A Noite, [193?].

MARTINS, José V. de Pina. Consolação às tribulações de Israel: alguns dos seus aspectos messiânicos e proféticos – uma obra--prima da língua e das letras portuguesas. In: USQUE, Samuel. *Consolação às tribulações de Israel.* Lisboa: Calouste Gulbenkian, 1989.

MÉCHOULAN, Hénry. Introducción. In: BEN ISRAEL, Menasseh. *Esperanza de Israel.* Madrid: Hiperión, 1987.

MEDEIROS, João F. Dias. *Nos passos do retorno.* Natal: Edição do Autor, 2005.

MELLET, Ernesto. Judaísmo em Caicó. *Jornal Em Síntese*, nº 1, dez. 1986, p. 3.

MELLO, Evaldo Cabral de. *O nome e o sangue:* uma fraude genealógica no Pernambuco colonial. São Paulo: Companhia das Letras, 1989.

MELLO, Frederico Pernambucano de. *Guerreiros do sol:* o banditismo no Nordeste do Brasil. Recife: Massangana/Fundaj, 1985.

MELLO, José Antonio Gonsalves de. Introdução aos *Diálogos das grandezas do Brasil.* Recife: Imprensa Universitária/UFPE, 1966.

_____. *Tempo dos flamengos*: influência da ocupação holandesa na vida e na cultura do Norte do Brasil. Recife: Massangana/Fundaj, 1987.

_____. *Gente da nação: cristãos-novos e judeus em Pernambuco – 1542-1654.* Recife: Massangana/Fundaj, 1989.

MENDA, Nelson. Costumes brasileiros 'importados' do judaísmo. Artigo disponível na comunidade: <saudades-sefarad@yahoogroups.com>.

MENDONÇA, Heitor Furtado de. *Primeira visitação do Santo Ofício às partes do Brasil: confissões da Bahia, 1591-92.* Rio de Janeiro: Sociedade Capistrano de Abreu, 1935.

MÉTRAUX, Alfred. *A religião dos tupinambás e suas relações com a das demais tribos tupis.* 2. ed. São Paulo: Edusp/Nacional, 1979.

MORAIS, Vamberto. *Pequena história do antissemitismo.* São Paulo: Difel, 1972.

MOREAU, Pierre; e BARO, Roulox. *História das últimas lutas no Brasil entre holandeses e portugueses e Relação da viagem ao país dos tapuias.* Belo Horizonte: Itatiaia; São Paulo: Edusp, 1979.

MOTT, Luiz. *A Inquisição em Sergipe: do século XVI ao XIX.* Aracaju: Fundação Estadual de Cultura, 1989.

MYSCOFISKI, C. *When men walk dry: portuguese messianism in Brazil.* Atlanta: Scholars Press, 1988.

NAHAÏSE, Giuseppe. Maimônides – vida e obra. In: MAIMÔNIDES [Moshé Ben Maimon]. *Os 613 mandamentos. Tariag ha-Mitzvoth.* São Paulo: Nova Stella, 1990.

NARBER, Gregg. *Entre a cruz e a espada:* violência e misticismo no Brasil rural. São Paulo: Terceiro Nome, 2003.

NEFZAUI, Sheique. *O jardim das delícias.* Rio de Janeiro: Cátedra, 1981.

NOVINSKY, Anita; e CARNEIRO, Maria Luiza Tucci. *Inquisição:* ensaios sobre mentalidade, heresia e arte. Rio de Janeiro: Expressão e Cultura; São Paulo: EDUSP, 1992.

NOVINSKY, Anita. *Cristãos novos na Bahia: a Inquisição.* 2. ed. São Paulo: Perspectiva, 1992.

⸺⸺⸺⸺. *Inquisição: rol dos Culpados. Fontes para a história do Brasil (século XVIII).* Rio de Janeiro: Expressão e Cultura, 1992.

⸺⸺⸺⸺.; e KUPERMAN, Diane (Orgs.). *Ibéria-Judaica:* roteiros da memória. Rio de Janeiro: Expressão e Cultura; São Paulo: Edusp, 1996.

⸺⸺⸺⸺. Ser marrano em Minas colonial. *Revista Brasileira de História.* São Paulo: ANPUH/Humanitas, vol. 21, nº 40, jul. de 2001, p. 161-76.

⸺⸺⸺⸺. A sobrevivência dos judeus na visão de Baruch Spinoza: o exemplo da Paraíba. In: VAINFAS, Ronaldo; FEITLER, Bruno; e LIMA, Lana (Orgs.). *Inquisição em xeque:* Temas, controvérsias e estudos de caso. Rio de janeiro: Universidade do estado do Rio de Janeiro, 2006.

⸺⸺⸺⸺. Os "marranos" de Campina Grande: uma experiência inesquecível. Retransmitido por Chaim Samuel Katz, em 23 jul. 2008. Disponível, a pedido, em caesar@dlch.ufrpe.br.

⸺⸺⸺⸺. *Inquisição: inventários de bens confiscados a cristãos-novos.* Lisboa: Imprensa Nacional, s.d.

NUNES, Maria Thétis. A inquisição e a sociedade sergipana. In: NOVINSKY, Anita; e CARNEIRO, Maria Luiza Tucci. *Inquisição:* ensaios sobre mentalidade, heresia e arte. Rio de Janeiro: Expressão e Cultura; São Paulo: EDUSP, 1992.

OMEGNA, Nelson. *Diabolização dos judeus:* martírio e presença dos sefardins no Brasil colonial. Rio de Janeiro: Record, 1969.

ORNELLAS, Manoelito. *Gaúchos e beduínos:* a formação étnica e a formação social do Rio Grande do Sul. Rio de Janeiro: José Olympio, 1956.

ORO, Pedro Ari. *Na Amazônia um messias de índios e brancos*: traços para uma antropologia do messianismo. Petrópolis: Vozes, 1989.

OTTEN, Alexandre. *Só Deus é grande:* a mensagem religiosa de Antonio Conselheiro. São Paulo: Loyola, 1990.

PENNA, Maura. *O que faz ser nordestino:* identidades sociais, interesse e o "escândalo" Erundina. São Paulo: Cortez, 1992.

PESSOA, Antonio Leite. *História da civilização da Arábia e do Brasil desde a Idade Média.* Rio de Janeiro: Achiamé, 1983.

PITTA, Danielle Perin Rocha. *Iniciação à teoria do imaginário de Gilberto Durand*. Rio de Janeiro: Atlântica, 2005.

POLIAKOV, Léon. *De Maomé aos marranos:* história do antissemitismo II. São Paulo: Perspectiva, 1984.

QUEIROZ, Maria Isaura Pereira de. *O messianismo no Brasil e no mundo*. São Paulo: Edusp/Dominus, 1965.

QUIRING-ZOCHE. Luta religiosa ou luta política? O levante dos malês na Bahia segundo uma fonte islâmica. *Afro-Ásia*, n°s 19-20, 1997, p. 229-38.

RAMAGEM, Sonia Bloomfield. *A fênix de Abraão:* um estudo sobre cristãos-novos retornados ao judaísmo de seus ancestrais. Brasília: Universidade de Brasília, 1994.

RAMOS, Arthur. *Introdução à antropologia brasileira*. 2. ed. Rio de Janeiro: Casa do Estudante do Brasil, 1951.

_____. *As culturas negras no novo mundo*. 4. ed. São Paulo: Companhia Editora Nacional, 1979.

REGO, José Lins do. *Pedra Bonita*. 12. ed. Rio de Janeiro: José Olympio, 1992.

_____. *Cangaceiros*. 10. ed. Rio de Janeiro: José Olympio, 1999.

REIS, João José. *Rebelião escrava no Brasil:* a história do levante dos malês (1835). São Paulo: Brasiliense, 1987.

_____. *Rebelião escrava no Brasil: a história do levante dos malês em 1835*. Edição revista e ampliada; São Paulo: Companhia das Letras, 2003.

RIBEIRO, René. O episódio da Serra do Rodeador (1817-1820). *Revista de Antropologia*, vol. 8, n° 2, dez. 1960, p. 133-44.

RIBEIRO, Darcy. *O povo brasileiro:* a formação e o sentido do Brasil. São Paulo: Companhia das Letras, 1995.

RIBEMBOIM, Alexandre. *Senhores de Engenho – Judeus em Pernambuco Colonial 1542-1654*. Recife: Ed. 20-20, 2000.

RIBEMBOIM, Jacques. *Nordeste Independente*. Recife: Bagaço, 2002.

RIVKIN, Eliis. Uma história de duas diásporas. In: NOVINSKY & KUPERMAN (Orgs.). *Ibéria-Judaica:* roteiros da memória. Rio de Janeiro: Expressão e Cultura; São Paulo: Edusp, 1996, p. 267-75.

ROCHA, Gláuber. O depoimento final do cineasta. *Jornal do Brasil*, Rio de janeiro, 22 ago. 1987.

RODRIGUES, José Honório. Nota introdutória. In: MOREAU, Pierre; e BARO, Roulox. *História das últimas lutas no Brasil entre holandeses e portugueses e Relação da viagem ao país dos tapuias.* Belo Horizonte: Itatiaia; São Paulo: Edusp, 1979.

RODRIGUES, Nina. *Os africanos no Brasil.* São Paulo: Casa do Estudante/Brasiliana, 1932.

ROSS, James. *Fragile Branches: Travels throungh the Jewish diaspora.* New York: Riverhead Books, 2000.

SAID, Edward. *Orientalismo:* o Oriente como invenção do Ocidente. São Paulo: Companhia das Letras, 1990.

SALVADOR, José Gonçalves. *Cristãos-novos, jesuítas e inquisição (aspectos de sua atuação nas capitanias do Sul, 1530-1680).* São Paulo: Pioneira/Edusp, 1969.

SARAIVA, Antonio José. *Inquisição e cristãos-novos.* 5. ed. Lisboa: Estampa, 1985.

SARAIVA, José Hermano. *História concisa de Portugal.* 9. ed. Mira--Sintra: Europa-América, 1984.

SCHOLEM, Gershom. *As grandes correntes da mística judaica.* São Paulo: Perspectiva, 1972.

_____. *A cabala e seu simbolismo.* São Paulo: Perspectiva, 1878.

_____. *Sabatai Tzvi, o messias místico.* 3 vols. São Paulo: Perspectiva, 1995-96.

SILVA, Marcos. Retorno ao judaísmo no Nordeste brasileiro: o caso dos marranos potiguares. Para disponibilidade deste artigo, consultar o autor: <silva.marcos@uol.com.br>.

SOBREIRA, Caesar. Sofocracia: Esboços para uma Arqueologia da Opressão. In: KATZ, Chaim. (Org.). *Saber/Poder.* Rio de Janeiro: Tempo Brasileiro, 1983, p. 49-86.

_____. Semitismo no Nordeste. *Revista Quadra.* VIII, 91. Recife: Quadra Editorial, jul. 1988, p. 22-5.

_____. A Formação Étnica e Cultural do Nordeste. *Caderno Viver*, Recife: Diário de Pernambuco, 25 mar. 1992, p. 4.

_____. La Inquisición en el Sur del mundo. *El Adelanto.* Salamanca/España, 25 nov. 1993, p. 8.

_____. 'Dudios Muenos' del Nordeste Brasiliano. In: *Aky Yerushalayim: Revista Kulturala Djudeo-espanyola.* XV, 49. Jerusalem: Sefarad & Kol Israel, 1995, p. 28-32.

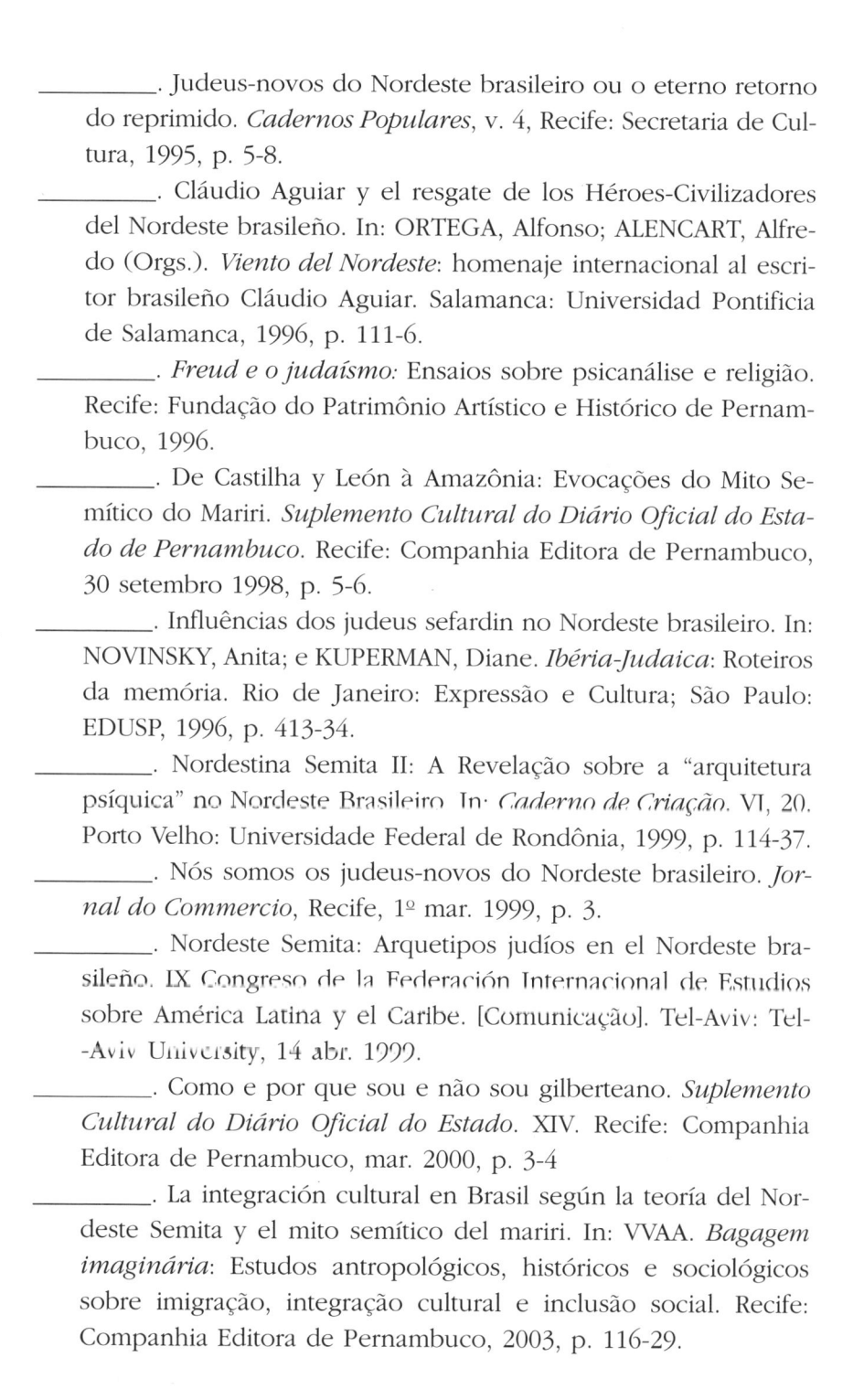

_____. Judeus-novos do Nordeste brasileiro ou o eterno retorno do reprimido. *Cadernos Populares*, v. 4, Recife: Secretaria de Cultura, 1995, p. 5-8.

_____. Cláudio Aguiar y el resgate de los Héroes-Civilizadores del Nordeste brasileño. In: ORTEGA, Alfonso; ALENCART, Alfredo (Orgs.). *Viento del Nordeste*: homenaje internacional al escritor brasileño Cláudio Aguiar. Salamanca: Universidad Pontificia de Salamanca, 1996, p. 111-6.

_____. *Freud e o judaísmo:* Ensaios sobre psicanálise e religião. Recife: Fundação do Patrimônio Artístico e Histórico de Pernambuco, 1996.

_____. De Castilha y León à Amazônia: Evocações do Mito Semítico do Mariri. *Suplemento Cultural do Diário Oficial do Estado de Pernambuco*. Recife: Companhia Editora de Pernambuco, 30 setembro 1998, p. 5-6.

_____. Influências dos judeus sefardin no Nordeste brasileiro. In: NOVINSKY, Anita; e KUPERMAN, Diane. *Ibéria-Judaica*: Roteiros da memória. Rio de Janeiro: Expressão e Cultura; São Paulo: EDUSP, 1996, p. 413-34.

_____. Nordestina Semita II: A Revelação sobre a "arquitetura psíquica" no Nordeste Brasileiro. In: *Caderno de Criação*. VI, 20. Porto Velho: Universidade Federal de Rondônia, 1999, p. 114-37.

_____. Nós somos os judeus-novos do Nordeste brasileiro. *Jornal do Commercio*, Recife, 1º mar. 1999, p. 3.

_____. Nordeste Semita: Arquetipos judíos en el Nordeste brasileño. IX Congreso de la Federación Internacional de Estudios sobre América Latina y el Caribe. [Comunicação]. Tel-Aviv: Tel-Aviv University, 14 abr. 1999.

_____. Como e por que sou e não sou gilberteano. *Suplemento Cultural do Diário Oficial do Estado*. XIV. Recife: Companhia Editora de Pernambuco, mar. 2000, p. 3-4

_____. La integración cultural en Brasil según la teoría del Nordeste Semita y el mito semítico del mariri. In: VVAA. *Bagagem imaginária*: Estudos antropológicos, históricos e sociológicos sobre imigração, integração cultural e inclusão social. Recife: Companhia Editora de Pernambuco, 2003, p. 116-29.

_____. Influência (cripto) judaica na cultura do Nordeste e do Ser/tão Semita: Interculturalidade segundo a Teoria do Nordeste Semita. *IX Colóquio Internacional sobre Poder Local*. [Comunicação]. Salvador: Universidade Federal da Bahia, jul. 2003.

_____. Cristãos-novos no Nordeste: uma minoria oculta. *XXIV Encontro Nacional dos Estudantes de História*. [Conferência]. Recife: Universidade Federal Rural de Pernambuco, nov. 2004.

_____. Sobre ética e etnias: caboclos e cafusos na casa de Tobias. *Tribuna da PRI – Jornal dos Estudantes*. Recife: Faculdade de Direito do Recife/UFPE, jan. 2005, p. 5-7.

SOBREIRA, Padre Azarias. *O patriarca de Juazeiro*. Petrópolis: Vozes, 1969.

SOLER, Luiz. *As raízes árabes na tradição poético-musical do sertão nordestino*. Recife: Universidade Federal de Pernambuco, 1978.

SOTELO, Ignacio. Los judaizantes. *Cambio 16*, nº 918, Madrid, 26 jun. 1989, p. 42.

SOUTO MAIOR, Laércio. *São os nordestinos uma minoria racial?* Londrina: Arles, 1985.

SUASSUNA, Ariano. *Romance d'A Pedra do Reino e o príncipe do sangue do vai-e-volta*. 5. ed. Rio de Janeiro: José Olympio, 2004.

TALIB, Kaizer. *Sheelter in Arabia Saudi*. London: Academy Editions, 1984.

TEIXEIRA, Bento. *Prosopopeia*. 9. ed. São Paulo: Melhoramentos, 1977.

TELMO, Antonio. Do Encoberto (mito sebástico). In: VVAA. *As linhas míticas do pensamento português*. Lisboa: Fundação Lusíada, 1995.

_____. *Filosofia e kabbalah*. Lisboa: Guimarães, 1989.

TORAH. São Paulo: Sêfer, 2006.

UCHOA, Darci. *Sobre a psicopatologia do incesto*. Rio de Janeiro: Edigraf, 1942.

UNTERMAN, Alan. *Dicionário judaico de lendas e tradições*. Rio de Janeiro: Jorge Zahar, 1992.

USQUE, Samuel. *Consolação às tribulações de Israel*. Lisboa: Calouste Gulbenkian, 1989.

_____. *Consolacam as tribvlacoens de Ysrael*. Composto por Samvel Vsque. Empresso en Ferrara en casa de Abrahan aben Vsque [no ano judaico de] 5313 da criaçam. a 7 set. 1553. Edição fac-similar. Lisboa: Calouste Gulbenkian, 1989.

VAINFAS, Ronaldo; FEITLER, Bruno; e LIMA, Lana (Orgs.). *Inquisição em xeque: Temas, controvérsias e estudos de caso*. Rio de Janeiro: UERJ, 2006.

VALADARES, Paulo. Cristãos-novos no Brasil de hoje. *Leitura*, nº 10. São Paulo, dez. 1991.

VALENTE, Waldemar. *Sincretismo religioso afro-brasileiro*. São Paulo: Companhia Editora Nacional, 1977.

_____. *Misticismo e religião (aspectos do sebastianismo nordestino)*. 2. ed. rev. e aum. Recife: Asa Pernambuco, 1986.

VANNUCHI, Camilo. Religião é um perigo. *IstoÉ*, nº 1593, 12 abr. 2000, p. 9.

VERRIER, Michelle. *The orientalists*. London: Academy Editions, 1979.

VIARO, Mário Eduardo. *Por trás das palavras:* manual de etimologia do português. São Paulo: Globo, 2004.

VITA, Álvaro de. *Sociologia da sociedade brasileira*. São Paulo: Ática, 1989.

WANDERLEY, Vernaide; e MENEZES, Eugenia. *Viagem ao sertão brasileiro: Leitura geo-socioantropológica de Ariano Suassuna, Euclides da Cunha e Guimarães Rosa*. Recife: Cepe/Fundarpe, 1997.

WINDMÜLLER, Käthe. Omissão como confissão: Os *Diálogos das grandezas do Brasil*, de Ambrósio Fernandes Brandão. In: NOVINSKY, Anita; e CARNEIRO, Maria Luiza Tucci. *Inquisição:* ensaios sobre mentalidade, heresia e arte. Rio de Janeiro: Expressão e Cultura; São Paulo: EDUSP, 1992.

WIZNITZER, Arnold. *Os judeus no Brasil colonial*. São Paulo: Pioneira/Edusp, 1966.

YERUSHALMI, Yosef H. A jewish classic in the portuguese langage. In: USQUE, Samuel. *Consolação às tribulações de Israel*. Lisboa: Calouste Gulbenkian, 1989.

Coleção Gilberto Freyre

Casa-grande & Senzala
728 páginas
2 encartes coloridos (32 páginas)
ISBN 85-260-0869-2

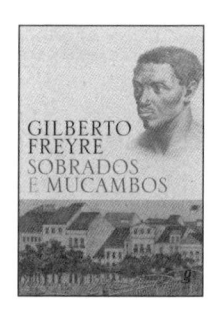

Sobrados e Mucambos
976 páginas
2 encartes coloridos (32 páginas)
ISBN 85-260-0835-8

Ordem e Progresso
1120 páginas
1 encarte colorido (24 páginas)
ISBN 85-260-0836-6

Nordeste
256 páginas
1 encarte colorido (16 páginas)
ISBN 85-260-0837-4

Casa-grande & Senzala em Quadrinhos
Adaptação: Estêvão Pinto
64 páginas
ISBN 85-260-1059-X

Tempo Morto e Outros Tempos – Trechos de um Diário de Adolescência e Primeira Mocidade 1915-1930
384 páginas
1 encarte colorido (8 páginas)
ISBN 85-260-1074-3

Insurgências e Ressurgências Atuais – Cruzamentos de Sins e Nãos num Mundo em Transição
368 páginas
ISBN 85-260-1072-7

Açúcar – Uma Sociologia do Doce, com Receitas de Bolos e Doces do Nordeste do Brasil
272 páginas
ISBN 978-85-260-1069-7

Olinda – 2º Guia Prático, Histórico e Sentimental de Cidade Brasileira
224 páginas
1 mapa turístico colorido
ISBN 978-85-260-1073-4

Guia Prático, Histórico e Sentimental da Cidade do Recife
256 páginas
1 mapa turístico colorido
ISBN 978-85-260-1067-3

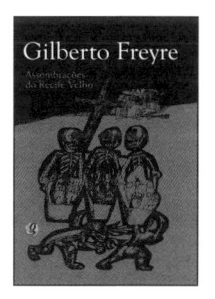

Assombrações do Recife Velho
240 páginas
ISBN 978-85-260-1310-0

Vida Social no Brasil nos Meados do Século XIX
160 páginas
1 encarte (16 páginas)
ISBN 978-85-260-1314-8

O Escravo nos Anúncios de Jornais Brasileiros do Século XIX
244 páginas
1 encarte (8 páginas)
ISBN 978-85-260-0134-3

De Menino a Homem – De Mais de 30 e 40, de 60 e Mais Anos
PRELO

GRÁFICA PAYM
Tel. (011) 4392-3344
paym@terra.com.br